무조건 따라 하면 되는
텃밭 채소 기르기 백과

무조건 따라 하면 되는
텃밭 채소 기르기 백과

초판인쇄 | 2018년 03월 12일
초판발행 | 2018년 03월 20일

지 은 이 | 홍규현 · 서명훈 · 장현유
펴 낸 이 | 고명흠
펴 낸 곳 | 푸른행복

출판등록 | 2010년 1월 22일 제312-2010-000007호
주　　소 | 경기도 고양시 덕양구 통일로 140(동산동) 삼송테크노밸리 B동 329호
전　　화 | (02)3216-8401 | 팩스 (02)3216-8404
E-MAIL | munyei21@hanmail.net
홈페이지 | www.munyei.com

ISBN 979-11-5637-080-2 (13520)

※ 잘못된 책은 바꾸어 드리겠습니다.
※ 이 도서의 국립중앙도서관 출판예정도서목록(CIP)은 서지정보유통지원시스템 홈페이지
　(http://seoji.nl.go.kr)와 국가자료공동목록시스템(http://www.nl.go.kr/kolisnet)에서 이용
　하실 수 있습니다.(CIP제어번호: CIP2018006262)

무조건 따라 하면 되는
텃밭 채소 기르기 백과

홍규현·서명훈·장현유 공저

푸른행복

책머리에

    보기 좋은 떡이 먹기도 좋다고 하던가! 시각적으로 즐거움을 주는 컬러 채소가 몸에도 좋다고 하니 금상첨화가 아닐 수 없다. 예전에는 가정의 식탁에 오르는 채소가 주로 녹색이었지만, 이제는 다양한 색감의 채소들이 우리네 식탁을 풍성하게 한다.

    각종 매체를 통해서도 컬러 채소, 컬러푸드, 파이토케미컬이라는 말을 심심치 않게 접할 수 있다. 컬러 채소가 주목을 받게 된 것은 각각의 컬러 채소에 함유되어 있는 식물성 화학물질인 파이토케미컬의 효능 때문이다. 우리에게도 낯설지 않은 라이코펜, 베타카로틴, 루테인, 안토시아닌, 플라보노이드, 카로티노이드 등이 대표적인 성분인데, 이 성분들이 우리 몸을 건강하게 지키는 데 크게 작용하는 것이다.

    컬러 채소를 선호하는 식생활의 흐름은 자연스럽게 참살이(well-being)나 로하스(LOHAS : 사회적 웰빙)와도 맥을 이어 텃밭을 일구거나 주말농장을 찾는 하나의 계기가 된다. 이는 나와 내 가족의 건강뿐 아니라 자연을 보존하면서 사회적인 건강까지 추구하는 로하스의 작은 실천이며, 또한 하루 24시간을 통틀어도 싱그러운 자연을 만나기 어려운 도시인들에게는 유의미한 일이다.

    채소, 이제 내 손으로 길러 먹자! 단순한 취미 개념이 아닌, 내 가정의 식탁에 올릴 수 있는 채소 길러 보기를 권한다. 텃밭이나 주말농장 관련 책들이 서점에 수없이 많이 나와 있지만 항상 부족함을 느끼던 중 경기도농업기술원의 주말농장·옥상정원 전문가들과 의기투합하여 새로운 내용의 책을 내놓게 되었다. 아울러 가정에서 키울 수 있는 버섯에 대해 궁금해 하는 독자들을 위해 특별히 버섯 전문가들도 참여해 어디에서도 찾아볼 수 없는 '가정에서 버섯을 기르는 방법'도 함께 담아냈다.

필자들은 주말농장이나 집 앞의 작은 텃밭, 베란다, 옥상정원 등에서 초보자들도 직접 키울 수 있는 채소 작물과 버섯의 재배 방법을 다양한 사진과 그림으로 친절하게 설명한 것은 물론, 농사 경험이 많은 사람들도 자칫 놓치기 쉬운 재배 포인트를 짚어주어 뭇 농사꾼들이 수확의 길잡이로 삼을 수 있도록 구성했다. 또한 농약과 비료에 대해서도 자세히 설명했는데, 특히 유기농 채소를 재배하고자 하는 분들을 위해 직접 만들어 쓸 수 있는 천연농약과 퇴비에 관한 정보도 수록하였다.

책 속에 담긴 여러 가지 농사 지식들을 알고 나면 더욱 흥미를 느껴 텃밭을 일구게 될 것이고, 채소 잎이나 버섯의 갓 모양과 색깔만 보아도 생장상태를 파악할 수 있게 될 것이다. 그러나 작물의 품종이나 각 지역의 기상 환경 또는 토양의 조건에 따라 다소 차이를 보일 수는 있다. 그러한 조건들을 전부 망라해 설명할 수는 없다는 점을 널리 양해해주시기 바란다.

'농작물은 주인의 발걸음 소리를 듣고 자란다.'는 말이 있다. 비록 보지도 듣지도 말하지도 못하는 농작물이지만, 관심과 애정을 가지고 기르면 좋은 기운을 받아 건강하게 자랄 것이고, 결과적으로 농작물의 좋은 기운은 그것을 섭취하는 우리에게 되돌아온다. 이런 의미를 다시금 새기고 농작물을 자식처럼 대하는 농부의 마음으로 텃밭 채소를 재배한다면, 나와 내 가족의 건강뿐 아니라 사회적 웰빙을 실천하는 작은 시작이 되리라 믿는다.

대표 저자 씀

차 례

■ 책머리에 • 4

제1장 채소와 건강

1. 채소의 효능 • 14
2. 채소의 역할 • 17
3. 채소의 분류 • 21
4. 채소의 특성 • 24
5. 채소의 번식과 일생 • 28

제2장 채소 재배 환경

1. 햇빛 • 37
2. 온도 • 39
3. 흙 • 41
4. 물 • 49
5. 비료 • 53

6. 농약 • 62
7. 식물의 병 • 69

제3장 재배 장소별 기본 관리

1. 땅에서 키우기 • 89
2. 베란다 수경 재배 • 94
3. 옥상 텃밭 • 98

제4장 텃밭 농사 준비

1. 어디에, 무엇을 심을 것인가 • 118
2. 텃밭 농사 1년 계획 • 122
3. 농기구와 농자재 • 126
4. 수확과 보관 • 128

제5장 작물별 재배 방법

1. 토마도 • 134
2. 고추 • 141
3. 가지 • 148
4. 감자 • 154
5. 오이 • 160
6. 호박 • 168
7. 수박 • 174
8. 참외 • 180

9. 딸기 • 186
10. 상추 • 192
11. 쑥갓 • 198
12. 엔디브 • 202
13. 쌈채소류 • 206

14. 잎들깨 • 211
15. 시금치 • 215
16. 비트 • 222
17. 근대 • 227
18. 미나리 • 231
19. 당근 • 234
20. 무 • 239
21. 배추 • 248
22. 갓 • 254

23. 순무 • 258
24. 양배추 • 263
25. 케일 • 268
26. 파 • 272
27. 쪽파 • 278
28. 마늘 • 283
29. 부추 • 289

30. 생강 • 294
31. 아욱 • 298
32. 토란 • 302
33. 더덕 • 306
34. 도라지 • 310
35. 고구마 • 315
36. 옥수수 • 322
37. 콩 • 328

38. 완두 • 333

39. 새싹채소 • 337

제6장 가정에서 버섯 키우기

1. 느타리버섯 봉지 재배 • 350
2. 느타리버섯 병 재배 • 354
3. 느타리버섯 단목(원목) 재배 • 357
4. 노루궁뎅이버섯 봉지·병 재배 • 364
5. 표고버섯 봉지 재배 • 370
6. 표고버섯 원목 재배 • 375
7. 영지버섯 원목 재배 • 380
8. 녹각영지버섯 병 재배 • 385
9. 상황버섯 원목 재배 • 389

- 용어해설 • 392

제1장
채소와 건강

우리 인류와 함께해온 '채소'라는 말은 넓게는 식용되는 초본성 식물의 총칭이지만 대체로 인위적으로 재배되는 초본성 식물 전체를 의미한다. 서양에서는 원예작물 중 하나로 울타리 안에서 길러 먹는 풀과 1년생의 과실 종류를 통틀어 채소로 보았으며, 채소를 동물성 식품이나 곡물에서는 얻을 수 없는 많은 무기 영양소를 섭취할 수 있는 중요한 식품으로 여겼다. 영어로 '채소'를 나타내는 'vegetable'이라는 단어는 '활력을 주는 것'이라는 뜻을 가진 라틴어 'vegetabilis'에서 유래되었다.

우리나라에서는 상고시대부터 쑥, 마늘, 달래 등을 재배했으며, 고려시대 이전부터 박, 마, 가지, 오이, 참외, 상추 등이 대개 중국 쪽으로부터 전파되어 재배되기 시작했다. 또 파, 부추, 아욱, 배추, 무, 시금치, 수박 등은

고려시대에, 고추, 호박, 감자, 고구마, 쑥갓, 근대, 양배추, 양파 등은 조선시대에 중국과 일본 등을 통하여 도입되었다. 멜론, 딸기와 같은 서양 채소들은 20세기에 들여온 작물들이다.

음식에 대한 사람들의 선호도는 국민성과 경제력의 영향을 가장 크게 받는다. 선진국일수록 쌀이나 밀 등의 주식보다는 원예작물의 소비량이 상대적으로 많아 국민총소득과 원예작물의 소비량이 비례하는 경향이 있다.

녹황색 채소에는 다양한 영양분이 듬뿍 함유되어 있다. 일반적으로 녹황색이 강할수록 영양가가 많아진다. 녹색이 강하면 주로 비타민 A와 C가 풍부하고 광물질을 비롯한 다른 영양소의 함량도 높기 때문이다. 뿐만 아니라 맛과 향기도 더 좋아진다. 따라서 과거 서양에서 연화재배하여 식용하던 아스파라거스, 식용대황, 셀러리 등도 근래에는 거의 일반적인 형태로 재배하고 있으며, 국내에서도 대파를 제외하고 쪽파나 부추를 연화재배하던 옛 관습이 거의 사라졌다. 또한 김치의 주재료인 배추도 저장된 하얀 통배추보다 제주도나 해남 등지에서 월동 재배된 억센 푸른 겉잎을 가진 것을 설대적으로 선호한다. 과거에는 끓는 물에 데친 후 무쳐서 먹던 채소들을 근래에는 날것 그대로 섭취하는 비율이 점점 높아지고 있다는 사실도 이를 대변해주고 있다.

1 채소의 효능

미국의 대표적인 시사주간지《타임(TIME)》지가 2002년에 선정한 '몸에 좋은 식품 10가지' 중 4가지가 채소인데, 바로 토마토, 시금치, 브로콜리, 마늘이다.

우선 토마토는 항암 효과가 뛰어난 데다 다른 과일에 비해 칼로리가 낮아 다이어트 중에도 안심하고 먹을 수 있다. 토마토의 성분 중 붉은빛을 띠는 라이코펜은 전립선암을 비롯한 각종 암 발생 위험을 현저히 줄이는 것으로 보고되어 있다. 이는 주로 녹황색 채소에 많이 들어 있는 베타카로틴의 항암 효과보다 더 강력한 것으로, 토마토를 일주일에 10개 이상 먹으면 전립선암의 발생을 45% 줄일 수 있다. 또 일주일에 토마토를 2개 이상 먹는 사람은 흡연자라 할지라도 만성기관지염에 걸릴 확률이 절반으로 줄어든다는 연구 결과도 있다. 뿐만 아니라 토마토의 라이코펜은 혈액이 잘 엉기지 않도록 하는 항혈전 작용을 해 뇌경색이나 협심증 환자에게도 좋다.

시금치는 칼슘과 철분을 풍부하게 함유하고 있어 성장기 어린이들의 발육과 영양에 더없이 좋다. 비타민 A가 풍부해 상피세포를 건강하게 유지시키며 야맹증 예방에도 효과가 있다. 물론 시금치도 저칼로리 식품이다.

브로콜리는 우리말로 녹색꽃양배추라고 하는 양채류로 최근에는 우리나라에서도 많이 재배되어 식탁에 오르고 있다. 브로콜리나 양배추에는 설포라판과 인돌 등의 화합물이 있어서 유방암, 대장암, 위암과 같은 암 발생을 억제하는 효과가 크다.

마늘은 특유의 냄새 때문에 미국인들이 싫어하는 채소다. 우리나라에서는 이미 고조선시대부터 이용해왔는데, 마늘이 혈액을 엉기지 않게 하는 데 특효가 있다는 사실이 알려진 후로 미국 의사들은 심장병이나 뇌경색 환자들에게 마늘을 권하기 시작했다. 마늘에 들어 있는 알리인이나 스코르진, 알리신 등의 성분은 항세균 화합물로 페니실린보다 더 강력한 항생 물질임이 밝혀졌다. 이들 물질은 식중독, 결핵, 티푸스 등 다양한 질병을 퍼뜨리는 박테리아나 곰팡이에 대한 항균 효과가 있으며, 면역 기능도 높여준다.

녹황색 채소인 엽채류, 당근, 호박 등에 다량 함유된 베타카로틴은 항암 작용을 하며, 이런 채소에는 식이 섬유가 풍부해 변비에도 좋다는 사실은 이미 상식이 되어버렸다. 그 외에 수박이나 참외 등은 수분이 많아 삼복(三伏) 중에도 시원하게 먹

을 수 있어 하늘이 내린 생수 용기라고 부른다. 또《본초강목》에 따르면 상추는 '남자의 신(腎)에 좋고, 여자의 젖을 많이 나게 한다'고 하여 전통 비아그라로 쓰였음을 알 수 있고, 빈혈에도 좋은 채소다.

채소에 관한 이러한 여러 가지 효능은《동의보감》에도 잘 기술되어 있다. 따라서 동서고금을 아울러 채소는 쉽게 구해 즐겨 먹을 수 있는 생약제로서 우리 몸에 중요한 먹거리였으며, 최근에는 더욱더 식품으로서 그 진가를 발휘하고 있다.

> **Tip 과일과 채소가 눈의 노화에 미치는 영향**
>
> 미국국립보건원(NIH)과 미국안과학회(AAO)는 11만 명을 대상으로 시력 감퇴나 실명을 초래하는 백내장이나 황반변성 등 노인성 안과질환과 과일, 채소를 많이 먹는 건강식과의 상관관계를 조사하는 〈노화와 연관된 안과 질환 연구〉를 실시했다. 그 결과 비타민 C, 비타민 E, 베타카로틴, 아연, 구리 등 다양한 항산화 성분을 함유한 과일과 채소를 많이 섭취하면 백내장에 걸릴 위험성이 감소했다. 그러나 각 성분을 분리, 농축한 영양제를 복용한 경우에는 예방 효과가 없었다. 황반변성의 경우에도 아연, 구리, 루테인 같은 성분이 든 영양제를 복용할 경우 병의 진행을 다소 늦추는 효과는 있었지만 발병 자체를 막지는 못했다. 반면, 하루 세 번 이상 과일을 먹는 사람은 하루 1.5회 이하로 먹는 사람보다 황반변성에 걸릴 위험성이 36% 낮게 나타났다. 즉 과일과 채소를 많이 먹으면 눈의 노화를 예방하는 데도 효과가 있는 것이다.
>
> 영양제는 아무리 정성스럽게 먹는다고 해도 특정 영양소의 과잉이나 부족 등의 불균형이 나타날 수 있지만, 과일과 채소를 충분히 섭취한다면 인체에 필요한 영양소가 골고루 충족되는 것이다.

2
채소의 역할

채소는 70~95%가 수분이고 열량이 적어 주식으로 이용할 수는 없지만, 보건적인 중요성을 지니고 있어 반드시 섭취해야 하는 식품이다.

비타민 공급원

비타민 A는 인체의 정상적인 발육과 상피세포를 유지하는 작용을 한다. 부족할 경우 먼저 눈과 피부에 증상이 나타나며 특히 야맹증의 원인이 된다. 식물에는 체내에서 비타민 A로 전환되는 전구물질인 카로틴으로 존재하는데, 이를 프로비타민 A라고 한다. 카로틴은 식물계에 널리 분포하고 있는 황적색 색소로 베타카로틴이 대부분이다. 비타민 A의 효력은 국제단위(IU)로 표기하는데, 비타민 A 1IU는 베타카로틴 0.6㎍과 같다. 채소에 함유된 베타카로틴의 총 함량 중 3분의 1가량이 생물적으로 효력을 보인다고 평가되고 있는데, 채소의 먹을 수 있는 부위 100g 중 카로틴을 600㎍ 이상 함유하고 있는 채소를

녹황색채소라고 한다. 엽채류 중에는 시금치, 부추, 신선초, 쑥갓, 파슬리 등 녹색이 짙은 채소, 근채류로는 당근, 과채류로는 호박, 단고추(피망), 풋고추 등에 많이 들어 있다.

비타민 B 복합체에는 니코틴산, 판토텐산, 폴릭산 등 여러 종류가 있다. 비타민 B1이 결핍되면 식욕이 떨어지고 쉬 피곤해지며 각기병의 원인이 된다. 완두, 잠두(누에콩) 등 콩 종류와 마, 감자 등에 많이 들어 있다. 비타민 B2는 시금치, 브로콜리, 단옥수수, 잠두 등의 채소에 많이 함유되어 있으며, 부족하면 구순염, 구각염, 각막염 등이 발생할 수 있다.

비타민 C는 채소와 과일류를 통해서만 섭취할 수 있으며, 부족하면 피부나 점막에서 피가 나는 괴혈병과 피부가 거칠어지는 증상이 나타난다. 거의 대부분의 채소에 함유되어 있지만, 특히 갓, 케일, 파슬리, 시금치, 브로콜리 등의 엽채류와 풋고추, 딸기 등에 많이 들어 있다.

무기질 공급원

채소에는 1~4%의 무기질이 함유되어 있는데, 그중 특히 칼륨, 몰리브덴 등은 동물성 식품으로는 섭취할 수 없다. 채소에 들어 있는 대표적인 무기질 중 하나인 칼륨은 인체 내에서 혈압 조절에 깊이 관여한다. 고혈압을 예방하기 위해서는 나트륨의 과잉 섭취는 피하고, 칼륨 섭취로 세포 내막에 있는 칼륨이 감소하는 것을 막아 세포 안팎의 삼투압 균형을 유지시키는 것이 중요하다. 된장, 김치 등을 즐겨 먹는 탓에 염분을 많이 섭취할 수밖에 없는 한국인들은 칼륨이 풍부한 채소와 과일, 해조류 등을 많이 먹으면 세포의 삼투압 균형이 깨지지 않기 때문에 고혈압 예방에 좋다.

또한 칼슘도 의외로 채소에 많이 들어 있다. 보통 칼슘이 많이 함유된 식품이라고 하면 유제품이나 뼈째 먹는 생선을 떠올리는데, 그 뒤를 잇는 것이 바로 녹황색채소다. 칼슘과 함께 부족하게 섭취하기 쉬운 영양소가 바로 철분이다. 철분은 녹황색채소에도 들어 있지만 육류에 든 것보다 흡수율이 떨어진다. 하지만 녹황색채소에는 철분의 흡수를 돕는 비타민 C가 함유되어 있어 육류 요리를 먹을 때 녹황색채소를 듬뿍 곁들여야 철분을 효과적으로 흡수할 수 있다.

식물섬유의 작용

채소에는 체내 소화효소로는 소화되지 않는 식물섬유가 1% 정도 함유되어 있다. 식물섬유는 영양소로 되지는 않지만 장의 활동을 촉진시키고, 정장 작용으로 변을 잘 보게 하며, 담즙산을 흡착하여 배설시킴으로써 혈중이나 간장의 콜레스테롤 수치를 낮추는 역할을 한다. 양배추, 시금치, 쑥갓, 상추, 우엉, 당근 등에 풍부하게 들어 있다.

체질의 산성화 방지

무기질 중 인, 황, 염소 등은 산성 원소고, 칼륨, 칼슘, 나트륨, 마그네슘, 철 등은 알칼리성 원소다. 파를 제외한 대부분의 채소는 알칼리성 원소가 더 많은 알칼리성 식품으로, 사람이 섭취하면 체질의 산성화를 막아서 노화를 더디게 해준다.

항암 효과 및 질병 예방

채소에는 생체방어, 생체조절 기능이 있다. 마늘과 양파뿐만 아니라 딸기나 배추과 채소에도 항암 작용이 뛰어난 물질이

들어 있다. 또한 채소들이 지닌 여러 가지 색소 가운데 안토시아닌은 항산화 작용을 함으로써 노화를 억제시킨다. 시금치, 쑥갓, 브로콜리, 우엉과 같은 채소들은 토마토와 마찬가지로 혈전을 예방하는 효과가 있다. 그 밖에도 채소는 혈압을 안정시키고 간 기능을 강화시키는 등 질병을 예방하고 건강을 증진시키는 역할을 한다.

정서적 측면

다양한 채소는 미각, 시각, 후각, 촉각 등을 만족스럽게 변화시켜 식사의 즐거움을 높여준다. 따라서 싱싱한 채소를 가정에서 직접 키워 먹는 것은 몸의 건강을 지키는 데 큰 도움이 된다. 뿐만 아니라 자연과 접할 수 있는 좋은 기회가 되어 스트레스 해소와 정신 건강에도 매우 유익하다.

Tip 알칼리성 식품

사람의 몸에는 pH7.4 정도의 약 알칼리성이 좋다는 것이 일반적인 정설이다. 그렇다면 이상적인 pH를 유지하기 위해서는 어떤 식품을 섭취하는 것이 좋을까? 어떤 것이 알칼리성 식품이고 어떤 것이 산성 식품일까?

채소에는 칼륨 성분이 많이 함유되어 있는데, 그 이유는 채소 재배에 칼륨질 비료를 많이 사용하기 때문이다. 또한 잎채소와 줄기채소에는 칼슘이, 뿌리채소에는 마그네슘이 비교적 많이 함유되어 있다. 채소에 들어 있는 나트륨, 철 등은 모두 체내에서 알칼리성을 나타내는 성분들이다. 반대로 인이나 염소 등은 체내에서 산성을 나타내며, 이러한 성분이 많이 함유된 식품을 산성 식품이라고 한다. 신맛의 유무는 산성 식품과 알칼리성 식품을 구분하는 데 전혀 관계가 없다.

- 알칼리성 식품 : 채소, 과일, 가공되지 않은 견과류, 씨앗류, 해조류, 우유, 천연식초.
- 산성 식품 : 육류, 어류, 유제품, 쌀, 밀가루 등 곡류, 인스턴트 식품.

3 채소의 분류

채소로 재배하는 식물은 그 종류가 매우 다양하고 형태적, 생태적, 재배적 특성이 각각 다른 것이 많다. 전 세계적으로 재배되고 있는 채소의 종류는 500여 종으로 우리나라에서는 약 80여 종이 재배되고 있다. 이 중 약 50여 종이 상품으로 유통되고 있는데, 이들 채소는 형태적, 재배적, 이용상 성질이 비슷한 것을 함께 묶어서 다루는 것이 여러 모로 편리하다.

  꽃의 형태나 식물의 성상 면에서 서로 유사성을 갖는 채소들을 묶어서 종(種), 이와 가까운 종들을 묶어서 속(屬), 그리고 유사한 속들을 묶어서 과(科)로 분류하는 것을 자연분류 또는 식물학적 분류라고 한다. 종 내에서도 특징이 약간 다른 것들을 묶어 아종(亞種) 또는 변종(變種)으로 세분하여 분류하기도 한다. 품종이라는 것은 자연분류가 아니고 재배나 이용 면에서 다른 개체와 형태나 성질이 다르면서 그 고유 형질이 다음 세대에 안정적으로 전해지는 개체의 집단을 말한다.

자연 분류

  자연적인 분류 방법은 매우 과학적인 것으로 채소의 형태, 생리, 생태를 파악하는 데 편리하다. 같은 과끼리는 재배환경, 개화생리, 병충해 발생 등이 매우 유사해 실제 영농에 많은 도움을 준다. 가장 기본적으로는 씨앗이 발아한 후 떡잎이 하나로 시작하면 홑떡잎식물, 떡잎이 2개로 시작하면 쌍떡잎식물로 나뉜다.

담자균류 송이과(양송이버섯, 표고버섯, 팽이버섯, 느타리버섯, 송이버섯)

홑떡잎식물 ①벼과(맹종죽-죽순, 옥수수, 단옥수수, 튀김옥수수) ②토란과(토란, 구약) ③백합과(아스파라거스, 양파, 리크, 마늘, 파, 쪽파, 부추, 염교, 달래) ④마과(마) ⑤생강과(생강)

쌍떡잎식물 ①명아주과(비트, 근대, 시금치) ②배추과(배추, 케일, 방울다다기양배추, 양배추, 오그라기양배추, 꽃양배추, 브로콜리, 순무, 갓, 백경채, 무, 생강무, 겨자무, 고추냉이) ③콩과(콩, 작두콩, 라이마콩, 녹두, 팥, 강낭콩, 완두, 동부, 잠두) ④연과(연근) ⑤아욱과(오크라, 아욱) ⑥산형화과(셀러리, 고수, 파드득나물, 당근, 미나리, 파스닙, 파슬리) ⑦메꽃과(고구마, 공심채) ⑧가지과(고추, 토마토, 가지, 감자) ⑨박과(동아, 수박, 참외, 멜론, 오이, 호박, 박) ⑩국화과(우엉, 쑥갓, 상추, 결구상추, 머위, 치커리, 엔디브) ⑪장미과(딸기) ⑫꿀풀과(잎들깨) ⑬도라지과(도라지, 더덕) ⑭두릅나물과(두릅, 땅두릅)

이용 부위에 따른 분류

식용 부위가 잎, 뿌리, 과실 중 어느 것에 속하느냐에 따라 잎채소(엽채류), 열매채소(과채류), 뿌리채소(근채류) 등으로 분류한다. 이들은 서로 재배상의 공통점도 가지고 있다. 잎채소는 대부분 서늘한 기후에서 잘 자라고 질소와 수분을 많이 요구하며 재배도 비교적 단순하게 이뤄지고, 열매채소는 온난한 기후에서 잘 자란다(딸기는 예외).

잎채소(엽채류) 배추, 양배추, 시금치, 상추, 파슬리, 셀러리, 아욱, 쑥갓 등
열매채소(과채류) 수박, 참외, 멜론, 오이, 토마토, 고추, 딸기 등
뿌리채소(근채류) 무, 순무, 우엉, 당근, 토란, 마, 감자, 고구마, 연근 등
꽃채소(화채류) 꽃양배추, 브로콜리, 요리국 등
순채소(눈경채류) 아스파라거스, 토당귀, 죽순, 땅두릅 등
비늘줄기채소(인경채류) 파, 마늘, 부추, 양파, 쪽파 등
기타 버섯 등

색깔에 따른 분류

잎은 엽록체 내의 엽록소가 발현하여 녹색이 되고, 그 이외의 색소가 발현하면 황색이나 적색 계통이 나타난다. 식용 부위의 색깔에 따라 녹색채소, 등황색채소, 적색채소, 백색채소 등으로 분류한다. 이들의 색깔을 나타내는 색소는 특히 영양학적으로 매우 중요한 역할을 한다.

녹색 채소(클로로필계) 녹색 잎을 이용하는 모든 채소
등황색 채소(카로티노이드계) 등황색을 나타내는 당근, 고구마, 노란 호박 등
적색 채소(안토시아닌계) 자색 양배추, 비트, 딸기, 가지, 파프리카, 고추 등
백색 채소(안토크산틴계) 감자, 무, 배추 줄기, 양배추 속, 양파, 콜리플라워 등

4 채소의 특성

우리가 이용하는 채소는 100여 종이 넘고, 세계적으로는 이보다 훨씬 많은 종류의 식물들이 채소로 이용되고 있어 채소의 형태는 대단히 복잡하고 다양하다. 채소로 이용되는 식물은 종자, 열매, 꽃, 줄기, 잎, 뿌리 등 고유한 형태적 특성을 지니고 있지만, 이 특성을 자세하게 설명하기는 어려우므로 이용 부위를 몇 개로 나누어 설명한다.

잎줄기채소

잎채소(엽채류) 배추, 양배추, 상추, 시금치, 쑥갓 등과 같이 정상적인 모양을 갖춘 잎을 채소로 이용하는 것들로 잎의 형태, 크기, 품질 등이 대단히 중요한 요소이다. 잎채소 가운데 결구하지 않는 것들은 생육 단계별로 잎의 형태가 크게 변화하지 않지만, 결구하는 것들은 생육 초기에는 잎의 길이가 잎의 폭에 비해 훨씬 길다가 결구기에 들어가면 같아지는 특성을 갖고 있다.

비늘줄기채소(인경채류) 마늘, 양파, 염교 등은 잎의 일부 또는 전체가 저장잎으로 된 것을 이용하는 것이므로 잎채소라고도 할 수 있으며, 이들

채소는 비늘줄기가 최대한으로 비대해져야 상품성이 좋아진다. 한편 파, 쪽파, 부추, 달래 등은 비늘줄기뿐만 아니라 잎몸 또한 크게 생장하도록 재배해야 한다.

꽃채소(화채류) 꽃을 채소로 이용하는 것에는 콜리플라워, 브로콜리, 요리국 등이 있는데, 콜리플라워는 꽃눈 분화 후 밀집해 형성되는 흰색의 어린 꽃봉오리를 채소로 이용하는 것이다. 한편 브로콜리는 꽃봉오리가 녹색을 나타낸다. 꽃을 이용하는 채소들은 개화하면 품질이 크게 떨어지므로 개화하기 전에 수확한다.

줄기채소(경채류) 아스파라거스, 죽순, 두릅, 토당귀 등은 새로 돋아나는 어린순(줄기)을 채취하여 채소로 이용하며 이들은 주로 연백시켜 이용한다.

열매채소

박과 채소 오이, 수박, 호박, 참외, 멜론 등은 열매의 크기, 모양, 색깔, 무늬 등이 종과 품종에 따라 매우 다르다. 또 박과 채소는 한 개체에서 암꽃과 수꽃이 각기 따로 핀다.

가지과 채소 토마토, 가지, 고추 등은 다른 작물과 같이 한 꽃에 암술과 수술이 같이 있다. 이들 과실의 자방은 토마토의 경우 젤라틴 물질이 종자 주위를 감싸면서 내부를 꽉 채우고, 가지의 경우 유조직으로 채워지며, 고추는 빈 공간으로 남는다.

장미과 채소 장미과(사과, 배, 베리류 등) 중 채소에 속하는 것은 딸기 하나뿐이다. 딸기의 이용 부위는 꽃받기가 비대 발달한 것이고, 식물학적인 열매는 비대한 꽃받기 표면에 널려 있는 수과(瘦果)이며 열매 하나에 200~400개의 수과가 있다.

콩과 채소 콩과에 속하는 채소 작물은 완두, 강낭콩 등인데 텃밭에서 잘 재배하지 않고, 텃밭에서 많이 재배하는 대두는 채소에 속하지 않고 식량작물 중 밭작물(전작)에 속한다.

뿌리채소

괴근류(덩이뿌리류) 식물학적으로 뿌리에 해당되는 부위가 비대한 채소로 고구마, 마 등이 이에 속한다.

괴경류(덩이줄기류) 땅속줄기가 비대한 채소로 감자, 토란 등이 이에 속한다.

직근류(곧은뿌리류) 뿌리와 하배축의 일부가 비대한 채소로 무, 당근, 우엉, 순무 등이 이에 속한다.

근경류(뿌리줄기류) 뿌리줄기가 비대한 채소로 생강, 연근 등이 이에 속한다.

작물별로 원산지가 다르고 오랜 진화 과정에서 특정 환경에 적응해온 채소는 각각 독특한 생리적 생태적 특성을 갖는다. 채소를 잘 재배하기 위해서는 이러한 특성들을 제대로 파악해 알맞게 관리해주어야 한다. 특히 작물별로 개화 특성을 잘 살피는 것은 매우 중요하다.

배추, 양배추, 순무, 무 등의 배추과 채소들과 마늘, 파, 양파 등의 백합과 채소, 그 밖에 당근 등은 물을 흡수한 종자나 일정한 크기로 자란 식물체가 일정 기간 저온을 거치면 꽃눈이 분화되고, 뒤이어 환경이 적당하면 추대 개화한다. 상추는 고온에서 꽃눈이 분화되고 뒤이어 추대 개화되므로 봄에 파종해 재배할 경우 고온장일 조건에서 추대하기 쉽다. 시금치는 장일 조건에서 꽃눈이 분화되므로 봄 재배에서는 추대 개화하기 쉬운데, 가을에서 겨울에 걸쳐 재배할 때는 추대하기 어렵다.

딸기는 저온단일 조건에서 꽃눈 분화가 이루어지며, 한철 딸기는 자연 상태에서 9월 말에서 10월 초에 걸쳐 꽃눈이 분화한다. 한철 딸기의 수확기를 앞당기려면 인공적으로 저온단일 조건을 만들어줘야 한다. 그러나 사철 딸기는 고온장일 조건에서도 꽃눈이 분화하기 때문에 한여름에도 계속 개화해 결실을 맺는다. 오이와 호박은 암꽃과 수꽃이 같은 식물체에서 따로따로 피는데, 같은 품종이라도 저온단일 조건에서는 암꽃이 많아진다. 따라서 어릴 때 인공적으로 저온단일 조건을 만들어주면 후에 고온장일 조건에서도 암꽃이 많아진다.

5
채소의 번식과 일생

식물은 발아 후 여러 생육 단계를 거쳐 종자를 맺으며 노화되어 말라 죽는다. 이처럼 식물의 일생은 다음 대를 이어갈 종자, 눈 또는 영양기관을 형성하면서 마감된다. 매년 반복되는 식물의 생육 주기를 생활환이라고 하는데, 이는 일년생과 다년생 또는 초본(풀)과 목본(나무)에 따라 다르다.

채소는 식용을 목적으로 하는 면에서 관상용인 화훼와 구별되고, 초본이라는 특성에서 과실을 수확하는 과실나무와 구별된다. 초본이지만 종자를 퍼뜨리지 않고도 여러 해를 살 수 있는 다년생도 있다.

모든 식물은 유성번식 또는 무성번식으로 종족을 유지, 보존한다. 채소는 대부분 유성번식하지만, 마늘, 딸기, 토란 등과 같이 무성번식하는 것들도 있다.

유성번식(종자번식) 암수의 성을 이용하여 이루어지는 번식, 즉 수술에서 나온 꽃가루를 암술머리에서 받아들여 교잡이 이루어져 2세가 만들어지는 방식이다. 어린 상태의 접합체를 배(胚)라고 하며 세포분열이 계속되어 발달하면 종자가 된다. 종자의 껍질(종피)은 대개 극한 환경을 극복할 수 있도록 첨단 구조로 이루어져 추위와 건조를 이기며, 동물의 소화효소에도 끄떡없이 소화기관을 통과해 그대로 배설된다. 환경이 좋아지면 특유의 생명력으로 발아하는 성질을 이용해 우리는 재배시기를 마음대로 조정할 수 있는 것이다.

열무 씨앗

무성번식(영양번식) 암수 배우자가 관여하지 않고 식물체의 일부분을 이용하여 개체수를 늘려나가는 방식으로, 생식기관이 아닌 영양기관을 이용하기 때문에 영양번식이라고도 한다. 채소작물 중에서는 알뿌리를 이용한 마늘, 뛰는 줄기를 이용한 딸기, 덩이줄기를 이용한 감자 등이 무성번식으로 증식된다. 무성번식의 단점은 증식 수가 적을 뿐 아니라, 식물체가 바이러스에 감염되면 후대에 문제가 전달될 수 있다는 점이다.

감자 괴경 형성

식물의 일생은 영양생장과 생식생장으로 구분된다.

영양생장 식물의 줄기, 잎, 뿌리는 생장에 필요한 양분을 흡수하고 유기양분을 합성하고 저장하기 때문에 영양기관이라고 하며, 이러한 영양기관의 생장을 영양생장이라고 한다. 영양기관이 제대로 자라야 꽃과 같은 생식기관도 잘 발달하게 된다.

생식생장 꽃과 그로부터 유래하는 종자, 과실은 식물의 유성번식에 관여하는 생식기관이다. 이 생식기관이 분화하고 발육하는 것을 생식생장이라고 한다. 식물이 영양생장을 하다가 생식생장으로 전환하는 데는 영양분, 온도, 일장 등이 복합적으로 관여한다.

식물은 일생 중 특정 생육 단계에서 일시적으로 생육을 멈추고 잠을 자는 휴면을 한다. 식물의 휴면은 불량 환경을 극복하기 위한 수단이라고 볼 수 있다. 생육에 부적합한 환경을 휴면으로 극복하는 것이다. 보통 나무의 눈이나 초본식물의 종자는 가을이 되면 휴면에 들어가 춥고 건조한 겨울을 나게 된다. 반대로 마늘과 같은 호냉성 월동 작물은 여름이 되면 인경을 형성해 휴면에 들어가 고온을 극복한다. 마늘을 무더운 여름 동안 저장할 수 있는 중요한 요인이 바로 이 휴면인 것이다.

포기의 휴면 토당귀, 아스파라거스, 부추 등은 가을이 깊어지면 지상부는 노랗게 말라죽고 뿌리 부분만 살아남아 휴면 상태에 들어간다. 촉성재배하기 위해 포기를 캐서 온도를 높여줄 경우 그 시기가 지나치게 이르면 아직 휴면 상태가 깨어지지 않은 상태이기 때문에 싹이 왕성하게 돋아나지 않는다. 이들은 가을의 저온단일 조건에서 휴면에 들어가고, 늦가을에서 겨울의 저온 조건에서 휴면을 마친다. 파도 가을에 휴면에 들어간다.

줄기의 휴면 마늘, 양파, 쪽파 등은 고온장일 조건에서 비늘줄기가 비대해지면서 휴면에 들어간다. 휴면의 정도는 생태형에 따라 다르다. 이들은 수확 후 여름의 고온 조건에서도 휴면 상태가 유지되어 싹이 돋아나지 않으며, 가을에 들어서면서 싹이 돋아난다.

감자의 덩이줄기도 일정 기간 휴면을 하는데, 휴면 기간은 품종에 따라 휴면을 거의 하지 않는 것에서부터 수확 후 3개월 정도 휴면하는 것 등 다양하다. 남작 품종은 3개월 정도 휴면하기 때문에 수확 후 3개월, 즉 10월까지는 상온에 두어도 싹이 나오지 않는다.

딸기의 휴면 딸기는 10월 중순부터 저온단일에 의해 휴면에 들어가 11월 중·하순경에 휴면이 가장 깊어지고, 겨울의 저온에서 서서히 휴면 상태에서 깨어나기 시작해 1월 하순경에는 완전히 깨어난다. 딸기는 품종에 따라 휴면 기간이 다른데, 조생종은 짧고, 만생종은 길다. 따라서 품종 특성을 정확히 파악해 휴면을 완전히 취한 다음 보온 재배가 이루어져야 각 품종 고유의 수량을 수확할 수 있다.

식물은 종류에 따라 각기 다른 독특한 생활환을 갖고 있다.

1년생 채소 1년생 식물은 자신의 생활환을 1년 안에 마친다. 이들은 발아 → 영양생장 → 생식생장 → 결실의 과정을 거치며, 성숙한 종자는 일정 기간 휴면에 들어간다. 들깨, 상추 등은 벼, 보리와 같이 영양생장을 한 다음 이어서 생식생장을 하지만, 콩과 작물, 가지과 채소(가지, 고추, 토마토 등), 박과 채소(오이, 참외, 호박, 수박 등)와 같은 작물들은 영양생장과 생식생장이 동시에 이루어진다.

1년생 채소는 대부분 여름형으로 단일식물인 콩, 들깨 등은 봄부터 여름에 이르는 장일 조건에서 영양생장을 하고 가을의 단일 조건에서 생식생장으로 넘어간다. 그리고 가지과나 박과 채

소는 중성식물이라고 하여 일장에 관계없이 영양생장이 어느 정도 진행되면 바로 생식생장으로 이행한다. 이와 같은 여름형 채소는 종자 상태에서 휴면하면서 추운 겨울을 극복한다.

2년생 채소 배추, 양배추, 케일, 무, 결구상추, 양파, 당근, 셀러리 등은 대표적인 2년생 식물이다. 이들은 종자에서 발아한 1년 차에는 영양생장만을 계속한다. 그 결과 영양기관이 뚜렷하게 비대생장하고 저장양분을 축적하게 된다. 비대한 영양기관은 겨울이 되면서 저온 자극을 받고 이듬해 봄의 고온장일 조건에서 줄기와 꽃대가 길게 자라서 추대하면서 개화하고 결실을 맺는다. 이들의 생활환은 2년에 걸쳐서 완성되지만, 재배할 때는 영양생장만 필요한 작물들이므로 양파를 제외한 나머지 채소는 1년 차 때 수확하기 때문에 2년생의 의미가 없다.

다년생 채소 감자, 고구마, 마늘, 딸기 등은 여러해살이 초본식물이다. 이들은 매년 봄에서 여름에 걸쳐 지상부가 생장하여 꽃이 피고 가을이면 말라 죽는다. 그러나 지하부의 뿌리는 살아남아서 겨울을 날 수 있으며 이듬해 봄에 이들로부터 다시 지상부가 돋아난다. 이러한 여러해살이 초본식물은 지하부에 이듬해 사용할 저장양분을 저장한다. 경우에 따라서 많은 양의 전분, 이눌린, 프락탄, 당류, 단백질 등을 축적한 저장기관에는 눈이 있으며, 겨울에 휴면 상태로 있다가 다음 해 봄이 되면 발아한다. 즉 이들은 종자가 아닌 다른 기관을 이용한 무성번식을 하는데 지하부의 저장기관이 바로

중요한 번식 수단이 되는 것이다. 이들도 종자에 의한 유성번식이 가능하기는 하지만 지상부에서 결실한 종자를 파종하면 생장 기간이 오래 걸릴 뿐만 아니라 본래 품종의 특성이 아닌 다른 형태도 섞여 나오기 때문에 품종 개량의 목적 이외에는 잘 쓰지 않는다.

제2장
채소 재배 환경

채소는 사람이 먹는 식물이므로 재배에 세심한 주의와 정성이 필요하다. 모종을 키울 자신이 없다면 종묘상 등에서 모종을 사다가 심으면 훨씬 쉽다. 재배 장소에 따라 용기를 잘 선택해 꾸민다면 채소의 싱그러움과 함께 과실의 아름다운 색상까지 한꺼번에 즐길 수도 있다. 자주 따서 먹는 채소들은 베란다에 배치하면 편리한데, 각 채소별 색상에 맞춰 소품을 곁들인다면 장식적인 효과도 누릴 수 있다. 거주하는 곳이 아파트라면 베란다를 십분 활용하고, 주택이라면 옥상을 이용하는 것이 재배에 용이하다. 하지만 주말농장 같은 야외 텃밭이 있다면 보다 적극적인 농사짓기가 가능할 뿐 아니라 쉽게 농사 기술을 뽐낼 수 있다.

식물은 흙 속에 뿌리를 내려 몸체를 지지하고 수분과 양분을 흡수한다. 그리고 지상부의 줄기와 잎으로는 햇빛을 받아 탄소동화작용을 하면서 자라나게 된다. 이처럼 식물의 생육에는 기상, 토양, 생물 등의 자연 환경이 중요한 영향을 끼친다. 따라서 각각의 환경 요인들이 채소 생육에 어떻게 작용하는지를 잘 알고 이에 대응해야 한다.

1 햇빛

햇빛은 식물 생육에 가장 중요한 요인 중 하나다. 식물의 잎은 광합성 작용을 통해 동화양분을 만들고, 이 동화양분은 식물의 각 기관으로 분배되어 성장하는 것이다. 따라서 햇빛이 잘 들지 않는 텃밭에서는 채소가 잘 자라지 못하므로 광선 적응성에 따라 재배할 작물을 선택해야 한다.

광선 적응성에 따른 채소 분류

구분	채소 종류
강한 광선이 필요한 작물	박과 채소, 가지과 채소, 콩과 채소, 괴근류, 직근류, 옥수수, 딸기, 양파, 당근
약한 광선에서도 잘 자라는 작물	토란, 생강, 엽채류, 파류, 머위, 부추
약한 광선을 좋아하는 작물	미나리, 파드득나물, 참나물
어두운 곳에서 재배하는 작물	양송이, 연백 채소(파, 부추, 아스파라거스)

우리나라는 사계절이 뚜렷한 기후로 햇볕이 내리쬐는 시간이 계절별로 다르다. 12월 22일 전후인 동지에 해가 가장 짧고, 6월 22일 전후인 하지에

해가 가장 길다. 또 3월 22일인 춘분과 9월 22일인 추분에는 밤과 낮의 길이가 같다. 식물의 생육은 이와 같은 일조량의 변화에 민감하게 반응한다.

식물은 보이지 않는 눈과 시계를 갖고 있다. 해가 언제 뜨고 지는지를 모두 인지해 꽃을 빨리 피우기도 늦게 피우기도 한다. 봄에 꽃이 피는 무, 배추, 시금치, 상추 등은 최대한 꽃이 늦게 피는 품종을 선택해야 잎을 많이 수확할 수 있다. 이런 채소들은 꽃대가 올라오면 품질이 크게 떨어져 식용 가치를 상실하게 된다. 따라서 주요 채소들이 일장에 어떻게 반응하는지 잘 알고 있어야 채소를 성공적으로 수확할 수 있다.

해 길이에 따른 채소 분류

구분	채소 종류
해 길이가 길어질 때 꽃이 피는 채소	시금치, 상추, 무, 당근, 양배추, 갓, 배추, 감자
해 길이가 짧아질 때 꽃이 피는 채소	딸기, 옥수수, 콩
해 길이와 상관없이 일정한 생육기에 도달하면 꽃이 피는 채소	고추, 토마토, 가지, 오이

인공광에는 단순히 부족한 빛을 보충해주는 광합성 촉진용 조명과 인위적으로 낮의 길이를 조절해 단일식물의 개화를 억제시키거나 장일식물의 개화 조건을 만들어주는 일장 조절용 조명이 있다. 후자처럼 전등조명을 이용해 꽃이 피는 시기를 촉진 또는 억제하는 재배법을 전조재배라고 한다. 채소에서는 주로 들깻잎을 재배할 때 이 재배법을 이용하는데, 가을과 겨울에는 낮의 길이가 짧아져 들깨 꽃이 빨리 피고 이후 더 이상 자라지 않게 되어 깻잎 수확이 어려워진다. 이때 밤 12시부터 새벽 2시까지 2시간 연속 조명으로 빛을 보충해주면 깻잎을 성공적으로 수확할 수 있다.

2 온도

식물의 생육에 있어서 하루 중 온도의 변화는 매우 중요한 의미를 갖는다. 낮의 높은 온도에서는 광합성을 통해 생육에 필요한 유기 영양분을 만들어내고, 밤의 낮은 온도에서는 호흡 작용을 억제시켜 영양분 사용을 최소화함으로써 건전한 생육을 도모한다.

열매채소는 대개 잎채소보다 높은 온도를 좋아하지만, 딸기만은 예외로 저온성 채소다. 상추, 마늘, 양파와 같은 저온성 채소는 온도가 높으면 휴면한다. 다른 잎채소나 뿌리채소도 온도가 너무 높으면 섬유질 함량이 높아지고 영양 성분은 낮아져 전체적으로 품질이 떨어지게 된다. 이처럼 작물마다 잘 자라는 온도가 각기 다른데, 한 작물이 가장 잘 자라는 온도를 생육적온이라고 한다. 이는 기온과 지온을 아우르는 말이다. 대체로 지온보다는 기온이 햇빛이나 습도에 따라 심하게 변화하므로 각 작물별 생육적온을 잘 알아두었다가 적절하게 기온을 조절해주어야 한다.

고온성 채소(18~26℃) 고온에 매우 강한 가지, 고추, 박, 동아, 생강, 고구마, 부추, 동부, 고온에 비교적 강한 오이, 호박, 참외, 토마토, 우엉, 강낭콩, 아스파라거스, 머위, 옥수수.

저온성 채소(10~18℃) 저온에 매우 강한 배추, 양배추, 무, 순무, 시금치, 파, 완두, 잠두, 딸기, 염교, 저온에 비교적 강한 감자, 당근, 비트, 꽃양배추, 상추, 미나리, 셀러리, 근대, 마늘, 쪽파.

열매채소의 생육적온(단위 ℃)

채소명	주간 최적 온도	야간 최적 온도	야간 최저 한계 온도	지하부 최적 온도
토마토	25~28	13~18	10	15~18
가지	23~28	13~18	10	18~20
고추	25~30	18~20	12	18~20
오이	23~28	12~15	10	18~20
수박	23~28	13~18	10	18~20
멜론	25~30	18~20	14	18~20
참외	25~30	15~20	12	18~20
호박	18~23	10~15	8	15~18
딸기	18~23	5~7	3	15~18

잎·뿌리채소의 생육적온(단위 ℃)

채소명	최고 한계 온도	최적 온도	최저 한계 온도
셀러리	23	15~20	5
배추	23	13~18	5
무	25	15~20	8
시금치	25	15~20	8
쑥갓	25	15~20	8
상추	25	15~20	8

3 흙

흙은 식물이 뿌리를 박고 서 있게 하는 지지 역할과 식물의 뿌리에 물과 영양분을 공급해 성장시키는 역할을 한다. 일반적으로 공기가 잘 통하는 흙, 물이 잘 빠지면서도 물과 영양분을 충분히 지니고 있는 흙, 그리고 병해충이 없는 흙을 좋은 흙이라고 볼 수 있다.

식물의 뿌리는 살아서 호흡을 해야 하기 때문에 흙 속에서도 산소를 필요로 한다. 만약 흙 속에 공기가 통하지 않으면 뿌리의 활동이 나빠져 식물의 생육이 불량해진다. 공기가 잘 통하는 흙은 배수도 잘 되는 것이 보통이다. 벼와 수생식물 등 일부 식물을 제외한 대부분의 식물 뿌리는 물속에서는 호흡을 할 수 없기 때문에 배수가 잘 되지 않는 흙에서는 뿌리가 잘 썩으며, 반대로 물이 너무 잘 빠지는 흙은 건조하기 쉬우므로 물을 자주 주어야 한다. 즉 배수가 잘 됨과 동시에 어느 정도 보수력(保水力)이 있는 흙이 좋다. 하지만 이와 같이 이상적인 흙은 흔하지 않기 때문에 유기질 비료를

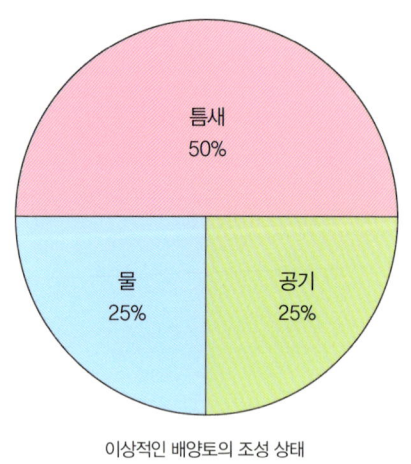

이상적인 배양토의 조성 상태

주거나 여러 가지 흙을 섞어서 만들어 사용하게 되는 것이다. 이때 이상적인 흙의 상태는 흙 전체 부피의 절반이 틈새고, 나머지 절반 중 반은 물, 반은 공기로 채워지는 것이다.

아울러 영양분을 충분히 지니고 있는 비옥한 흙이면서 병해충이 없어야 하는데, 작물을 심었던 흙이라면 병해충이 있을 수 있으므로 각별히 신경을 써야 한다. 특히 참외, 오이, 수박 같은 작물들은 같은 작물을 같은 토양에 계속해서 심을 경우 병해충 피해를 입을 수 있다. 따라서 같은 채소를 2년 이상 이어짓기 한 흙에는 다른 채소를 심는 것이 좋다.

Tip 토양의 구조

모래처럼 입자들이 따로따로 노는 것을 단립(單粒) 상태, 점토질의 토양처럼 입자들이 서로 붙어 있는 것을 입단(粒團) 상태라고 한다. 입단 구조에서는 입단들 사이에 공간이 비교적 많이 확보되어 물을 잘 지닐 수 있고 토양 미생물의 활동도 왕성하다. 말 그대로 흙이 살아 있는 것이다. 밭을 갈아주는 것은 이러한 토양의 입단화를 촉진하는 방법인데, 토양 속에 수분이 적당히 있을 때 갈아줘야 그 효과가 크다.

단립

입단

밭 흙 작은 흙 알갱이들이 모여서 쌀알에서 콩알 정도의 집단, 즉 입단 상태를 하고 있는 흙으로 한 번 건조하면 비교적 잘 부서지지 않는다. 보통 흙색이라고 하는 갈색 내지 흑색의 토양 지대에서 구할 수 있다.

밭 흙

황토 황갈색의 점토질로 건조한 후 체로 쳐 입자가 큰 흙과 작은 흙으로 각각 나눠 쓸 수 있다. 우리 주위에 가장 많은 흙으로 밭 흙이나 모래와 혼합해 사용하기도 한다.

논 흙 찰기가 있는 흙으로 건조하면 딱딱하게 굳는다. 물과 영양분을 지니는 힘이 강하므로 황토나 모래, 부엽(썩은 잎)과 섞어서 쓰면 채소 재배에 좋다.

모래 강모래와 산모래가 있으며, 물이 잘 빠지므로 각종 흙과 혼합해서 쓴다.

버미큘라이트(vermiculite) 질석을 고열 처리해 만든 인공 토양으로 운모와 같이 가벼우며 수분 흡수력이 매우 뛰어나다. 통기, 배수, 보수성 등이 강해 토양개량제로 다른 흙과 혼합해 쓰기에 적합하다. 화원이나 원예 종묘상에서 쉽게 구할 수 있다.

버미큘라이트

펄라이트(perlite) 진주암을 분쇄하고 고열 처리해 원래 크기의 10배 정도로 작은 부피를 갖게 된 아주 가벼운 흰색의 인공 토양이다. 버미큘라이트와 같은 용도로 쓰이며 화원이나 원예 종묘상에서 구할 수 있다.

피트(peat) 연못 밑바닥에서 나오는 검은색 입단 상태의 흙으로, 물이끼, 고사리류, 풀 등이 습지에 퇴적되면서 변질된 것이다. 보수력과 통기성이 좋아서 퇴비나 부엽과 마찬가지로 다른 흙과 섞어서 쓰며, 산성이므로 반드시 석회를 같이

펄라이트

피트모스

훈탄

써야 한다.

피트모스(peat moss) 온대 습지에서 물이끼 등이 퇴적, 부식되어 토탄(土炭)이 된 것으로 갈색이다. 피트와 마찬가지로 강산성이기 때문에 반드시 석회로 중화해서 사용해야 한다. 배합토의 재료 외에 퇴비 대용으로도 쓰인다. 화원이나 원예 종묘상에서 구할 수 있다.

훈탄(薰炭) 왕겨를 태운 것으로 다른 흙에 혼합하여 쓴다. 원래는 짚, 낙엽, 잡초 따위를 태운 재에 인분을 섞어 만들었지만 요즘에는 인분 대신 질소비료나 축산분뇨를 주로 사용하고 짚이나 낙엽도 구하기 어려워 왕겨를 주로 사용한다.

부엽토(腐葉土) 말 그대로 낙엽을 모아서 썩힌 흙이다. 침엽수보다는 상수리나무, 졸참나무, 밤나무, 떡갈나무 등의 낙엽이 좋다. 다른 흙에 섞으면 토양 개량에 도움이 되고 분해되면 비료로도 사용할 수 있기 때문에 특히 분 재배에는 없어서는 안 될 재료다. 화원이나 원예 종묘상에서 구할 수 있다.

토양개량제

① **미생물 제제** 아미나, 그로 등 많은 제품들이 나와 있다. 효소와 미생물을 이용해 작물이 유기물을 흡수하기 쉬운 무기태 상태가 되도록 도와주는 역할을 한다. 동물성 아미노산을 주원료로 키토산, 유기산, 숙성된 목초액 등의 생리활성 물질과 각종 미량요소를 첨가하여 만든다. 미생물 제제가 토양 중에 있으면 양분이 작물에 빨리

토양 미생물제

흡수되며, 토양의 양분 보유 능력이 높아져서 각종 병해에 대한 저항력과 생리 장해 회복 효과가 높아진다. 화원이나 원예 종묘상에서 구할 수 있다.

② **부식산**(humic acid) 토양에 존재하는 유기물이 미생물에 의해 분해되면서 변형 또는 합성된 암갈색의 복잡 다양한 물질이다. 부식산은 양분 보유 능력이 높기 때문에 토양에 섞으면 유효한 영양 성분이 빠져나가거나 못 쓰게 변하는 것을 막아주고 작물에 지속적으로 충분한 영양을 공급해주는 역할을 한다.

③ **숯**(charcoal) 나무를 태워 탄화시킨 숯을 토양에 투입한다는 것은 자연 산물을 토양에 돌려주어 비옥하게 한다는 것을 뜻한다. 숯은 농약 등 환경오염 물질이나 유해 물질들을 빨아들여 토양을 깨끗하게 한다.

④ **스펀지 소일**(sponge soil) 주로 유카(화단용 여러해살이 관상식물)라는 식물에서 추출해 만든 토양개량제로 토양의 통기성과 배수성을 좋게 하고 토양이 물을 잘 흡수하게 한다. 따라서 물이 잘 안 빠지는 토양, 특히 점토질의 토양을 개선하는 데 효과적이다.

> **Tip 목초액**
>
> 목초액은 숯을 굽는 과정에서 발생되는 연기를 냉각하여 얻는데, 친환경농업의 토양개량제로도 쓰인다. 퇴비를 만들 때 목초액을 뿌려주면 숙성기간이 짧아지며, 200~500배로 희석해 채소에 살포하면 해충을 막을 수 있다. 또한 수박, 참외, 멜론 등 당도가 높아야 하는 과실채소 밭에 이 희석액을 비료나 농약에 섞어 1포기 당 1L씩 주면 과실의 품질이 좋아진다. 다만 원액의 산도가 pH3.5 이하의 강산성이므로 너무 많이 주어서는 안 된다.

흙은 입자 간 틈이 넉넉해야 통기성이 좋고 배수가 잘 된다. 단단하게 굳은 땅은 파 뒤집으면 부풀고 부드러워지지만 얼마 동안 비바람을 맞고 나면 다시 원상태로 되돌아간다. 따라서 밭을 일굴 때는 퇴비, 피트, 낙엽 등의 유기물을 섞어주어야 부드러운 상태를 오래 지속할 수 있다. 이때 시중에서 판매하고 있는 부엽토를 사용하면 편리하다.

유기물이 부족한 메마른 흙은 대개 입자들이 따로따로 노는 단립 구조다. 이 경우 입자들 사이에 틈이 없어 단단하게 다져지기 쉽다. 여기에 유기물을 더해주면 흙 속에서 유기물이 부식되면서 흙의 작은 입자들을 끌어당겨 입단 조직을 만들고 입단과 입단 사이에 넉넉한 틈이 형성된다. 그러나 이것도 시간이 지나면 조금씩 분해되어 식물의 영양이 되므로 본래 상태인 단립 조직으로 돌아간다. 따라서 적어도 1년에 한 번씩은 유기물을 보충해주어야 한다.

화분용 흙으로 노지의 흙을 그대로 쓰는 것은 좋지 않다. 이때는 배합토를 별도로 만들어서 써야 한다. 일반적으로 비옥한 흙과 부엽토와 모래를 5:3:2의 비율로 혼합한 흙을 가장 많이 사용한다. 식물의 성질에 따라 건조한 상태를 좋아할수록 모래의 비율을 높게 하고, 용기의 밑바닥일수록 입자가 큰 흙을 넣고 심는다. 용도에 따라 아래와 같이 배합하면 된다.

화분용 흙 밭 흙(5) : 부엽토 또는 피트(3) : 버미큘라이트(2)

상자(플랜터) 흙 황토(4) : 부엽토(3) : 버미큘라이트(3)

파종용 흙 부엽토 또는 피트(5) : 모래 또는 버미큘라이트(5)

좀 더 대량으로 상토(床土)를 만들려면 밑거름 성분까지 넣어주어야 비료를 자주 주지 않아도 된다. 상토를 만드는 데는 최소 2주일 정도의 시간이 필요하다. 부엽토, 황토, 마사토, 논 흙, 버미큘라이트, 펄라이트 등이 주재료로 쓰이고, 퇴비, 피트모스, 훈탄, 톱밥 퇴비, 발효 왕겨 등을 부재료로 쓴다. 이때 주재료와 부재료의 혼합비는 75:25에서 50:50 사이로 한다. 비료를 사용하고자 한다면 상토 100㎏ 당 요소 40g, 용성인비 또는 용과린 200~250g, 염화칼륨 또는 황산칼륨 40g 정도를 혼합하고, 채소용 복합비료(9-12-9, 질소-인산-칼리)의 경우에는 상토 100㎏ 당 2.2㎏ 정도 혼합하면 된다. 또 상토 100㎏ 당 석회와 토양개량제를 각각 200g씩 혼합하면 여러 양분을 고루 갖춘 더욱 좋은 흙을 만들 수 있다. 이렇게 흙을 직접 만들어 사용하려면 작물을 심기 2주일 전에 미리 주재료, 부재료, 비료, 토양개량제를 골고루 섞어 비닐로 꼭 덮어 두었다가 7일 정도 지난 뒤에 두세 번 뒤섞은 다음 분에 담아 사용하면 된다.

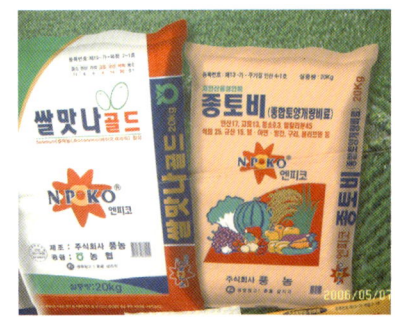

토양 개량제

버미큘라이트, 펄라이트를 섞어 만든 배양토에서 자라는 배추 모종

우리나라 토양은 화강암을 모암으로 풍화되어 대부분 산성토로 이루어져 있다. 게다가 빗물에 의해 흙 속의 알칼리성 물질이 빠져나가기도 하고, 산성 화학비료를 주로 사용하기 때문에 흙은 대개 산성을 띨 수밖에 없다. 이와 같이 산성이 강한 흙에서는 식물이 칼륨, 칼슘, 마그네슘 등의 영양 성분을 흡수하기 어렵다. 또한 산성 상태인 점토에는 알루미늄 성분이 많은 것이 특징인데 그 알루미늄이 녹아서 식물의 뿌리를 상하게 하거나 인산 결핍이 생기므로 식물의 생육에 좋지 않은 영향을 미친다. 따라서 산성토에는 반드시 농용석회나 고토석회를 살포해 흙을 중화시켜주어

야 식물이 자라기에 적합해진다. 흙의 산성도를 식별하는 간단한 방법은 주위에 나 있는 잡초를 살펴보는 것이다. 가령 쇠뜨기, 질경이, 나무딸기 따위의 잡초가 많고 다른 잡초의 생육이 약한 곳이라면 강산성토양으로 볼 수 있다.

산성토양과 채소의 생육

구분	채소명	적정 산도(pH)
산성토에서 잘 자라는 채소	수박, 감자, 고구마, 치커리, 토란	5.0~6.8
산성토에 다소 강한 채소	호박, 고추, 가지, 토마토, 오이, 강낭콩, 무, 당근, 파슬리, 완두, 마늘, 순무, 단옥수수	5.5~6.8
산성토에서 잘 자라지 못하는 채소	셀러리, 시금치, 배추, 양배추, 오크라, 브로콜리, 콜리플라워, 상추, 양파, 파, 리크, 멜론, 피망	6.0~6.8

4
물

식물은 50% 이상, 과실은 80~95% 이상의 물을 함유하고 있다. 따라서 식물의 생명은 물에 의해 유지되고 있다고 해도 과언이 아닐 만큼 물 관리가 중요하다. 식물의 잎에서는 매일 많은 양의 물이 대기 중으로 증발되는데, 토마토의 경우 그 양이 한 포기 당 하루 4L나 된다고 한다. 이러한 이유로 가습기를 설치하는 대신 식물을 기르는 가정들도 많다.

식물은 광합성을 통해 물과 이산화탄소로부터 에너지원인 탄수화물을 합성해 체내에 저장하는 탄소동화작용을 한다. 이처럼 물은 식물의 근간을 이루는 없어서는 안 될 핵심 요소다. 또한 식물은 질소, 인산, 칼륨 등의 토양 속 영양분을 수분 형태로 흡수하므로 흙 속에 수분이 부족하면 비료도 식물체로 들어가기 어려워지고, 탄소동화작용에 의해 잎에서 만들어진 영양분들이 줄기나 뿌

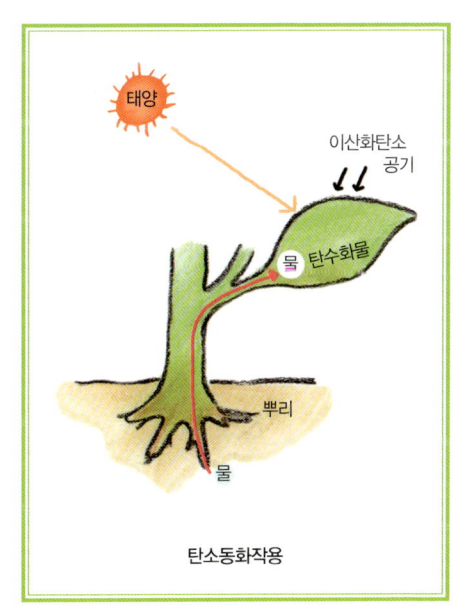

탄소동화작용

리, 과실 등 다른 곳으로 운반되기도 어렵다. 뿐만 아니라 물은 흙 속의 공기를 바꾸어 넣는 데도 도움을 준다. 물이 흙 속으로 들어갈 때는 반드시 공기도 함께 끌려 들어가기 때문에 물은 뿌리가 원활하게 호흡하는 데도 꼭 필요하다.

식물을 기르는 데 있어 물 주기는 가장 간단한 것처럼 보이지만 실상 매우 어려운 기술이다. 채소 작물은 비교적 물을 많이 필요로 하는 편이지만, 어느 작물이라도 뿌리가 물에 잠기면 제 역할을 못 해 생육이 곤란해진다. 같은 작물이라도 계절이나 재배법에 따라 물의 요구량이 달라지는데, 이를 무시하면 작물이 말라죽거나 뿌리가 썩어 죽기도 한다. 면적이 넓은 곳에서 효율적으로 관수하려면 저녁때 주어야 대기 중 공기가 먼저 식으면서 물의 흡수율이 높아진다. 그러나 가정에서 채소를 재배하는 경우에는 밤에 물이 많으면 웃자라기 쉽고, 기온이 높을 때 물을 주면 뿌리가 썩을 수 있다. 물뿌리개의 구멍이 크면 물줄기가 굵어 토양이 파이고 잘 굳으므로 가능한 한 구멍이 작은 물뿌리개로 부드럽게 주는 것이 토양 관리에 좋다.

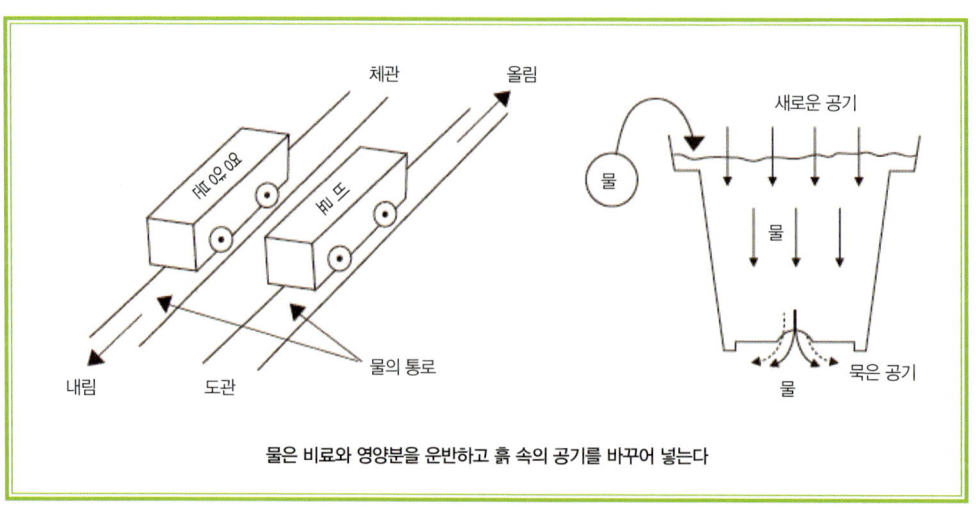

물은 비료와 영양분을 운반하고 흙 속의 공기를 바꾸어 넣는다

화분이나 상자(플랜터)와 같은 재배 용기에 흙을 채울 때는 용기 꼭대기에서 최소한 2~3㎝는 여유를 두어 물을 줄 때 넘치지 않도록 하는 공간이 있어야 한다. 재배 용기의 경우 그 공간을 채울 만큼의 물만 주어도 충분하지만 좀 더 주어도 배수 구멍으로 물이 새 나가므로 과습 염려는 없다. 또한 물은 조금씩 자주 주는 것보다는 한 번 줄 때 듬뿍 주고 용토의 표면이 가볍게 마른 후에 다시 주는 것이 좋다. 더운 날 낮에 잎이 약간 시든 기미가 보여도 저녁 이후에 회복된다면 걱정할 필요는 없다. 계절에 따라 물 주는 양은 크게 차이가 나지만 증발에 의해 소모되는 속도의 차이이므로 물의 양보다는 횟수를 조절하는 것이 좋다. 대개 봄, 가을에는 하루에 한 번 정도 주면 되고, 여름에는 고온으로 증발량이 많으므로 한참 자라는 때라면 하루에 두 번 정도 준다. 물 주는 시간은 한낮을 피해 아침 9시 이전이나 오후 4시 이후가 적절하다. 겨울에는 3, 4일에 한 번씩이면 적당하다.

텃밭의 경우에는 재배 용기에 심었을 때보다 건조되는 속도가 느리지만 비가 너무 많이 오면 과습 피해를 입을 수 있다. 검은 비닐로 덮어씌우면

계절별 물 주는 횟수

여름: 오전·오후 두 번 정도
봄·가을: 하루에 한 번 정도
겨울: 3~4일마다 한 번씩

(멀칭) 물을 자주 주지 않아도 되고 잡초가 자라는 것도 막을 수 있어 일석이조의 효과를 본다. 한 포기 당 얼마의 물을 줘야 한다는 규칙은 없으므로 흙이 마른 상태와 잎이 시드는 상태를 봐가며 물의 양을 조절하는 수밖에 없다.

채소 작물은 일반 밭작물에 비해 물을 많이 필요로 한다. 특히 초여름에는 자칫 가뭄으로 성공적인 재배가 힘들 수 있다. 그러므로 관수시설이 잘 갖추어져야만 재배 관리가 편리하다. 한편 장마철에는 고랑을 잘 정비해 배수가 잘 되도록 힘써야 한다. 배수가 잘 안 될 때는 습해를 받아 정상적인 생육을 기대할 수 없다.

채소와 물

다소 건조해도 재배가 잘 되는 것	고구마, 수박, 토마토, 땅콩, 잎들깨, 호박
다소 습한 토양에서 재배가 잘 되는 것	토란, 생강, 오이, 가지, 배추, 양배추
다습을 좋아하는 것	연근, 미나리

5 비료

식물이 자라기 위해서는 햇빛, 흙, 물 외에도 무기양분이 필요한데, 우리가 대개 거름이나 비료라고 부르는 것이 바로 이 무기양분이다. 식물체를 태웠을 때 타서 없어지는 부분이 유기물이고 재로 남는 부분을 무기물이라고 보면 된다. 무기양분은 식물체 전체 성분의 약 1.5%에 불과하지만 식물체 내에서 매우 중요한 역할을 담당한다.

잡초들은 대부분 흙 속의 비료분을 거침없이 흡수해 왕성하게 자랄 수 있는 능력을 갖고 있지만, 맛이나 수확량을 좋게 하기 위해 개량된 작물들은 여러 가지 양분이 고르게 갖추어지지 않으면 제대로 흡수하지 못해 균형 있게 성장하지 못한다. 이때 부족한 영양 성분을 제때 주어야 잎이 부드러워지고 꽃이 잘 피어 열매를 탐스럽게 맺을 수 있다.

식물 작물의 생육에는 탄소, 수소, 산소, 질소, 인산, 칼륨, 칼슘, 마그네슘, 유황, 철, 붕소, 아연, 망간, 몰리브덴, 염소, 구리 등 16종의 필수원소가 필요하다. 이 중 탄소는 공기 중의 이산화탄소에서, 수소는 물에서, 산소는 공기 중에서 얻고, 그 외 13가지 원소는 토양으로부터 직간접적으로 흡수한다. 작물에 따라 질소, 인산, 칼륨, 황, 칼슘, 마그네슘 등은 많은 양이 요구되므로 다량원소로, 철, 구리, 아연, 몰리브덴, 망간, 붕소, 염소 등은 적은 양이 요구되므로 미량원소로 분류한다. 비료 성분 중에서 가장 흡수량이 많은 질소, 인산, 칼륨을 비료의 3요소라고 부르는데, 여기에 칼슘을 더해 4요소, 또 마그네슘을 더해 5요소라고도 한다.

가정용 질소비료

질소 질소는 식물체 내에서 단백질을 만드는 질소 동화작용의 원료 중 하나로 세포의 분열이나 성장에 없어서는 안 되는 성분이다. 또 엽록소의 성분이기도 해서 질소 비료를 주면 잎의 녹색이 진해진다. 이 때문에 질소는 잎비료 또는 가지(줄기)비료라고도 하며, 특히 채소 작물에 있어서는 가장 많이 필요하고 중요한 성분이다. 상추, 배추, 케일과 같은 잎채소는 질소를 과도하게 흡수하면 잎 색깔이 진해지면서 질산염이라는 좋지 않은 성분이 생기므로 주의해야 한다. 화학비료로는 요소와 황산암모늄이 있다.

인산 인산은 뿌리의 발육을 촉진하는 데 도움이 될 뿐만 아니라 꽃이나 과실, 종자의 형성에 중요한 성분으로서 뿌리비료 또는 종자비료라고도 한다. 과실 속의 산을 줄이고 단맛을 늘리는 역할도 한다. 비료의 3요소 중 인산은 한 번 주면 토양 중에서 잘 씻겨 내려가지 않기 때문에 밑거름으로만 주어도 충분하다. 화학비료는 용과린, 용성인비, 과석 등이 있다.

칼륨 칼륨은 식물체 내의 탄수화물이나 단백질의 합성, 이동, 축적 등 생리 작용과 꽃을 피우고 열매를 맺게 하는 데 중요한 성분이다. 따라서 열매비료라고도 부른다. 추위나 병충해에 대한 저항력도 키워준다. 화학비료는 염화칼륨과 황산칼륨 등이 있다.

칼슘 칼슘은 조직을 단단하게 하는 체질 구성 물질로서 엽록소의 생성과 뿌리의 발육과 관계가 깊고 유해 물질을 중화시키는 데도 도움이 된다. 무엇보다도 산성토를 중화시키는 데 필수적인 토양개량제다. 화학비료로는 소석회 또는 농용석회 등이 있다.

칼륨비료와 복합비료

마그네슘 마그네슘은 엽록소의 중핵 성분이므로 모자라면 엽록소가 제대로 생성되지 않아 잎의 기능이 나빠진다. 또 식물체 내에서의 물질 이동을 돕는다. 화학비료로는 고토, 황산마그네슘, 탄산마그네슘 등이 있다.

기타 미량원소 미량원소도 식물체 내에서 단지 적은 양만 필요할 뿐 다량원소와 마찬가지로 식물의 생장에 꼭 필요한 필수원소들이다. 이들은 보통 흙 속에 함유되어 있는 양으로도 충분하기 때문에 따로 주지 않는다. 하지만 붕소(비료는 붕사)는 미량원소지만 종종 결핍되기 쉽다. 배추나 무를 재배할 때 붕소가 부족하면 속이 썩는 증상이 나타나므로 밑거름을 줄 때 3평(약 10㎡) 당 20g 정도 주는 것이 좋다.

필수원소들이 부족하면 곧바로 생육에 지장을 초래한다. 하지만 결핍 증상이 작물의 종류나 재배 조건 등에 따라 다르게 나타나므로 정확하게 진단하기는 매우 힘들다. 따라서 겉으로 드러나는 이상 증세를 육안으로 잘 관찰하고 적절하게 대처해야 한다.

식물체 내의 무기양분은 이동성에 따라서 결핍 증상이 나타나는 위치가 다르다. 비교적 이동이 잘 되는 질소, 인, 칼륨, 마그네슘, 황 등은 생장점 부위로 신속하게 이동하는 특성 상 일반적으로 오래된 잎, 아래쪽 잎에서

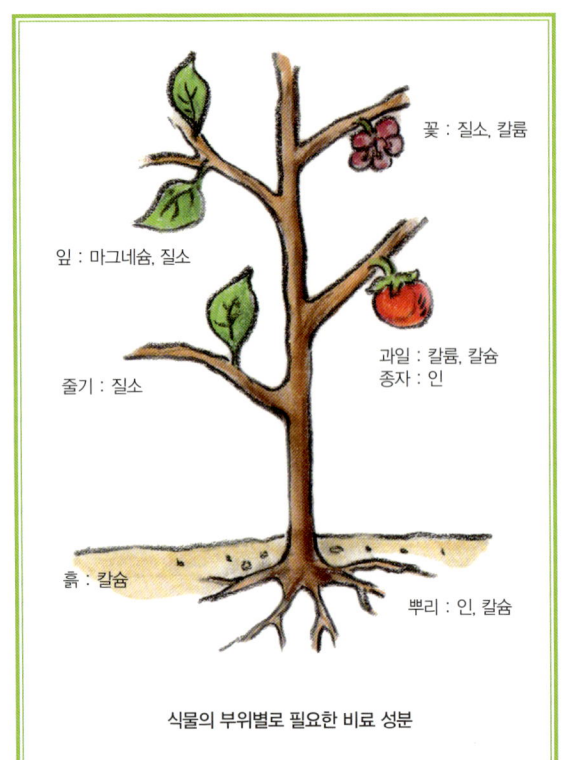

식물의 부위별로 필요한 비료 성분

결핍 증상이 먼저 나타난다. 반면 칼슘, 철, 붕소 등은 잘 이동하지 못하고 늙은 잎이나 아래쪽 잎에 그대로 존재하기 때문에 생장이 왕성한 생장점이나 꽃과 과실 부위에서 결핍 증상 나타난다.

　비료는 크게 무기질 원료를 이용해 화학적으로 제조한 화학비료와 동물체나 식물체를 원료로 만든 유기질 비료로 나뉜다. 화학비료는 일반적으로 물에 바로 녹고 효과가 빨리 나타나지만 잘 녹기 때문에 흙 속에서 유실되는 양도 많다. 야외 텃밭에서는 사용하기 편리하지만 화분 등 용기 재배 시에는 보조적으로 쓸 수밖에 없다. 진한 것을 한 번에 많이 주면 식물이 중독증으로 해를 입게 되므로 희석하거나 퇴비 등에 섞어서 주어야 한다. 질소, 인산, 칼륨을 작물에 따라 갖가지 비율로 화합해 만든 복합비료를 사용하면 간편하며, 물에 희석하는 액체비료(4종복합)도 농원이나 원예종묘상에서 판매하고 있다.

　유기질 비료에는 깻묵, 닭똥, 퇴비 등이 있다. 화학비료를 양약이라고 한다면 유기질 비료는 한약이라고 할 수 있다. 화학비료가 속효성인데 비해 유기질 비료는 효과가 두고두고 천천히 나타나는 지효성 비료다. 따라서 유기질 비료는 그 효과가 오래 지속되며 비료 중독의 위험이 적고 토양개량이나 미량원소 공급 목적에 적합하다. 하지만 미리 썩혀야 하고 발효 중에 악취가 나는 결점이 있고, 아무래도 비료의 성분량이 부족하므로 화학비료를 보조적으로 쓰는 것이 효과적이다.

거름의 분류

구분		거름의 종류
급원별	유기질 비료	퇴비, 우분, 돈분, 계분, 깻묵, 어분, 골분, 혼합유기질 비료 등
	무기질 비료	요소, 유안, 용과린, 용성인비, 염화칼륨, 황산칼륨고토 등 각종 복합비료(고추비료, 마늘비료, 배추비료, 단한번비료 등)
성분별	질소질 비료	요소, 유안, 질소질 비료가 들어 있는 복합비료
	인산질 비료	용과린, 용성인비, 인산질 비료가 들어 있는 복합비료
	칼륨질 비료	염화칼륨, 화산칼륨고토, 칼륨질 비료가 들어 있는 복합비료
	석회질 비료	소석회, 농용석회, 고토석회
	규산질 비료	규산질비료, 입상광재규산
	복합비료	21-17-17 등 각종 복합비료
	4종복합 비료	나르겐, 그로민, 바이타그린 등 4종 복합비료

화학비료와 유기질 비료의 특징

구분	흡수율	지속성	부작용	악취	미량 성분	흙의 입자 구조	가격
화학 비료	빠르다	짧다	과용하면 염려된다	없다	없다	연용하면 홑알 구조화	싸다
유기질 비료	늦다	길다	완숙하면 염려 없다	있다	있다	떼알 구조화 촉진	비교적 비싸다

퇴비 만들기

흙을 부풀게 만들고 비료의 분해를 돕기 위해서는 퇴비를 주어야 한다. 퇴비를 만드는 가장 손쉬운 방법은 야채 부스러기, 낙엽, 볏짚 등에 물을 뿌려서 썩히는 것이다. 여기에 비에 맞지 않도록 비닐로 씌워두고 도중에 한두 번 뒤집어주면 100일 정도면 완전히 썩는다. 이렇게 만든 퇴비를 밭 1평(3.3m^2)당 1.5~2kg 정도 뿌리고 잘 섞어준다.

질소 성분은 퇴비가 잘 발효되게 해주므로 퇴비를 만들 때 생선 찌꺼기 등을 섞거나 질소 비료를 첨가하면 좋다. 40×40cm의 구덩이를 40cm 깊이로 판 후 봄부터 식품 쓰레기가 나오는 대로 구덩이에 5~7cm가량 깔고 그 위에 흙을 2~3cm 덮는다. 이를 반복하면 가을에는 좋은 퇴비가 되어 겨울이나 봄에 이용할 수 있다. 물론 구덩이에 빗물이 들어가지 않도록 비닐 등으로 덮어주어야 한다. 그 정도면 30평(100m^2) 정도의 밭에 뿌릴 수 있는 양이 만들어진다. 일반 농가에서는 밭에 볏짚을 넣고 갈아주기도 하는데 볏짚이 완전히 썩지 않을 경우 유기질 비료로서의 역할보다 토양을 부드럽게 부풀리는 효과가 더 크다. 이때도 볏짚 1kg 당 요소 비료를 20g 같이 넣어 밭을 갈면 볏짚이 잘 발효된다. 한편 시중에서 판매하는 톱밥 또는 부산물로 만든 유기질 비료는 효소를 발효시켜 만든 것으로 퇴비와 같은 효과를 얻을 수 있다.

참깨나 들깨 등 식물 씨앗으로 기름을 짜고 남은 찌꺼기 덩어리인 깻묵으로도 비료를 만들 수 있다. 깻묵 덩어리의 5배 정도 되는 물을 부어서 섞은 것을 2L 들이 병에 담아 그늘에 두면 여름에는 20~30일, 겨울에는 30~60일 정도면 깻묵 물비료가 완성된다. 이 물비료는 오래될수록 좋은데, 위쪽의 맑은 물을 다시 일반 물에 10~20배

깻묵으로 만든 유기질 비료

로 희석해 10일 간격으로 주면 된다. 다 사용한 후에도 다시 물을 부으면 2~3번 정도 더 쓸 수 있다. 깻묵을 고형비료로도 만들 수 있다. 항아리에 깻묵과 같은 분량의 물을 붓고 한두 달 완전히 썩히면 냄새가 덜 나면서 비료가 완성된다. 여기에 뼛가루나 재 등을 깻묵 양의 3분의 1 정도 섞으면 더 좋은 비료가 된다. 완성된 비료를 말려서 반쯤 마른 것을 큰 콩 크기 정도로 만들어 화분 가장자리에 놓으면 효과적이다. 완전히 말려서 보관해두어도 편리하다.

가정에서 구하기 쉬운 생선 찌꺼기로는 아미노산 비료를 만들 수 있다. 생선의 머리, 내장, 뼈 등을 독 안에 넣고 같은 무게의 흑설탕을 넣어 절이면 2~3일 후 액체가 생기기 시작한다. 10일 후면 물비료로 사용할 수 있다. 이렇게 만든 아미노산 비료를 물 2L에 5mL 정도 섞어서 식물의 잎에 분무하거나, 물 50L에 작물의 상태에 따라 25mL~50mL 정도 섞어서 토양에 뿌려주면 된다. 여기에는 여러 가지 요소들이 함유되어 있어 영양 보충 효과는 물론 벌레들이 생선 아미노산의 냄새를 싫어해 병충해 예방 효과까지 볼 수 있다. 또 아미노산 비료는 토양 속 미생물의 활동을 활발하게 하므로 되비를 만들 때 첨가하면 숙성 기간이 단축된다.

액체 비료

거름 줄 때 유의사항

식물은 아주 적은 양분을 천천히 흡수한다. 한꺼번에 많은 비료를 주어도 식물에 이용되는 양은 일부에 지나지 않으며 대부분은 빗물에 씻겨 사라져버린다. 따라서 가정에서 채소를 재배할 경우에는 부작용이 생기지 않도록 적은 듯하게 여러 번 나누어 주는 것이 좋다.

  비료의 종류와 분량은 식물에 따라 각각 다르며, 생육의 단계 또는 기후와 흙의 조건에 따라서도 달라진다. 질소는 생육 초기에 중요하며 개화기나 결실기에는 인산과 칼륨을 많이 필요로 한다. 개화 무렵에 질소가 과잉되면 열매를 맺지 않는 일도 있다. 또 덜 발효된 퇴비를 겨울에 시비할 경우, 봄에는 효력이 없다가 여름이나 가을에 효력이 나타날 수 있기 때문에 유기질 비료는 잘 썩은 것을 주고, 시비의 시기를 정확히 지켜야 한다.

  화학비료는 청결하고 사용이 편리하고 값이 싸다는 이점이 있지만 토양 개량과 지속성 그리고 미량원소 함량 등의 측면에서 생각하면 식물을 위해서는 유기질 비료가 가장 적합하다. 따라서 밑거름으로 유기질 비료를 흙과 섞어서 사용하고 덧거름으로 화학비료를 사용하는 것이 효과적이다. 물론 유기질 비료만 주어도 상관없다. 인산질 비료는 토양 내에서 이동을 하지 않으므로 토양과 잘 혼합해 밑거름으로 주고, 석회는 산성토 개량을 위해 쓰므로 다른 비료를 주기 10일 전에 흙과 잘 섞어주어야 한다.

  어떤 원인으로든지 쇠약해진 식물은 환자와 같은 상태다. 그러므로 기운을 차리게 하려고 많은 비료를 주는 것은 식욕이 없는 환자에게 억지로 많은 음식물을 먹이는 것과 같다. 따라서 한동안 물만 주면서 상태를 지켜보다가 환자에게 죽을 주듯이 아주 맑은 액체비료를 주는 것이 좋다. 쇠약할 때에는 뿌리의 흡수 기능도 저하되므로 4종 복합비료를 엽면살포하면 효과가 크다.

  비료는 모두 물에 녹아서 뿌리털로부터 흡수된다. 따라서 뿌리가 충분히 활동할 수 있도록 산소를 공급하는 일이 중요하다. 즉 흙의 통기성을 좋게 하는 일이 시비의 기초가 되는 셈이다.

  일반적으로 열매채소와 뿌리채소는 인산과 칼륨질 비료를, 잎채소는 질소질 비료를 많이 필요로 한다. 밑거름으로는 비료의 3요소를 함유한 복합비료, 시판되는 피트모스, 발효 톱밥 같은 유기물, 주위에서 쉽게 볼 수 있는 가축분, 골분, 유박, 어박, 나뭇재 등의 천연 유기질 비료를 완전히 발효시켜 사용하는 것이 바람직하다. 숙성이 덜 된 유기질 비료는 발효 과정에서 많은 열을 내기 때문에 발아 장해나 뿌리 생육에 장해를 일으키므로 사용하지 말아야 한다.

대부분의 식물은 생육 초기에는 비료 흡수가 적고, 왕성한 생육이 이루어지는 중·후반기에는 많은 비료를 요구한다. 따라서 밑거름으로는 완효성인 복합비료가 바람직하고, 밑거름은 전체 거름 양의 50% 내외로 하고 생육 상태에 따라 웃거름으로 사용한다. 반대로 웃거름으로는 속효성 비료를 사용하는 것이 바람직하다. 즉 유안이나 요소에 황산칼륨나 염화칼륨을 사용하든, 질소와 칼륨이 혼합된 복합비료를 사용하면 된다. 생육 상태에 따라 복합비료를 15~20일마다 1회 사용한다.

6 농약

가정에서 손쉽게 구할 수 있는 식초, 우유, 담배, 비누(주방용으로 나오는 천연 물비누가 좋다) 등으로도 식물의 해충을 없앨 수 있지만, 이러한 천연 농약은 초기에만 효과가 있다.

식용유, 달걀, 마요네즈 달걀노른자와 식용유로 만든 난황유를 이용하면 농약으로도 방제가 어려운 흰가루병, 노균병 등의 곰팡이병과 응애 같은 해충에 큰 효과를 볼 수 있다. 달걀노른자 하나에 물을 조금 붓고 믹서로 잘 푼 후에 식용유(채종유, 해바라기유, 올리브유, 옥수수기름, 콩기름 등)를 넣고 다시 믹서로 5분 이상 충분히 혼합해 유액을 만든다. 이렇게 만든 난황유를 물 20L에 타서 골고루 뿌려준다.

예방 목적으로는 7~14일 간격, 치료 목적으로는 5~7일 간격으로 2~3회 살포하면 된다. 다만 식물체에 직접 닿지 않으면 효과가 없기 때문에 농약 사용량의 2배 정도로 충분히 골고루 뿌려주어야 한다. 농도가 높으면 작물의 생육이 억제될 수 있으며, 저온이나 고온(35℃ 이상) 시 또는 영양제나 농약과 혼용하면 약해의 우려가 있다. 오이, 상추 등의 흰가루병,

노균병 등에 효과가 뛰어나며, 상추, 토마토 등의 진딧물, 온실가루이 등에도 어느 정도 효과가 있다.

난황유 제조법이 다소 번거롭게 느껴진다면 마요네즈를 이용하는 방법도 있다. 마요네즈 100g을 소량의 물에 섞은 뒤 다시 물 20L에 희석해 사용한다. 2L 정도로 소량 제조 시에는 마요네즈 8g(예방)~13g(치료)을 작은 페트병에 넣고 소량의 물을 첨가한 후 상하로 세차게 흔들어 잘 섞인 것을 확인 한 후에 물 2L에 타서 사용하면 된다.

난황유 농도(물 20L기준)

재료	예방 목적(0.3%)	치료 목적(0.5%)
식용유	60mL	100mL
달걀노른자	1개(약 15mL)	1개(약 15mL)

식초 식초는 사람의 건강에도 좋지만 식물의 곰팡이균을 예방하고 방제하는 데도 효과가 있다. 일반 식초를 20배의 물과 희석해 병이 나기 쉬운 시기에 분무기로 뿌려준다.

현미식초 · 비누액 물 2L에 현미식초 2mL와 천연 물비누 3mL를 섞어서 엽면시비하면 충해 방제에 매우 효과적이다. 특히 토마토에 많은 피해를 주는 잎굴파리와 온실가루이의 방제에 좋다. 잎굴파리의 경우는 일주일 간격으로 2회 이상, 온실가루이는 3회 이상 살포해야 90% 이상 없앨 수 있으며, 온실가루이의 경우에는 흑설탕 2g 정도를 더 넣어서 주는 것이 좋다. 응애의 방제에도 효과가 있고, 토양 살균 효과도 볼 수 있다.

우유 우유를 희석하지 않은 채로 맑은 날 오전에 진딧물이 낀 가지에 살포하면 우유가 건조되면서 막이 생겨 진딧물이 질식해 죽는다. 우유는 신선한 것일수록 효과가 좋으나 오래 두어 좀 상한 것도 괜찮다.

마늘액 마늘 한 통을 까서 잘 찧은 후 물 1L에 섞는다. 이를 고운 천으로 걸러서 5배액으로 희석해 살포하면 살충력은 없지만 벌레를 모여들지 못하게 한다.

마늘·석유액 마늘 80g을 찧은 후 그 액에 석유 2 작은 숟갈을 넣어 24시간 둔다. 이 액에 물 1L와 천연 물비누 10mL(또는 비누 10g 녹인 것)를 잘 섞어서 천으로 거른다. 살포할 때는 100배로 희석해 사용한다. 해충의 성충뿐 아니라 유충에도 효과가 있으며, 병에도 어느 정도 효과 있다.

담배 니코틴 담배 10~15개 분량을 까서 필터를 없애고 물 1L에 3시간 정도 담가둔다. 이를 고운 천으로 걸러서 천연물비누 5mL(또는 비누 5g 녹인 것)를 섞어 사용한다. 분무기로 뿌리면 되는데, 분무기가 없을 때는 물뿌리개로 뿌려도 좋다. 특히 진딧물에 효과가 있다. 5일이 지나면 효력이 떨어지므로 그 안에 사용해야 한다.

화학 농약의 경우 과거에 사용되던 맹독성농약은 대부분 사라졌지만 여전히 독성이 강한 것이 많다. 특히 요즘에는 잔류독성이 사회문제로 대두되고 있으므로 식물의 병이 갑자기 심해졌거나 벌레가 많아 부득이 농약을 사용해야 한다면 사용법에 따라 적기에 적당량을 써야 한다.

화학 농약은 대개 사용 목적에 따라 살충제와 살균제로 나뉘며, 식물호르몬을 제품화한 식물 생장 조정제도 농약으로 구분한다. 식물에 해가 되는 곤충을 죽이는 약제인 살충제에는 접촉제, 침투성 살충제, 미생물 약제 등이 있다.

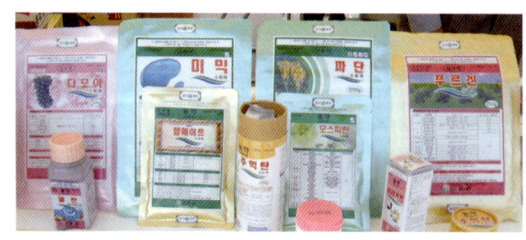

시판되고 있는 일반 농약

접촉제 약제가 벌레의 피부에 묻으면 살충력이 나타나는 직접 접촉제(니코틴제, 기계유제)와 약제가 해충에 접촉됐을 때뿐만 아니라 뿌린 후에도 해충이 접촉하면 죽게 하는 잔효성 접촉제(알파사이퍼메트린 등)가 있다.

침투성 살충제 줄기나 잎뿐 아니라 뿌리(토양)에 처리해도 약제가 식물체에 침투하고, 즙액이 식물체 전체로 퍼지면서 약제 성분이 벌레의 몸속으로 들어가 죽게 만드는 약제다. 진딧물 약제에 많다.

침투성 살충제

미생물 약제 최근에 개발된 미생물 약제는 BT라는 미생물을 이용해 해충이 먹으면 소화관 내에서 독소가 활성화되어 살충력이 생긴다. 생물 환경에 미치는 영향이 적은 생물학적 살충제다.

기타 곤충 내의 생장호르몬 유사체를 이용해 특정 해충에만 작용하며 익충과 천적에 대한 해가 적고 인체에도 비교적 안전한 호르몬제, 밀폐된 장소에서 약제에 불을 붙여 가스를 이용하는 훈연제(훈증제) 등이 있다.

살균제에는 병균이 식물체에 침입하는 것을 막아주는 보호 살균제(석회보르도액, 구리분제, 황)와 병균의 침입은 물론 식물체에 침입해 있는 병균을 죽이는 침투성 살균제가 있다. 근래에는 침투성 살균제에 보호 살균제의 역할을 첨가한 약제가 많다.

농약은 아무리 저독성이라고 해도 인체에 직접 닿으면 위험하므로 절대 어린이의 손에 닿지 않는 곳에 보관하고, 어른도 다른 약품들과 혼동하지 않도록 따로 보관함을 만들어 잠가놓는 것이 좋다. 일단 개봉한 뒤에는 오래 두면 약효가 떨어지고 좋지 않으므로 소량씩 포장되어 있는 가정원예용 약제를 구입하면 한 번에 한 포씩 나눠 쓸 수 있다. 안내된 사용법에 따라 물에 희석하면 되는데, 희석 배수가 표기되어 있다면 다음 표에 따라 희석하면 된다.

농약의 희석 배수(단위 mL)

희석 배수	물 1L당	물 2L당	물 5L당
50배	20.0	40.0	100.0
100배	10.0	20.0	50.0
200배	5.0	10.0	25.0
400배	2.5	5.0	12.5
500배	2.0	4.0	10.0
1000배	1.0	2.0	5.0
1500배	0.7	1.3	3.4
2000배	0.5	1.0	2.5
2500배	0.4	0.8	2.0
3000배	0.3	0.7	1.7

Tip 농약의 각종 형태

- 수화제 : 고운 분말로 물에 타서 쓰는 약제. 물에 타기 전에 바람에 잘 날리는 것이 흠이다.
- 유제 : 많은 양의 물에 희석하면 희뿌연 유탁액(乳濁液)이 되는 액체 상태의 약제.
- 액상수화제 : 액체 상태로 물에 희석하여 쓰는 약제.
- 입상수화제 : 수화제와 같이 물에 타서 쓰지만 과립형이라 바람에 날리지 않는다. 수용성 입제도 비슷한 성질이다.
- 입제 : 과립형으로 토양에 뿌리면 물에 녹아 뿌리를 통해 흡수되면서 식물체 전체로 퍼지는 약제.
- 분제 : 고운 분말 형태로 물에 타지 않고 토양이나 식물체에 직접 뿌려주는 약제.

채소에 생기는 주요 해충과 방제 농약

해충	살충제(상품명)	대상 작물	독성
진딧물	이미다클로프리드 (코니도, 베테랑, 노다지)	수화제: 고추, 감자, 오이, 들깨, 각종 엽채류	저독성, 침투성
		입제: 수박, 감자, 고추, 참외	〃
	피메트로진(체스)	수화제: 고추, 오이, 들깨, 각종 엽채류	〃
	비펜트린(타스타)	수화제: 수박, 아욱, 근대	저독성, 접촉독
		유제: 배추, 고추	〃
	알파사이퍼메트린 (화스탁)	유제: 고추, 피망, 배추, 들깨, 엔디브, 쑥갓	보통 독성, 접촉독
온실가루이	피리프록시펜(신기루)	유제: 토마토, 오이, 가지	저독성, 호르몬제
	스피노사드 (부메랑, 올가미)	입상·액상: 토마토	저독성, 접촉독
	티아메톡삼(아타라)	입상수화제: 오이, 고추, 피망, 감자	저독성, 침투성
총채벌레	스피노사드(부메랑)	수화제: 오이, 감자, 쪽파, 상추, 가지	저독성, 접촉독
	에마멕틴벤조에이트 (에이팜)	유제: 오이, 감자, 고추, 피망, 가지, 상추	〃
	클로르훼나피르 (렘페이지)	유제: 오이, 가지	〃
	티아메톡삼(아타라)	입상수화제: 오이, 고추, 피망, 감자	저독성, 침투성
선충	에토프 (모캡, 젠토캡, 원톱)	입제: 고추, 마늘	저독성, 침투성
	카보 (후라단, 큐라텔, 카보단)	입제: 당근	보통 독성, 침투성

해충	살충제(상품명)	대상 작물	독성
배추흰나비, 좀나방, 명나방	비티아이자와이(젠타리)	입상수화제: 배추, 오이, 쪽파, 부추, 쑥갓, 브로콜리	저독성, 미생물제
	비티쿠르스타키(그물망)	액상수화제: 배추	〃
	다이아지논(다이아톤)	분제: 배추	저독성, 접촉독
	람다사이할로트린(주렁)	수화제: 고추, 배추	〃
	사이퍼메트린 (피레스, 강심장)	유제: 배추	보통 독성, 접촉독
굴파리	카탑하이드로 (파단, 쎄다)	입제: 토마토	저독성, 침투성
	에토펜프록스	수화제: 감자	저독성, 접촉독
	스피노사드 (올가미, 부메랑)	입상수화제: 토마토, 가지, 박과채소	〃

진딧물   잎굴파리   총채벌레   담배나방 피해

온실가루이   배추좀나방 피해   선충 피해

7 식물의 병

식물의 병은 크게 가장 흔한 곰팡이병(진균)과 세균병, 바이러스병 이렇게 세 가지로 나뉜다. 바이러스병은 주로 진딧물과 같은 해충에 의해 감염되므로 해충 방제가 바이러스 방제로 이어진다. 곰팡이균과 세균을 죽이는 약제는 각각 성질이 다르므로 혼동해서 사용하면 전혀 효과를 볼 수 없다.

곰팡이병

잘 보면 곰팡이의 일부인 회색 혹은 흰색의 실 모양 균사, 가루 모양의 포자, 쥐똥 모양의 균핵, 핑크색의 점물질 등을 볼 수 있는 경우가 많다. 물러 썩는 경우는 드물고 대부분 잎이나 줄기에 생긴 병의 무늬가 일정하다. 썩을 때도 말라 썩는 경우가 흔하다.

■ 잿빛곰팡이병

병징 열매, 잎, 가지 등 식물체 모든 부위에 발생하며 병반 위에 잿빛의 곰팡이가 밀생하는 것이 특징이다. 대부분 떨어진 꽃이나 꽃잎이 붙어 있는 부분에서부터 병반이 시작되며, 과일은 상처 부위나 꽃잎이 떨어지

잿빛곰팡이병

지 않은 배꼽 부분부터 발생하는 일이 많다.

발생환경 노지보다 시설 재배지에서 피해가 크며 2월 ~5월에 병 발생이 심하다. 병 발생에 가장 중요한 요인은 습도이며 포화습도에 가까울수록 심하고, 온도는 15~22℃가 발병적온이다. 저온기, 저습지에서 발생이 많고 특히 비가 자주 오거나 밤낮의 기온 차가 심할 때 피해가 크다. 또한 빽빽하게 심거나, 질소질 비료 과다 사용으로 식물체가 웃자라거나 통풍이 불량할 때도 많이 발생한다.

방제방법

① 병든 식물체는 신속히 제거한다.
② 가급적 습도가 높지 않도록 환기를 조절한다.
③ 질소 비료의 과용을 금하고 시설 내 온도를 높여준다.
④ 약제 살포 시 수화제보다는 훈연제를 사용하는 것이 습도 조절에 효과적이다.
⑤ 병원균의 내성이 생기지 않도록 약제를 번갈아 살포한다.
⑥ 방제 약제 : 디에토펜카브 가벤다수화제(깨끄탄), 빈졸수화제(놀란), 포리옥신수화제.

2 노균병

병징 아랫잎에서 발생이 시작되어 위로 진전되는데 처음에는 잎에 부정형의 반점이 형성되고 점차 진전되면 엷은 황색을 띤다. 심해지면 병반은 각이 져서 나타나고 병반과 병반이 합쳐져 잎 전체가 고사한다. 잎 뒷면에는 이슬처럼 보이는 곰팡이가 빽빽하게 자라나 흰색(무, 배추, 상추) 또는 회갈색이나 흑회색(박과류)으로 보인다.

발생환경 온도가 낮고 습도가 높을 때 특히 봄, 가을 밤낮의 기온 차가 심하면 많이 발생한다. 또한 질소의 시비량이 적어 식물체의 생육이 좋지 않을 때 피해가 크다. 연작 시 이병 잔재물이 누적되어 많이 발생한다.

노균병

방제방법

① 병든 잎은 가급적 빨리 제거한다.
② 관배수를 잘 하여 습도가 높지 않도록 관리하고, 통풍과 투광을 좋게 한다.
③ 충분한 시비로 영양 부족 현상이 나타나지 않도록 한다.
④ 물방울이 장시간 맺혀 있지 않도록 주의한다.
⑤ 약제 살포 시 잎 뒷면에 잘 묻도록 살포한다.
⑥ 방제 약제 : 메타실수화제, 쿠퍼수화제, 프로피수화제.

3 흰가루병

병징 주로 잎에 발생한다. 처음에는 잎의 표면에 소량의 흰 가루가 밀생하며, 진전되면 잎 전체가 흰 가루로 뒤덮인다. 오래된 병반은 흰 가루가 회백색으로 변하고, 흑색의 소립점이 형성된다.

발생환경 고온보다는 저온에서 잘 발생하나 온도 범위가 매우 넓으며, 다습한 환경뿐만 아니라 건조한 환경에서도 잘 발생한다. 밤낮의 기온 차가 심한 봄과 가을에 발생이 심하고, 고토 및 인산이 부족한 토양이나 질소 비료 과용 시 병 발생이 많아진다.

흰가루병

방제방법

① 병든 아랫잎은 빨리 제거한다.

② 수확 후 병든 잔재물은 제거 소각한다.

③ 빽빽하게 심는 것을 피하고 균형 시비로 작물 생육을 튼튼하게 한다.

④ 일조, 통풍을 좋게 하고 과습하지 않도록 관수와 배수에 유의한다.

⑤ 방제약제 : 마이 탄수화제, 피라조유제, 비타놀수화제.

4 탄저병

병징 고추 탄저병은 주로 열매에 발생하며 처음에는 물에 데친 모양의 약간 움푹 들어간 원형 반점이 형성되고, 진전되면 부정형의 겹무늬 증상으로 나타난다. 병반 상에는 담황색의 포자덩이가 형성된다. 박과류 탄저병은 과일, 잎, 줄기에 발생하여 원형 내지 부정형의 갈색 반점이 형성되고, 과일에는 움푹 들어간 병징이 나타난다.

발생환경 생육 기간 중 강우가 잦을 때 심하게 발생하며, 여름비가 자주 와서 날씨가 습하고 서늘할 때는 노지에서도 심하게 발생한다.

방제방법

① 내병성이 강한 품종, 건전 종자, 무병묘를 사용한다.

② 병든 식물체는 신속히 제거한다.

③ 질소 비료의 과용을 피하고 칼륨, 인산, 규산질 비료를 충분히 사용한다.

④ 이어짓기와 빽빽하게 심는 것을 피하고 통풍이 잘 되게 한다.

⑤ 비 오기 직전이나 직후에 약제를 살포하는 것이 효과

탄저병

적이다.

⑥ 방제약제 : 타로닐수화제, 메타실엠수화제, 프로파수화제.

5 덩굴마름병

병징 잎, 줄기, 과일에 발생한다. 줄기에는 처음 불규칙한 회갈색 병반이 형성되고, 심하면 그루 전체가 말라죽는다. 잎이나 과일에 황갈색의 작은 반점이 나타나고, 점차 진전되면 원형 내지 부정형의 대형 병반이 형성되며 병반 위에는 흑색소립점(병자각)이 형성된다.

발생환경 생육기의 잦은 강우나 음습한 날씨가 계속될 때 심하게 발생한다. 시설 재배 시에는 저온, 다습, 통풍과 배수가 나쁜 곳에서 많이 발생하며, 생육 후기 비료의 기운이 떨어질 때 병 발생이 더욱 많아진다.

덩굴마름병

방제방법

① 건전 종자를 선택하거나 종자 소독을 한다(베노람 등).
② 병든 식물은 일찍 제거하고 수확 후 잔재물을 깨끗이 치운다.
③ 통풍과 배수가 잘 되도록 한다.
④ 병 발생이 심한 밭에서는 박과 작물 재배와 이어짓기를 피하고 돌려짓기한다.
⑤ 과다 관수로 밭 내 습도가 높지 않도록 한다.
⑥ 방제약제 : 프로파수화제, 비타놀수화제.

6 잎곰팡이병(토마토)

병징 주로 잎에 발생한다. 잎의 표면에 담황색의 윤곽이 희미한 무늬가

잎곰팡이병

생기며 엽맥에 싸이고 그 뒷면에는 회갈색 곰팡이의 분생 포자가 생긴다. 열매에는 꼭지를 둘러싸는 검은 무늬가 생기며 단단해지고 약간 움푹해진다.

발생환경 노지에서도 발생하나 시설 재배에서 상대습도 80% 이상 다습 시 환기가 나쁘고 온도가 22℃ 정도일 때 심하게 발병하며, 20~15℃에서는 현저히 발병이 억제된다. 너무 빽빽하게 심어 통풍이 나쁘면 포기 내의 습도가 높아져 발생이 심화된다. 생육 후기에 비료의 기운이 떨어져 식물이 쇠약할 때 발생이 많다.

방제방법

① 종자 소독, 온실의 환기 및 배수에 유의한다.
② 돌려짓기하고 품종에 따라 발병에 차이가 있으므로 저항성 품종을 재배한다.
③ 충분한 시비로 영양 부족 현상이 나타나지 않도록 한다.
④ 병든 식물체는 발견 즉시 제거하고 수확 후 병든 식물체가 남지 않도록 한다.
⑤ 방제약제 : 리프졸훈연제(트리후민), 사프롤유제, 지오판수화제(톱신엠).

7 검은별무늬병

병징 호박, 오이 등 주로 박과 채소류를 침해하며, 잎, 열매, 줄기에 발생한다. 잎에는 황갈색의 반점이 생기고 점차 지나면 별 모양의 천공이 된다. 줄기에는 움푹 들어간 별 모양의 연한 갈색 반점이 생겨 진물이 나오고 심한 경우에는 병반이 확대 부패되어 줄기 상부 전체가 고사한다. 열매에는 움푹 들어간 연한 갈색의 반점이 생겨 진물이 나오고 마른 후 흑

터와 같은 더뎅이 증상이 남기 때문에 상품 가치를 잃게 된다.

발생환경 온도가 낮고 흐린 날이 많아 습기가 많을 때 주로 발생한다. 보통 기온이 17℃ 전후가 될 때 발생하며, 특히 시설 재배 후 비닐을 제거해 날씨가 차면 심해진다. 오이와 호박에 피해가 크다.

방제방법
① 병든 식물체는 발견 즉시 제거한다.
② 건전 종자를 사용하고, 반드시 종자 소독을 한다.
③ 시설 내 환기, 제습, 통풍, 투광 등에 유의한다.
④ 방제약제 : 베노밀수화제, 포리옥신수화제.

검은별무늬병

8 균핵병

병징 줄기나 잎이 땅에 닿는 부위, 줄기와 곁가지 사이, 시든 꽃잎, 상처 부위에 주로 발생하고, 열매에도 발생한다. 병든 부위는 물에 데친 모양으로 되고, 급격히 시들며, 후에는 황갈색으로 된다. 병환부에는 눈처럼 흰곰팡이 덩어리가 생기며 이것이 후에는 쥐똥 모양의 균핵으로 변해서 병환부에 붙어 있다. 눈처럼 흰 곰팡이와 쥐똥 모양의 균핵이 이 병의 특징이다.

발생환경 온도를 높이지 않는 시설 재배 시 온도가 낮고 흐린 날이 잦아 습기가 많을 때 주로 발생하고, 기주 작물의 범위가 넓으므로 연작에 의한 전염원 밀도의 증가가 다른 병해보다 많다. 질소 비료 과다 사용으로 연약하게

균핵병

자라면 피해가 커지며 쇠약한 식물이 쉽게 병에 걸린다.

방제방법

① 상습 발생지는 화본과 작물로 돌려짓기한다.
② 토양을 깊이 갈아서 균핵을 묻는다.
③ 과습을 피하고 시설 내 온도를 20℃ 이상으로 높인다.
④ 2~3개월 담수하거나 논으로 전환하여 벼를 재배한다.
⑤ 상습 발생지의 토양은 토양훈증제로 소독하거나 고온기에 태양열로 토양 소독을 실시한다.
⑥ 방제약제 : 프로파수화제, 베노밀수화제.

9 역병

병징 물과 관련이 깊은 곰팡이균의 일종으로 생육적온은 28~30℃ 정도이나, 토마토 잎과 줄기에 역병을 일으키는 역병균은 18~20℃가 적온으로 4~5월과 10월에 발생이 많다. 줄기, 과일, 잎에 발생하며, 주로 땅에 닿는 부분의 줄기에 감염되어 포기 전체를 고사시킨다. 땅에 닿는 부분의 줄기는 적황색으로 변색되고, 과일은 물에 데친 모양으로 부패하며 오래된 병반에는 하얀 균사가 밀생한다.

역병

발생환경 대표적인 토양 병원균으로 토양 속에서 2~8년 간 생존이 가능하다. 병원균은 2개의 헤엄털을 가지고 있는 유주자를 만들어 관개용수를 따라 이동해 식물체에 침입한다. 과습한 토양과 비가 많은 해에 피해가 크다. 동일 작물 이어짓기 시 많이 발생하며 특히 재배 기간 중 가뭄 피해를 입었던 밭에 발생이 많다.

방제방법

① 물 빠짐을 좋게 하여 준다.
② 상습 발생지는 2~3년간 돌려짓기한다.
③ 퇴비나 석회를 사용하여 토양을 개량하고 균형 시비를 한다.
④ 병든 식물체는 발견 즉시 제거한다.
⑤ 장마철에 급격히 만연하므로 장마 전이나 직후 반드시 약제를 살포한다.
⑥ 방제약제 : 메타실동수화제, 쿠퍼수화제, 알리펫수화제.

10 시들음병

병징 대표적인 토양 병원균으로 토양 속에서 수년간 생존하며, 식물체 줄기의 도관(물관)을 변색시킨다. 병원균의 최적 발육 적온은 23~27℃ 내외이며, 땅 온도가 20℃ 전후일 때가 발병 적온이다. 모종이 어릴 때에는 주로 잘록 증상을 나타내며, 생육기에는 포기의 일부 또는 전체에 시들음 증상이 나타낸다. 보통 줄기가 땅에 닿은 부분부터 유관속 부위가 갈색으로 변색되며 잔뿌리는 썩고 원뿌리만 남는다. 오이에서 줄기의 한쪽에 발병하면 병든 부분은 세로로 길게 쪼개진다. 덩굴쪼김병, 위황병이라고도 한다.

시들음병

발생환경 모래가 많이 섞인 사질 토양에서 잘 발생하며, 토양 내 습도 변화가 심한 토양이나 질소 비료를 과다 사용할 때 많이 발생한다. 토양 병으로 이어짓기 시 그 피해가 점차 증가하며, 특히 산성토양이나 유기물이 부족한 토양에서 피해가 크다.

방제방법

① 접목재배로 피해를 막을 수 있다(박과류 : 박, 호박 대목 사용, 가지과류: 동일 작물 저항성 대목 사용).
② 보수력이 좋은 토양에서 재배한다.
③ 비기주 작물로 2~3년 이어짓기한다.
④ 종자 소독을 실시한다.
⑤ 석회 및 유기질 비료를 사용해 토양을 개량한다.
⑥ 다조메 등 농약으로 토양 훈증소독을 하거나 고온기에 태양열로 토양 소독을 하면 효과적이다.

11 무사마귀병

병징 4~5월과 8~9월경 비교적 온도가 낮고 비가 자주 와서 습할 때 이어짓기 재배지에서 잘 발병하며, 무, 배추, 양배추 등 십자화과 채소에만 발생하고, 가을배추와 무에 특히 피해가 크다. pH6 이하의 산성토양에서 심하게 발생한다. 병든 식물은 생육이 쇠퇴하고 왜소하게 되며, 잎은 황색으로 변해 점차 아랫잎부터 늘어진다. 뿌리에는 크고 작은 여러 개의 혹이 붙어 있는데 병든 뿌리는 점차 갈색으로 변해 부패하다가 소실된다.

무사마귀병

발생환경 산성토양에서 발생하고 pH7.2 이상의 알칼리성 토양에서는 발병하지 않는다. 병원균이 물을 따라 이동하므로 병원균 생장에 토양 수분이 필수적이며, 토양수분이 45% 이하면 병원균이 발아하지 않고, 이어짓기로 토양 내에 병든 뿌리가 누적되면 병 발생이 증가한다.

방제방법

① 발병이 심한 곳은 이어짓기를 피한다.
② 십자화과 이외의 작물로 2~3년간 돌려짓기한다.
③ 물 빠짐이 나쁜 저습지나 점토질 토양에서의 재배를 피하고 배수에 유의한다.
④ 병든 뿌리는 다음 해의 전염원이 되므로 철저히 제거한다.
⑤ 상습 발생지에서 가을 재배를 할 때는 파종기를 늦추어 발병 적기를 피한다.
⑥ 토양에 따라 300평 당 100~250㎏의 소석회를 사용해 토양을 중성이나 알칼리성으로 개량한다.
⑦ 품종 간 발병 차이가 있으므로 저항성 품종을 재배한다.
⑧ 방제약제 : 후루아지남분제와 후루설파마이드분제.

주요 곰팡이병과 살균제

병명	살균제(상품명)	대상 작물	독성
모잘록병	에트리디아졸(안타)	유제: 오이	저독성, 토양살균
	에트리디아졸(가지란)	수화제: 고추, 오이	〃
잿빛곰팡이병	프로사이미돈(스미렉스)	수화제: 딸기, 오이, 토마토, 고추, 피망, 부추	저독성, 예방·치료
	티오파네이트(톱신엠)	수화제: 딸기, 토마토, 부추	저독성, 보호살균
	폴리옥신비(포리옥신)	수화제: 고추, 들깨, 상추, 쪽파	저독성, 예방·치료
역병	프로파모카브(프리엔)	액제: 고추, 피망	저독성, 예방·치료
	메타실엠(리도밀엠지)	수화제: 고추, 감자	〃

병명	살균제(상품명)	대상 작물	독성
흰가루병	비터타놀(바이코)	수화제: 오이, 참외, 가지, 단호박, 우엉	저독성, 예방·치료
	페나리몰(훼나리)	유제: 오이, 수박, 참외, 딸기, 가지, 우엉	〃
	헥사코나졸	액상수화제: 수박, 참외, 오이, 취나물	〃
노균병	코퍼하이드록사이드 (코사이드, 쿠퍼)	수화제: 오이, 배추	저독성, 보호살균
	만코지(다이센엠-45)	수화제: 양파	〃
	메타실(리도밀)	수화제: 배추	저독성, 예방·치료
	포세칠알(알리에테)	수화제: 배추, 오이, 참외	〃
탄저병	디티아논(탄저왕)	수화제: 고추, 피망	저독성, 예방·치료
	카벤다짐가스신(고추탄)	수화제: 고추, 피망, 수박	〃
	만코지(다이센엠-45)	수화제: 수박	저독성, 보호살균
	베노밀(벤레이트)	수화제: 수박, 고추	〃
	지오판(톱신엠)	수화제: 고추, 피망	〃
잎곰팡이병	프로피(안트라콜)	수화제: 토마토	저독성, 보호살균
	폴리옥신비(더마니)	수용제(입상): 토마토	저독성, 예방·치료
균핵병	베노밀(벤레이트)	수화제: 상추	저독성, 보호살균
	바실루스서브틸엠27 (단짝)	고상제: 상추	저독성, 예방·치료

세균병

대개 물러 썩거나 병의 무늬가 물에 데친 것같이 생기고 불규칙하다. 병든 부위에서는 고약한 냄새가 나고, 공기 중 습도가 높을 때는 병든 부위에서 고름과 같은 점액이 나오기도 한다. 심해서 말라 죽게 된 부위로는 곰팡이병과 구분하기 어렵다. 대부분 30℃ 이상의 고온을 좋아하지만 건조에는 매우 약하고 습도가 높으면 세균병이 번지게 된다. 세균에 의해 채소에 생기는 병은 5~6가지에 불과하다.

1 무름병

병징 배추에서는 잎, 줄기, 뿌리에 발생하는데 상처 부위에서 처음 시작해 좌우상하로 발전하며 마지막에는 조직이 크림처럼 변해 악취를 내고 배추의 일부 또는 전체가 시들어 죽는다. 흰썩음병이라고도 한다. 무, 배추, 상추에 주로 발병한다.

발생환경 토양 병원균이므로 이어짓기에 의해 토양 내 병원균의 밀도가 증가하며 결구기 이후 고온다습할 때 발생이 많다. 토양 해충이나 선충에 의한 상처로 침입한다. 질소 비료 과다가 이 병의 발병을 조장한다.

방제방법
① 내병성 품종을 재배한다.
② 병 발생지에는 벼과나 콩과 작물로 돌려짓기한다.
③ 병든 식물체는 발견 즉시 제거하고 수확 후 병든 식물체가 남지 않도록 한다.
④ 식물체에 상처가 나지 않도록 주의한다.
⑤ 질소 비료의 과용을 피하고 물 빠짐이 좋은 땅에 재

무름병

배한다.
⑥ 약제는 예방적으로 살포하지 않으면 방제 효과가 거의 없다.

2 풋마름병

병징 발병 초기에는 식물체의 지상 부위가 푸른(녹색) 상태로 시들고 병이 진전되면 2~3일 만에 급속히 시들며 말라 죽는다. 줄기의 내부는 갈색으로 변하고, 밑동을 잘라 물에 담가두면 하얀 우윳빛 점액이 흘러나온다.

발생환경 토마토와 고추를 좋아하는 세균으로 토양 속에 서식하며 생육 적온은 35~37℃이다. 중성토양에서 잘 자란다.

방제방법 이어짓기할 때 잘 나타나므로 상습 발생지에서는 가급적 재배를 피해야 한다. 약제 방제가 잘 안 되므로 병이 생긴 포기는 빨리 제거하되 잔재물이 남지 않도록 밭의 위생을 잘 관리해야 한다.

3 세균성점무늬병(반점세균병)

반점세균병

병징 가지과와 박과 작물의 잎이나 과실에 물에 데친 듯한 황색무늬가 생기고 과습하면 황색의 세균 점액이 생긴다. 심해지면 잎이 다 떨어진다.

발생환경 토마토보다는 고추에서 가끔 발생하며, 특히 비가 많이 내려 다습한 날이 계속되면 심하게 나타난다.

방제방법 이어짓기와 배수가 나쁜 습한 땅을 피하고 유기물을 충분히 주되 질소 비료의 과용을 피한다. 약제로는 마이신 계통이 있긴 하나 예방 위주로 해야 한다.

주요 세균병과 살균제

병명	살균제(상품명)	대상 작물	독성
무름병	스트렙토마이신 (농용신)	수화제 : 배추 등	저독성, 항생제
	옥솔린산(일품)	수화제 : 배추	저독성, 침투성
	코퍼 · 가스가마이신 (가스란)	수화제 : 배추	저독성, 예방 · 치료
반점세균병	코퍼 · 가스가마이신 (가스란)	수화제 : 고추 등	저독성, 예방 · 치료
	옥시테트라사이클린 · 스트렙토마이신황산염 (아그리마이신)	수화제 : 고추 등	저독성, 항생제
	트리베이식코퍼설페이트 (새빈나)	액상수화제 : 고추	저독성, 보호살균

바이러스병

바이러스 병은 거의 모든 작물에 치명적인 피해를 입힌다. 진딧물에 의해 잎과 과실이 쭈글쭈글해지는 모자이크 증상이 가장 흔하게 나타난다. 진딧물 몸속에 있는 바이러스 균이 식물체로 전달되는 것이다. 물러 썩거나 물에 데친 것 같은 증세는 없고, 주로 잎에 황갈색 반점들이 모자이크 모양으로 나타나면서 쭈그러든다. 과실도 기형으로 쭈그러드는 현상이 나타난다. 주로 배추, 오이, 수박, 참외, 상추, 시금치, 마늘, 고추, 토마토에 잘 걸린다.

무성번식의 경우 식물체가 바이러스 균을 지닌 상태에서 성장하면 해가 거듭됨에 따라 점차 그 피해가 심해져서 수량이 줄어든다. 유성번식에서는 그런 문제가 거의 생기지 않는다.

병징 바이러스병들은 서로 비슷해 구분하기가 매우 어렵다. 오이녹반모자이크바이러스의 경우 잎에 불규칙한 얼룩무늬가 생기거나 황색의 모자이크 증상이 나타나며 심한 경우 녹색 부분이 튀어나오는 수도 있다. 과피의 표면에 짙은 녹색으로 약간 둥근 모양의 괴저 반점이 생기며 수박의 경우 과육 내에 황색의 섬유 줄기를 지닌 피수박이 발생하기도 한다. 멜론모자이크바이러스도 수박에 많이 발생하는데 황색 모자이크 증상이나 반점이 나타나며 심하면 잎이 고사리처럼 가늘어지고 위축되며 기형과가 열리기도 한다.

발생환경 박과류에 발생하는 바이러스병은 서로가 기주로 되어 있으나 발생 정도나 피해의 차이는 기주마다 다르다. 오이녹반모자이크바이러스는 종자나 토양 속에 있는 병든 잔재물이 1차 전염원이며, 주로 대목 종자에 의해 감염된 바이러스가 접목하는 과정에서 다른 주에 감염되는 것이 가장 보편적이다. 오이녹반모자이크바이러스에 한번 감염되면 뿌리와 잔재물이 토양 속에 남아 다음 작기에도 감염되는 것으로 알려져 있다. 멜론모자이크바이러스는 주로 진딧물에 의해 전염되며 접목 시 접촉에 의해서도 전염된다. 1차 전염원은 병든 식물에서 비롯되는 것으로 알려져 있다.

방제방법
① 발병이 심한 밭에는 박과 이외의 작물로 돌려짓기한다(공통).
② 매개충인 진딧물을 철저히 방제한다(오이모자이크바이러스, 멜론모자이크바이러스).
③ 병든 식물체는 즉시 제거해야 한다(공통).
④ 접목이나 가지치기를 할 때 사용 기구를 3인산소다 10%액에 소독해 사용한다(공통).

⑤ 종자를 3인산소다 10%액에 20분간, 이후 물에 10분간 담갔다가 파종한다(공통).
⑥ 토양으로 전염되므로 토양 관리를 철저히 한다(오이녹반모자이크바이러스).

제3장
재배 장소별 기본 관리

온도가 높고 수분이 많거나 일조량이 부족한 경우, 식물체가 번잡하여 바람이 잘 안 통할 때 지상부에 병해충이 많이 생긴다. 또 밭에서 물이 잘 빠지지 않을 경우나 산성토양일 경우에 뿌리 쪽을 통하여 병해충이 생기기 쉽다. 온도는 대부분 생육적온보다 다소 높게 유지하는 것이 좋다. 그러나 밭에 옮겨심기 3일 전부터는 바깥 기온과 비슷한 좀 낮은 온도로 관리하여 모종을 단련시키는 것이 옮긴 후 몸살을 방지하는 방법이다.

텃밭, 베란다, 옥상 등 재배 장소는 달라도 기본적인 관리 방법은 비슷하지만, 재배 과정에 조금씩 차이가 있으므로 재배 장소에 따라 유의하여 작물을 재배해보자. 작물별로 좋아하는 환경과 자라는 습성이 다르므로 여기에서는 재배 장소에 따른 기본적인 재배 과정을 살펴보고, 각 작물별 재배 방법은 다음 장에서 알아보도록 한다.

1 땅에서 키우기

밭 만들기

흙을 모래알처럼 따로 노는 단립 상태에서 폭신폭신한 입단 상태로 만들기 위해서는 우선 밭을 갈아줘야 한다. 갈기 전에는 필요에 따라 퇴비, 석회, 토양개량제 등을 넣고 작물에 따라 화학비료도 첨가한다. 그런 다음 적당한 폭으로 이랑을 만드는데, 이랑의 높이가 20㎝ 이상은 되어야 비가 와도 과습으로 인한 피해를 입지 않고 병충해도 막을 수 있다.

거름주기

밑거름은 작물을 심기 2주 전에는 주어야 유해가스 피해를 막을 수 있다. 10㎡당 퇴비는 10㎏ 정도면 충분하지만, 빽빽하게 심는 작물의 경우에는 30㎏까지 많이 줄수록 좋다. 고토석회를 밑거름으로 쓰면 산성토양을 중화시키고 칼슘과 마그네슘 성분까지 보급할 수 있어 좋은데, 고토석회 1.5㎏에 용성인비 0.3㎏ 정도가 적당한 양이다. 채소 작물을 가꿀 때는 주로 질소질 비료와 칼리질 비료가 필요하다. 질소질 비료로는 요소 비료를 칼리질 비료로는 염화칼륨을 많이 사용하는데, 이 두 성분은 효과

웃거름 주는 위치

가 빨리 나타나는 대신 흙 속에서 빨리 사라지기 때문에 밑거름만으로는 부족하다. 특히 과실을 맺는 작물이라면 더욱 웃거름을 주어야 한다. 보통 10㎡당 요소와 염화칼륨 100g씩을 밑거름으로 주고 웃거름으로는 각각 200g 정도를 두세 번 나눠주어야 한다.

웃거름은 대개 2, 30일 간격으로 준다. 단, 과실을 계속 따야 하는 오이, 토마토, 풋고추 같은 작물들은 짧은 간격으로 자주 주는 것이 좋다. 초기에 작물의 크기가 작을 때는 웃거름을 적게 주고 작물이 커 감에 따라 점점 양을 늘려 총량이 10㎡당 200~300g이 되게 맞추면 된다. 요즘에는 물비료가 많이 나와 있어 편리하다.

씨뿌리기

무와 상추는 중간에 옮겨 심으면 제대로 자라지 못하므로 밭에다 직접 씨를 뿌리지만, 나머지 채소 작물들은 대부분 씨를 뿌려 모종을 가꾼 후에 적당한 크기로 자라면 밭에 옮겨 심는다.

종자의 크기가 작은 것은 흩뿌리는 것이 편하고 호박과 같이 종자가 큰 것일수록 일정한 간격을 두고 한 알씩 뿌리는 것이 편하다. 대부분은 줄뿌림을 한다. 싹이 트면 작은 비닐포트에 옮겨 심는데, 이 과정에서 싹이 트지 않은 것은 추려내기 때문에 모종을 고르게 관리할 수 있다. 집에서 적은 양을 할 때는 처음부터 비닐포트에 씨를 뿌려 모종을 키울 수도 있다.

씨를 뿌리고는 종자 두께의 2~3배 정도 높이로 흙을 덮은 후에 그 위를 다시 짚으로 덮고 물을 주는 것이 가장 좋다. 짚이 없으면 구멍이 작아 물줄기가 약한 물뿌리개로 살살 물을 주고 나서 신문지로 덮어 물이 빨리 마르지 않도록 해준다. 싹이 트는 즉시 신문지나 짚을 걷어서 햇빛을 잘 받게 해줘야 모종이 웃자라지 않고 튼튼해진다.

흩뿌리기(산파) 아주 작은 종자는 흙을 평탄하게 고른 후 씨앗을 골고루, 겹치지 않게 살살 뿌려 준다. 그 위에 고운 흙을 살살 뿌려서 씨앗이 보이지 않게 덮는다. 분무기를 이용해 촉촉하게 물을 뿌려준다.

줄뿌리기(조파) 보통 크기의 종자는 줄을 만들어 뿌린다. 1cm 깊이로 판 줄을 5~6cm 간격으로 만든다. 파낸 골을 따라 씨앗을 겹치지 않도록 적당한 간격으로 놓는다. 흙을 1cm 두께로 덮은 후 물줄기가 약한 물뿌리개로 물을 뿌린다.

점뿌리기(점파) 호박처럼 씨가 굵은 경우에는 점점이 파종한다. 1cm 깊이의 구멍을 20cm 정도의 간격으로 판다. 모판일 경우에는 한 알씩 넣으면 되고, 밭에 씨를 뿌릴 때는 한 구멍에 두세 알은 넣어야 나중에 비는 구멍을 막을 수 있다. 새나 쥐, 벌레 등이 씨앗을 먹을 수도 있고 불량 종자가 있을 수도 있기 때문이다. 심은 후에는 흙으로 덮고 물을 뿌려준다.

모종 키우기

미리 만들어놓은 상토에 씨를 뿌렸다면 모종을 밭이나 화분으로 옮기기 전까지는 별도의 영양분이 더 필요하지 않다. 그러나 고추와 같이 육묘 기간이 긴 경우에는 양분이 부족해질 수 있다. 그럴 때는 물비료를 주면 된다. 물은 흙이 건조해지면 식물이 시들기 전에 주고, 온도는 생육적온보다 다소 높게 유지하는 것이 좋다. 다만 밭으로 옮겨심기 3일 전부터는 바깥 온도와 비슷한 온도에서 모종을 단련시켜야 옮겨 심은 후에 몸살 앓는 것을 방지할 수 있다.

아주 심기

옮겨심기 전날에는 모종에 물을 충분히 주어 다음 날 비닐포트에서 모종을 빼낼 때 뿌리 주변의 흙이 떨어지지 않도록 준비해둔다. 작물에 따라 정해진 간격을 맞추어 구덩이를 넉넉하게 파고 모종을 옮겨 심는다. 너무 깊게 심으면 줄기 부분에서 새 뿌리가 나와 활착이 늦고, 너무 얕게 심으면 땅 표면에 뿌리가 모여 건조의 해를 받게 되므로 본래 포트에서의 높이대로 맞춰 심어야 한다. 그러나 과채류 모종은 포트 흙이 지면에 약간 드러나도록 다소 얕게 심어야 뿌리의 활착이 잘 된다. 봄철에는 기온이 낮으므로 햇볕을 많이 받아야 땅의 온도가 오르면서 새 뿌리가 빨리 나오기 때문이다. 또한 모종의 줄기 아랫부분에 흙이 직접 닿지 않아야 지면으로부터 옮겨 오는 입고병, 역병 등의 병을 피할 수 있다. 심고 나서는 모종 주위로 지름 15㎝ 정도의 원을 그리며 구덩이를 파 물을 넘치지 않게 준다. 물이 스며들면 파낸 흙을 다시 덮어주어야 물이 쉽게 마르지 않고 오래 간다. 비닐을 씌어주면 물이 빨리 증발하지 않아 관리가 훨씬 수월하다.

검은 비닐 빛을 통과시키지 못해 지면을 덥히지 못하므로 여름에 좋다. 특히 잡초의 씨앗은 빛이 없으면 싹이 트지 못하는 광발아성 종자이므로 검은 비닐 아래에서는 잡초가 자라지 못한다.
투명 비닐 빛을 통과시키므로 비닐 안에 복사열이 갇혀서 땅을 따뜻하게 해주기 때문에 겨울철이나 이른 봄에 알맞다.

물 주기

물을 너무 많이 주면 웃자라서 병이 생기기 쉽고 물이 부족하면 흙이 굳어서 잘 자라지 못한다. 이론적으로 물 양을 따지는 것은 어렵고, 저녁때 상토 표면이 뽀얗게 말라 있으면 물을 줄 때가 된 것이라고 보면 된다. 물을 조금씩 자주 주는 것은 좋지 않고 한 번에 뿌리 밑까지 젖도록 충분히 주는 것이 바람직하다. 추울 때 찬물을 주면 작물이 스트레스를 받으므로 20℃ 이상의 물을 주어야 한다.

2
베란다 수경 재배

수경은 흙 없이 양분을 녹인 배양액만으로 식물을 재배하는 방법으로 베란다나 온실 재배에 활용하면 편리하다. 흙에서보다 성장 속도가 1.5배 빠르고 수확량도 2배로 많을 뿐만 아니라 기생충이 없어 농약을 쓰지 않아도 되기 때문에 100% 무공해 채소를 얻을 수 있다. 식물이 자랄 수 있는 5가지 조건인 햇빛, 공기, 물, 비료, 온도만 갖추어주면 오랫동안 수확이 가능하다. 엽채류의 경우 꽃이 필 때까지 계속 수확할 수 있다. 수중 모터로 물과 산소를 순환시키기 때문에 식물 생육에 필요한 최상의 조건이 제공된다. 어린이 생태 교육에도 좋고 실내 환경도 쾌적하게 만들어준다.

재배기 설치하기

수경 재배기는 햇볕이 잘 드는 베란다에 설치한다. 스펀지를 재배판에서 분리하고, 재배할 채소의 씨앗이나 모종을 준비한다. 과거에는 솜을 사용했지만, 스펀지 제품이 나온 뒤에는 편리하고 값이 싸 솜은 더 이상 쓰지 않게 되었다.

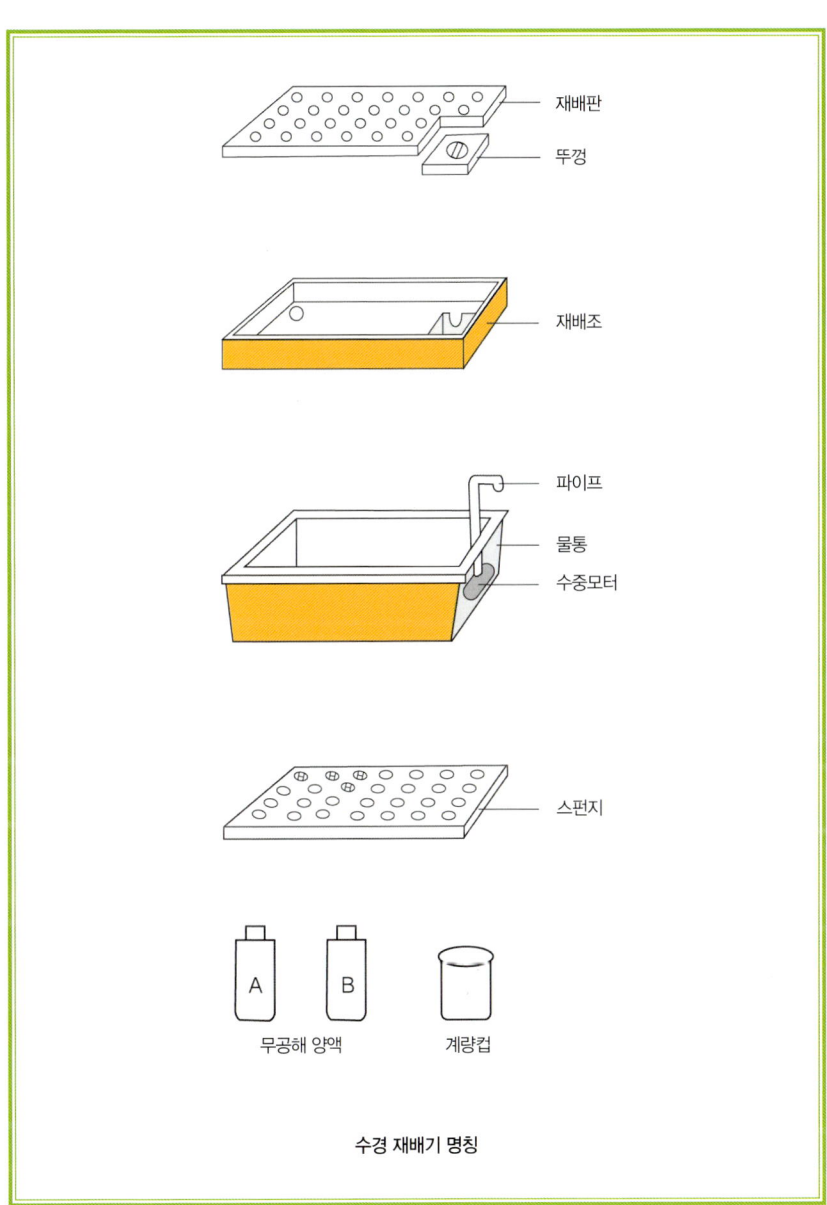

수경 재배기 명칭

씨앗 심기

스펀지 가운데에 H자형 속으로 씨앗이 보이지 않도록 3~5개 정도 심는다. 공기가 빠지도록 씨앗을 심은 스펀지에 물을 충분히 준 후, 물속에서 눌러주고 펴주고를 반복한다. 재배판 구멍에 끼운다. 씨앗을 다 심은 후 싹이 틀 때까지 신문지로 덮어둔다.

모종 심기

각종 채소 모종을 재배판 구멍에 맞게 준비한다. 모종 뿌리의 흙을 털어

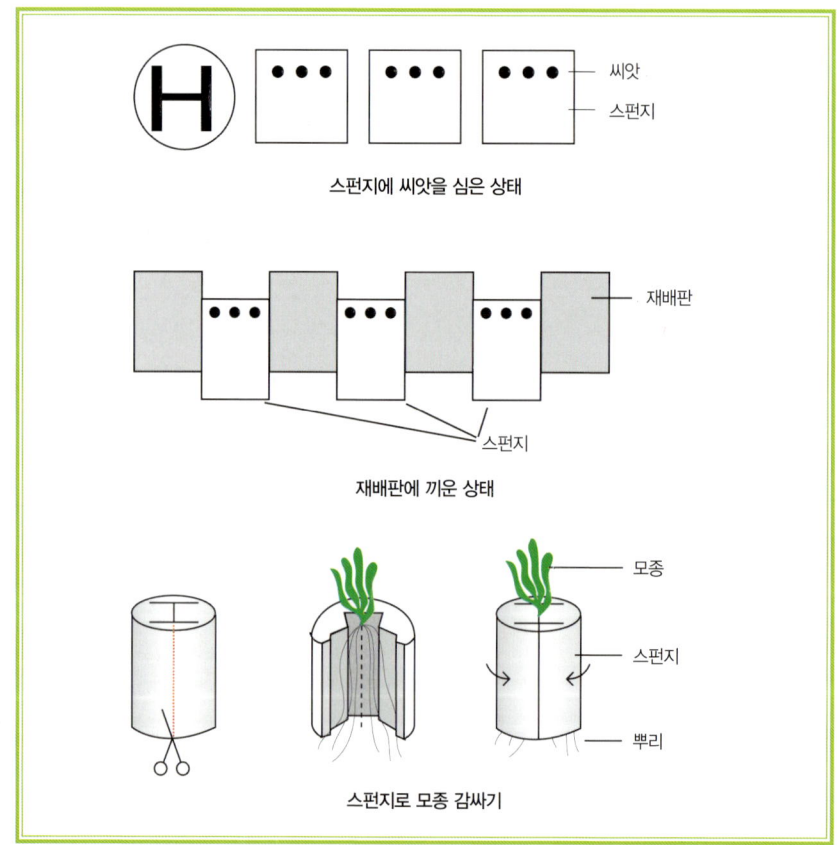

내고 물로 깨끗이 씻어준다. 이때 뿌리가 손상되지 않도록 주의한다. 스펀지를 수직으로 자른 후 모종을 넣고 재배판에 심는다. 모종을 심을 때 겉잎은 뜯어준다. 모종으로 재배하면 씨앗을 심었을 때보다 10~15일 정도 빨리 수확할 수 있어 좋다.

양액 주기

수경용 비료 A, B액에는 식물이 자라는 데 필요한 모든 영양분이 들어있다.

① 10L 들이 물통에 수돗물을 가득 채운다.
② 양액과 물은 1:500으로 타기 때문에 물 10L에 A, B액을 각각 20mL씩 탄다.
③ 뚜껑을 덮고 수중 모터가 작동하도록 전기를 연결한다. 수중 모터는 220V/7W용으로 전기 사용료가 한 달에 1,000원 미만이다.

솎아 내기

씨앗에 따라 차이가 있으나 보통 5~7일 정도면 싹이 튼다. 싹 튼 후 본잎이 3~4매쯤 나올 때, 가장 크고 튼튼한 것 한 포기를 남기고 나머지는 솎아 낸다. 수경은 장기간 크게 자라므로 한 구멍에 한 그루만 재배한다.

수경재배로 키운 각종 채소

3 옥상 텃밭

경작지가 부족한 도심에서 농경지 확보를 위한 효과적인 대안으로 부상하는 것이 옥상 텃밭이다. 옥상 텃밭은 도심 속 빌딩, 주택가, 학교, 공공시설 등에서 농사에 관심 있는 도시민들이 언제라도 도시 농부가 되어 손쉽게 농업 활동을 할 수 있는 공간이다. 기존의 옥상 녹화 사업이 조경적인 측면에서만 관심을 기울인 것이었다면 옥상 텃밭은 여기에 더해 새로운 여가의 장이자 교육 활동의 장으로서 여러 가지 생산적인 효과까지 기대해볼 수 있다.

옥상 텃밭은 실내나 온실과는 달리 노지와 비슷한 조건에서 식물을 기르는 것이므로 대부분 3~4월부터 농사를 시작한다. 먹거리를 제공하는 식물뿐 아니라 볼거리를 제공하는 식물도 취향에 맞게 혼합해 심으면 정원식 농원으로 가꿀 수 있다.

옥상 텃밭 만들기

옥상의 방수·배수 상태, 배수구 위치와 수량, 기존 시설물 현황, 자재 운반과 시공 시 문제점 등을 파악해 시공 가능성을 우선 점검한다. 옥상 텃밭

옥상 텃밭에 심을 수 있는 식물

구분		식물명
채소류	잎줄기채소	상추류, 쌈추, 엔디브, 치커리, 청경채, 다채, 잎들깨, 케일, 배추, 부추, 시금치, 쑥갓, 근대, 아욱, 대파, 양배추, 갓, 얼갈이배추, 열무, 아스파라거스, 양파, 콜라비 등
	뿌리채소	무, 순무, 알타리무, 당근, 비트 등
	열매채소	가지, 고추류 3종, 파프리카, 토마토, 방울토마토, 애호박, 오이 등
	산나물채소	고들빼기, 곤드레, 곰취, 참취, 머위, 산마늘, 산부추, 일당귀 등
과수류		블루베리, 석류, 복분자(블랙베리), 블랙초크베리, 보리수, 머루, 꽃사과, 칼슘나무, 구즈베리 등
전특작류		고구마, 땅콩, 단호박, 조롱박, 수세미, 더덕, 목화, 유채, 메밀, 도라지 등
허브류		란타나, 레이디스멘틀, 베로니카, 단풍제라늄, 벨가몬트, 브론즈휀넬, 서던우드, 숍워트, 오레가노, 오팔바질, 챠빌, 차이브, 캐모마일, 캔들플랜드, 레드커런트, 타임, 바질, 레몬밤, 민트, 히솝, 세이지, 헬리오트로프, 한련화 등
초화류		구절초, 국화, 꼬리풀, 꽈리, 꽃범의꼬리, 꽃잔디, 꽃양배추, 꽃양귀비, 노루오줌, 달맞이꽃, 돌단풍, 동국, 무늬둥글레, 리아트리스, 무늬맥문동, 매발톱꽃, 바늘꽃, 벌개미취, 범부채, 분꽃, 붓꽃, 비비추, 보리지, 수국, 실란, 아스타, 야생딸기, 원추리, 무늬원추리, 은쑥, 작약, 채송화, 층꽃, 톱풀, 풍접초, 해국, 무늬옥잠, 붓들레아, 갯국, 분홍부추 등
세둠 및 사초류		기린초류, 노란줄무늬꿩의비름, 큰꿩의비름, 돌나물, 바위채송화, 붉은애기꿩의비름, 둥근바위솔, 바위솔, 무늬포체리카, 황금세둠, 블루솔세둠, 솔세둠, 흰갈풀, 억새류, 무늬사초, 은사초 등
목본류		공조팝, 둥근측백, 목수국, 물싸리, 물레나물, 백철쭉, 불두화, 붉은인동, 산딸나무, 산철쭉, 소나무, 은화백, 자작나무, 좀작살나무, 청단풍, 풍년화, 홍단풍, 실화백, 황금조팝, 황금측백, 회양목, 흰말채나무, 홍자단 등

조성 시 건축, 방수, 조경 공사가 따로 진행되면 문제가 발생할 수 있으므로 전문 업체 한곳에 맡겨 설계, 시공, 유지 관리하는 것이 바람직하다. 대체로 방수와 배수에 문제가 생기기 쉽기 때문에 옥상 가장자리, 구배 조정, 방수층 시공, 배수층과 루프드레인 시공, 육성토양층 시공, 배수로 조성, 식재, 뿌리덮개와 초기 관리 등 주요 공정별로 일관성 있게 관리, 감독해 정밀한 시공이 이루어지도록 한다.

옥상녹화시스템의 유형은 건축물의 구조적 안정성을 기초로 결정하는데, 옥상의 적재 가능한 하중에 따라 저관리·경량형, 혼합형, 관리·중량형 3가지로 나눈다.

저관리·경량형 일반적으로 흙 깊이를 20cm 이하로 낮게 조성해 지피식물이나 야생화, 초화류, 엽채류, 산채류, 허브류 등을 심는다. 유지 관리하기 쉽고 가벼운 인공토양을 사용해 하중 부담을 줄일 수 있다. 녹화하중 $120 kgf/m^2$ + 사람하중 $100 kgf/m^2$(적재하중 $200 kgf/m^2$)

혼합형 일반적으로 흙 깊이를 30cm 내외로 조성하므로 키 작은 관목, 과채류와 미니 과수, 덩굴성 작물까지 심을 수 있다. 관수, 시비, 전정 등의 관리가 필요하며 휴식 공간을 더해 정원식으로 조성할 수 있다. 녹화하중 $200 kgf/m^2$ + 사람하중 $200 kgf/m^2$(적재하중 $300~400 kgf/m^2$)

관리·중량형 하중 부담이 크기 때문에 구조적으로 문제가 없는 신축 건물에 알맞다. 흙의 깊이는 20cm 이상, 60~90cm까지도 가능해 다양한 조경 시설물과 식재가 가능하다. 관수, 시비, 전정 등에 집중적인 관리가 필요하다. 녹화하중 $300 kgf/m^2$+사람하중 $200 kgf/m^2$(적재하중 $500~600 kgf/m^2$)

옥상녹화시스템 유형을 결정했다면 이제 본격적으로 텃밭을 만들어볼 수 있다. 옥상 텃밭은 대개 목재나 벽돌을 이용해 만드는데, 주로 쓰이는 방부목은 충분히 건조된 것을 써서 트임이나 변형이 없도록 한다. 이용자에 따라 조성 유형이 매우 다양하므로 여건에 따라서 다음의 몇 가지 식재 모델들을 참고해 차근차근 나만의 특별한 옥상 텃밭을 만들어보자.

블록형 가장 일반적인 형태로 바닥면에 목재 또는 벽돌을 이용해 텃밭을 만드는 모델이다. 가로 1.5m 이내×세로 1.5m 이내 규모의 미니 텃밭을 높이별로 2~3개 만들어 상추, 청경채, 치커리 등 엽채류와 재배 기간이 긴 가지, 토마토, 고추 등 과채류를 심는다. 여러 채소들을 한 상자에 혼합해 심어도 되고 상자를 달리해 채소별로 각각 심어도 된다. 다른 유형에 비해 작물 선택이 자유롭고 봄에서 가을까지 심을 수 있는 작물 또한 다양하다. 식재 기반의 높이는 엽채류는 20cm, 과채류와 근채류는 30~40cm로 한다.

터널형 터널식 시렁 형태의 텃밭으로 덩굴성 식물을 활용해 햇빛을 좋아하는 식물과 음지성 식물을 함께 기를 수 있는 모델이다. 바닥면에 가로 3m 내외×세로 1.2m 이내(식재 기반 20~30cm) 규모의 텃밭을 만들고 양쪽에

너비 60㎝ 간격으로 높이 1.8m의 기둥을 세워 시렁을 만든다. 시렁에 망을 씌우고 상자 가장자리에 단호박, 오이, 여주, 수세미, 조롱박 등 덩굴성 식물을 심어 넝쿨이 망을 타고 올라갈 수 있도록 유인한다. 시렁 아래쪽에는 그늘에서 잘 적응하는 쑥갓, 당귀, 머위, 셀러리, 시금치, 곰취 등 산채류와 반음지성 채소류를 심는다.

고정 시설 설치가 가능한 곳, 터널형을 설치할 만큼의 면적을 확보할 수 있는 곳, 그늘막과 같은 휴게 공간이 필요한 곳, 반드시 덩굴성 식물을 심어야 하는 곳 등에 적합한 유형이다.

벽면형 벽면 또는 차폐용 트렐리스를 이용해 덩굴성 식물을 가꾸어 공간 활용성을 높인 모델이다. 폭 0.6m ~0.8m(식재 기반 30㎝) 목재나 벽돌 등으로 벽면에 붙여서 텃밭을 만들고 벽면의 구조나 형태에 맞는 트렐리스를 설치한다. 트렐리스 대신 줄기를 유인할 수 있는 유인줄이나 그물망을 설치해도 된다. 벽에 가까운 쪽에는 덩굴성 식물을 심고 그 안쪽으로는 점차 키가 작아지는 순서로 식물을 심는다. 수세미처럼 수세가 지나치게 강한 덩굴성 식물보다 서서히 어우러지는 더덕, 담쟁이 덩굴 등이 적합하다. 키가 큰 해바라기나 토마토, 블랙베리 등도 심어볼 수 있다. 옥상 경관을 해치는 벽을 식물로 가릴 수 있다는 장점이 있다.

상자형 150㎝ 이내×세로 90㎝ 이내(식재 기반 20~50㎝) 규모로 만든 목재 상자에 바퀴를 부착해 이동이 편리하도록 만든 상자형 텃밭이다. 상자 안쪽에 방수용 비닐, 배수판, 방근시트 순으로 깔아준 후 배수용 구멍을 1㎡당 2~3개 정도 뚫는다. 여기에 인공 배합 토양을 90%가량 채우고 작물을 심는다. 상자의 크기에 따라 다양한 식물들을 선택해 심을 수 있다.

블록형과 고정 시설을 설치하기 어렵고 방수 공사도 불가능할 때, 건축물의 구조 진단을 받지 않고도 설치할 수 있다. 용도에 따라 상자의 소재, 모양, 크기 등을 매우 다양하게 변경해 제작할 수 있고, 쓰지 않는 플라스틱

용기나 빈 페트병도 활용 가능하다. 호스로 관수할 수 있는 시설만 있으면 되기 때문에 가족 텃밭에서 가장 손쉽게 활용해볼 수 있는 방식이다.

터널형과 벽면형은 독립적으로 조성하기보다 터널형+블럭형, 벽면형+블럭형과 같이 대체로 혼합해 조성하게 된다. 따라서 터널형과 벽면형 텃밭에 덩굴성 식물을 심는다면 블록형 텃밭에는 키가 작은 식물과 음지성 식물을 심는 것이 좋다.

옥상 텃밭 면적이 클 때는 식물 재배에 필요한 용수를 확보하는 게 가장 중요하다. 관수시설이 없는 건물은 공사 설계 단계에서 관수 계획을 세워야 한다. 매일 관수 관리를 할 수 없는 상황이라면 관리 노력을 절감하기 위해 점적호스나 스프링클러 등 자동과 수동을 혼합한 관수 시설을 설치하는 것이 좋다. 정식이나 수확 등 농작업을 편리하게 할 수 있는 충분한 공간을 확보하는 지혜도 필요하다. 경우에 따라 텃밭을 시트나 비닐로 덮어 수분이 증발하지 않도록 해줄 필요도 있다. 입자가 큰 토양은 일시에 대량의 물을 뿌리면 미립자분이 씻겨 흘러가 쌓여 필터 또는 배수구를 막기 때문에 주의한다.

옥상은 바람이 강하기 때문에 식재한 수목과 설치한 그늘막이나 트렐리스가 넘어질 수도 있으므로 버팀대를 설치하는 등 잘 고정해주어야 한다. 이때 방수·방근층 시공이 끝난 바닥에 앵커나 나사못을 바로 고정해서는 절대 안 된다. 또한 토양이나 멀칭재 등이 주위에 널려 있는 상태에서 물을 흘려보내면 배수구가 막힐 수 있으므로 확실하게 청소한 후 물을 사용해야 한다. 시공이 끝난 후 토양이 제자리를 잡을 때까지는 관수, 강우, 약한 바람 등에도 토양이 흩날릴 수 있기 때문에 시공 기간 중 청소를 철저히 한다. 아울러 추락 방지를 위한 안전장치를 반드시 확보해 옥상 텃밭 시공 중의 추락 사고나 시공 후 이용자에게 발생할 수 있는 안전사고를 미리 방지해야 한다.

토양 채우기

옥상 텃밭에 쓸 흙의 종류와 깊이는 옥상녹화시스템 유형에 따라 건물이 견딜 수 있는 적재 하중, 식물의 종류에 따른 식재 유형, 관리 방식 등을 고려해 정한다. 옥상 텃밭에는 주로 인공 경량 토양, 토양개량제와 자연 토양을 혼합한 유기질 경량 토양, 팽창 점토와 화산석 등을 소재로 한 토양 등이 쓰이며 피트모스, 펄라이트, 유기질이 혼합된 옥상 텃밭용 상토도 있다.

지피식물과 초화류 등에는 배수용, 육성용 인공 경량 토양을 쓰고, 채소 재배에는 유기질이 들어 있는 상토와 밭 흙을 혼합해 채워주는 것이 좋다. 심을 식물에 따라 토심도 정해야 한다. 잎채소는 10~15㎝ 정도면 충분하지만 열매채소, 뿌리채소, 덩굴성 식물 등은 최소한 30㎝ 정도는 되어야 뿌리가 잘 뻗고 바람에도 버틸 수 있다. 옥상 텃밭에 사용되는 인공 토양에는 수분이 매우 부족하기 때문에 물을 충분히 뿌려가며 흙을 채워야 한다. 건조된 상태의 인공 경량 토양에는 토양과 같은 용량의 물을 부어주고, 젖은 상태의 인공 토양이나 자연 토양에는 토양 무게의 3분의 1가량 되는 물을 대주면 된다.

옥상은 바람이 많고 건조해 토양이 날리기 쉬우므로 식물을 심고 난 후에는 마사토, 바크, 화산석 등으로 덮어서 마무리한다. 특히 세둠류, 지피류 등은 지름 3㎝ 정도의 화산석으로 덮어주는 것이 좋다.

식물 심기

옥상은 지상에 비해 햇빛과 바람에 노출되는 정도가 심하다. 따라서 건조와 바람에 잘 견디고, 장마를 고려해 수분 과잉에도 강한 식물을 심어야 한다.

옥상 녹화는 토양 두께와 중량에 제약을 받기 때문에 키가 크지 않은 목본류나 촘촘히 표면을 덮으며 자라는 초본성 지피류를 주로 심는다. 종자나 뿌리줄기 등의 생장이 너무 왕성해 빠른 시간에 번식하는 식물들은 다른 식물의 생육에 영향을 미치고 전체적인 조화를 망치므로 혼합해 심는 것은 피하는 것이 좋다. 꼭 기르고 싶다면 목재, 벽돌, 테두리용 자재 등을 이용해 경계를 만들어 단독으로 심도록 한다.

옥상 텃밭은 볼거리와 먹거리를 모두 즐길 수 있는 공간으로 다양한 식물을 심게 되는데, 바깥쪽이나 테두리부터 심기 시작해 안쪽으로 심어나가고 키가 큰 것부터 작은 것 순으로 심는 것이 작업상 편리하다. 먹거리 작물은 볼거리를 제공하는 식물과 구역을 달리하여 심되 맨 마지막에 심는다. 채소 작물과 함께 허브류, 초화류, 세둠류, 상록관목을 적절히 혼합해 심으면 멋을 낼 수 있다.

옥상 텃밭은 영양분이 적은 인공 용토를 사용해 식물이 너무 무성해지지 않도록 관리하는 것이 포인트다. 하지만 생장이 빠른 먹거리 작물들을 튼튼하게 키워 제대로 수확해야 하므로 작물별로 적정한 퇴비와 비료를 사용하면서 관리를 잘 해주어야 한다.

- 세둠류, 지피류, 허브류는 많은 종류를 심기보다 같은 식물을 모아서 심는 것이 자연스럽고 관리가 쉽다.
- 채소밭에도 회양목 등의 상록 관목을 심어 겨울철에 볼거리가 있도록 한다.
- 고추, 가지 등 재배 기간이 길고 재식 거리가 큰 작물 사이에 다양한

쌈채소를 혼합해 심으면 색채감을 주고 공간 활용성을 높일 수 있다.
- 텃밭의 테두리나 중앙에 계절 초화류나 꽃이 피는 허브를 심어 화려하게 꾸밀 수 있다.
- 생육이 왕성한 허브, 뿌리채소 등은 다른 식물과 혼합하지 말고 단독으로 심는 것이 알맞다.
- 볼거리 식물을 심을 때는 최대한 생태계의 자연스러움을 살려 교목, 관목, 초본, 지피류를 적절히 배치한다.
- 옥상 테두리나 배경에 상록수를 심으면 아늑하다.
- 계절적으로 꽃이 피는 시기를 파악해 사계절 꽃을 보거나 색채감을 주는 식물을 심도록 한다.
- 경계를 이루는 곳에는 관목, 목본 식물을 교대로 심고, 앞부분에 키가 작은 식물을 심어 자연스럽게 이어준다.
- 그늘막, 벤치, 관수시설, 미니 창고 등의 시설을 설치해 농작업이 편리하도록 한다.

옥상 텃밭 관리

옥상에 농작물을 심으면 가장 가까운 곳에 텃밭을 두고 도심 속에서 농사 활동을 즐길 수 있다. 하지만 여기서 끝이 아니다. 인공적으로 조성한 옥상 텃밭 역시 지상의 텃밭이나 정원 못지않게 꾸준한 관심과 세심한 관리가 필요하다. 특히 옥상 텃밭은 식물뿐만 아니라 기반 시설에까지 관리의 손길을 필요로 한다. 기반 시설 관리에는 배수시설, 방수층, 관수시설, 토양, 구조 안전 점검 등이 해당되며, 관수, 시비, 제초, 전지, 병충해 등과 같은 식물의 생육 관리는 다른 텃밭들과 동일하다.

크기별 먹거리 작물

구분	작물
매우 작은 키 (10~20cm)	• 경엽채류: 상추류, 쌈추, 청경채, 다채, 엔디브, 치커리 • 근채류: 20일무 • 산채류: 고들빼기, 참취, 곰취 • 전특작류: 고구마
작은 키 (21~40cm)	• 경엽채류: 케일, 근대, 적근대, 아욱, 얼갈이, 열무, 갓, 양배추(청·적), 배추, 시금치, 콜라비(청·적) • 근채류: 미니당근, 순무 • 산채류: 산마늘, 산부추, 곤드레 • 전특작류: 땅콩
중간 키 (41~60cm)	• 경엽채류: 대파, 아스파라거스 • 근채류: 자색당근, 일반당근, 양파, 알타리무, 비트 • 과채류: 피망, 파프리카, 꽈리고추 • 산채류: 일당귀, 머위 • 과수류: 칼슘나무 • 전특작류: 유채
큰 키 (61~100cm)	• 경엽채류: 잎들깨 • 과채류: 일반고추, 아삭이고추, 청양고추, 가지 • 과수류: 구즈베리, 블루베리 • 전특작류: 목화
매우 큰 키 (101cm 이상)	• 과채류: 토마토, 방울토마토 • 과수류: 석류, 머루, 블랙초크베리, 보리수, 블랙베리, 꽃사과 • 전특작류: 보리, 메밀, 밀
덩굴성 작물	• 과채류: 애호박, 오이 • 전특작류: 더덕, 단호박, 수세미, 조롱박, 도라지

크기별 볼거리 식물

구분	식물
지피성 식물 (0~10cm)	• 초화류: 은쑥 • 세둠·사초류: 둥근바위솔, 바위솔, 황금세둠, 애기기린초, 블루솔세둠, 붉은애기꿩의비름, 바위채송화
매우 작은 키 (10~20cm)	• 허브류: 레이디스멘틀, 단풍제라늄 • 초화류: 무늬원추리, 꽃잔디, 돌단풍, 동국, 제비꽃, 채송화, 비비무늬맥문동 • 세둠·사초류: 무늬사초, 무늬포체리카, 돌나물, 은사초, 흰갈풀
작은 키 (21~40cm)	• 허브류: 오레가노, 한련화, 타임, 캐모마일, 헬리오트로프, 캔들플랜드, 차이브, 오팔바질, 레몬밤 • 초화류: 꽃범의꼬리, 야생딸기, 실란, 매발톱꽃, 층꽃, 노루오줌, 꽃양배추, 톱풀, 수국, 범부채, 구절초, 해국, 무늬둥글레, 분홍부추, 아스타, 벌개미취 • 세둠·사초류: 기린초, 큰꿩의비름 • 목본류: 물싸리, 풍년화, 물레나물, 회양목
중간 키 (41~60cm)	• 허브류: 민트, 벨가몬트, 레드커런트, 히솝, 서던우드, 숍워트, 바질 • 초화류: 유채, 국화, 붓꽃, 작약, 무늬옥잠, 갯국, 분꽃, 원추리, 꽃양귀비, 달맞이꽃, 붓들레아 • 세둠·사초류: 노란줄무늬꿩의비름 • 목본류: 황금조팝
큰 키 (61~100cm)	• 허브류: 도라지, 세이지, 챠빌, 란타나, 브론즈훼넬 • 초화류: 목화, 꽈리, 바늘꽃, 베로니카, 보리지, 풍접초, 꼬리풀, 리아트리스 • 세둠·사초류: 호피무늬억새, 억새(모닝라이트) • 목본류: 홍자단, 둥근측백, 신철쭉, 목수고, 황금측백, 소나무, 백철쭉, 실화백, 은화백
매우 큰 키 (101cm 이상)	• 초화류: 보리, 메밀, 밀 • 목본류: 흰말채, 불두화, 공조팝, 좀작살나무, 산딸나무, 홍단풍, 청단풍, 자작나무
덩굴성 식물	• 허브류: 더덕 • 초화류: 조롱박, 수세미, 국수호박 • 목본류: 붉은인동미

계절별 먹거리 작물과 볼거리 식물

구분	먹거리 작물	볼거리 식물
봄	• 상추, 고추, 토마토, 가지, 오이 등 채소류 • 고구마, 감자 등 서류, 더덕 • 바질, 민트 등 허브류 • 참취, 머위, 당귀, 도라지 등 산채류	• 꽃양귀비, 꽃잔디, 라벤더, 작약, 란타나, 매발톱꽃, 헬리오트로프, 철쭉, 루피너스, 한련화, 붓꽃, 철쭉 등 • 유채, 세둠·사초류, 허브류 • 목수국, 공조팝, 황금사철, 꽃사과
여름	• 근대, 다채, 다청채, 얼갈이배추, 부추, 열무, 잎들깨, 자소, 케일 등 엽채류 • 가지, 고추, 피망, 방울토마토, 토마토, 오이, 청양고추, 호박 등 과채류 • 바질, 민트 등의 허브류 • 단호박, 국수호박, 수세미 • 블루베리, 보리수, 블랙베리	• 바늘꽃, 채송화, 달맞이꽃, 풍년화, 세이지, 솝워트, 붓들레야, 톱풀, 원추리, 분홍부추, 실란, 한련화, 무늬포체리카, 베로니카 분꽃, 물싸리 등 • 도라지꽃, 조롱박, 여주, 수세미 • 세둠·허브류 • 황금측백, 회양목, 공조팝, 황금사철
가을	• 상추류, 부추, 셀러리, 쑥갓, 시금치, 잎들깨, 아욱, 케일 등 엽채류 • 당근, 무, 비트, 순무, 적콜라비 등 근채류 • 배추, 쪽파, 마늘, 대파, 갓 등 김장채소류 • 꽃사과, 석류, 머루 • 고구마, 땅콩, 감자	• 꼬리풀, 국화, 바늘꽃, 층꽃, 구절초, 해국, 갯국, 아스타, 실란, 용담 등 • 사초 및 억새, 세둠류 • 홍자단, 공조팝, 황금조팝, 황금사철, 작살나무, 자엽풍년화, 단풍나무 • 유채, 꽃사과, 석류, 머루, 보리수 등
겨울	• 양배추, 마늘, 보리, 호밀	• 꽃양배추, 동국, 맥문동 등 • 둥근측백, 실화백, 은화백, 화백, 홍자단, 자엽풍년화, 회양목 등 관목류

옥상 텃밭의 세 가지 유형

옥상 텃밭 식재 모델을 선택했다고 하더라도 이용자와 이용 목적에 따라 각각 다른 텃밭으로 조성될 것이다. 일반 가정, 유치원이나 학교, 회사나 상가 빌딩 등 어떤 곳에 어떤 목적으로 텃밭을 만드는가에 따라 가족 농원, 교육 농원, 커뮤니티 농원과 같이 3가지 유형으로 분류해볼 수 있다.

가족 농원형 가족 농원형은 가족들이 쉴 수 있는 정원과 먹거리를 생산할 텃밭을 갖추고 있어야 한다. 단독 주택이나 다세대 주택의 옥상을 활용하는 것이므로 시설 투자비가 상대적으로 저렴하고 조성하기 쉬운 상자형 모델이 용이하다. 그러나 자본력과 기반 시설이 된다면 그늘막과 의자를 비치하는 등 휴게 공간을 마련해도 좋다. 이용자와 건물 관리 주체가 동일하기 때문에 의사 결정이 빠르고 관리에 큰 문제가 없다는 장점이 있다.

가족 농원의 봄가을 작형 예

식재 모델	봄	가을
터널형+블록형	여주, 수세미, 조롱박+근대, 아욱, 잎쌈배추, 셀러리, 순무	
벽면형+블록형	오이, 더덕, 국수호박+청콜라비, 적콜라비	
블록형	토마토, 방울토마토, 적양배추, 양배추, 오크립, 적오크립, 적상추, 청상추, 레드치커리, 치커리, 공심채, 들깨, 적바우새, 청바우새, 다청채, 적겨자, 곱슬겨자, 엔디브	배추, 무, 갓
상자형	다홍채, 엔디브, 치커리, 레드치커리, 셀러리, 적근대, 부추	

- 봄 : 터널형과 벽면형에 블록형을 혼합해 덩굴성 식물과 엽채류를 섞어 심었다.
- 가을 : 터널형, 벽면형의 덩굴성 채소를 경관용으로 유지하고 블록형에 김장 채소를 심었다.
- 겨울 : 밀, 보리를 심었다.

교육 농원형 유치원이나 학교 옥상에 조성하는 교육 농원형은 교과 과정에 나오는 작물을 중심으로 한 자연생태학습장으로 설계한다. 아이들이 자유롭게 식물을 관찰할 수 있도록 특히 안전사고에 잘 대비해 조성해야 하며 필요에 따라 안전 요원을 별도로 배치할 필요도 있다. 교육의 장으로서 학생과 교직원들의 농업에 대한 이해와 정서를 함양하는 데 도움이 되며, 신선한 먹거리를 생산할 수 있다. 특히 학년별, 학급별로 차별화된 텃밭을 조성함으로써 각 그룹 내 공통 관심사를 유발해 학교생활을 더욱 즐겁게 할 수 있다. 이용자와 건물 관리 주체가 다르기 때문에 별도의 농원 관리자가 필요하며, 건물 관리 주체가 기반 시설을 잘 지원해주어야 한다. 다만 옥상이 5층 이상 높이에 위치한 경우에는 농자재 운반, 수확 후 쓰레기 처리 등에 큰 어려움이 발생하기 때문에 엘리베이터가 없는 건물은 농원 조성을 지양한다.

교육 농원의 봄가을 작형 예

식재 모델	봄	가을
터널형+블록형	오이, 수세미, 더덕, 도라지	
벽면형+블록형	여주, 조롱박, 둥근박, 수세미 등 박과류 18종, 오크립, 적오크립, 치커리, 적치커리, 근대, 적근대, 적상추, 청상추, 다홍채, 잎쌈홍배추, 비타민다채, 다청채, 잎브로콜리, 엔디브, 셀러리, 아욱, 삼엽채, 적양배추, 공심채, 바우새, 오크라 등 엽채류 30여 종	
블록형	가지, 고추, 피망, 방울토마토, 토마토 등 18종	배추, 열무, 갓
상자형	청콜라비, 적콜라비	

- 봄 : 학생과 교직원이 운영하는 블록형에는 엽채류와 과채류를 다양하게 심고, 벽면형+블록형이 많아서 벽면에 덩굴성 박류를 심었다. 여기에 엽채류를 혼합했다.
- 가을: 블록형 위주로 김장 채소를 심었다.
- 겨울: 벽면 가장자리 부분으로 밀, 보리를 심었다.
- 수돗가에는 로즈마리, 장미허브, 제라늄, 해바라기 등을 심어 경치를 꾸몄다.

커뮤니티 농원형 커뮤니티 농원은 회사나 상가 빌딩의 옥상에 조성하는 형태로, 회사 구성원들이나 상가 입주자들에게 일정 구역을 분양해 텃밭을 가꾸게 하면 정원으로 조성하는 것보다 훨씬 효율적으로 운영할 수 있다. 단순한 옥상 녹화의 경우에는 건물 관리 주체가 관리 비용을 모두 부담하게 되지만, 옥상 농원을 분양하면 이용자들이 각각 관리하게 되기 때문이다. 옥상이라는 같은 공간에 계절별로 비슷한 작물을 심고, 가꾸고, 수확하면서 공통의 주제로 대화하게 되므로 구성원 간의 화합을 도모할 수 있다. 교육 농원과 마찬가지로 이용자와 건물 관리 주체가 다르기 때문에 건물 관리 주체가 기반 시설을 잘 지원해주어야 가능하다. 블록형으로 조성하고 자동 관수 시설을 설치한다면 별도의 농원 관리자는 필요하지 않으며, 재배 기간이 길어 관리 노력이 적게 드는 작물을 선택하는 것이 좋다.

커뮤니티 농원의 봄가을 작형 예

식재 모델	봄	가을
터널형+블록형	오이, 수세미, 조롱박+토마토, 방울토마토, 고추, 치커리, 엔디브, 아욱, 셀러리, 곱슬겨자	
벽면형	해바라기	
블록형	엔디브, 곱슬겨자, 치커리, 레드치커리, 셀러리, 적상추, 공심채, 적바우새, 잎쌈홍배추, 청치마, 적경수채, 적근내, 나청채	배추, 알타리, 열무, 갓
상자형	콜라비, 케일, 방울토마토, 오크립, 치커리, 적양배추	

- 봄 : 부서별로 분양된 블록형에는 고추, 토마토, 가지 등 텃밭 채소 위주로 심었다. 터널형+블록형에는 수세미와 조롱박, 고추와 쌈채소를 심었다. 여기에 엽채류를 혼합했다.
- 가을: 블록형 위주로 김장 채소를 심었다.
- 에어컨 실외기가 있는 쪽에는 벽면형을 적용하기 어려워 화분에 키 큰 해바라기를 심어 벽을 가렸다. 수돗가에는 로즈마리, 장미허브, 제라늄, 해바라기 등을 심어 경치를 꾸몄다.

제4장
텃밭 농사 준비

도시인들은 막연히 자연 가까이 있기를 갈망하지만 막상 어떻게 해야 자연 곁에 머물 수 있는지 잘 알지 못한다. 그럴 때 쉽게 자연과 벗할 수 있는 방법이 바로 주말농장과 같은 작은 텃밭을 가꾸는 일이다. 텃밭은 우리에게 건강한 먹을거리도 제공해주지만 육체적인 활동이 부족한 도시인들을 집 밖으로, 사무실 밖으로 이끌어 여가를 건전한 노동으로 채울 수 있게 돕는다. 한 학자의 말에 따르면 실제로 45분간의 원예활동은 30분간 에어로빅을 한 것과 같은 운동 효과를 보이고, 1시간의 제초작업은 300cal의 에너지를 소모시킨다고 한다. 이 과정에서 사람들은 자연스럽게 긴장감을 늦추게 되어 사회 속에서 받은 정신적 스트레스도 해소할 수 있다. 아울러 텃밭을 가꾸는 일로 우리는 가족 간의 대화의 폭도 넓힐 수 있고, 어린아이가 있는 가정에는 텃밭이 좋은 자연 학습장이 되어주기도 한다.

  텃밭에서 나는 채소는 어느 것과도 견줄 수 없는 깨끗하고 신선한 농산물이다. 신선한 채소는 독특한 맛과 향을 지녀 식탁 위에서 우리의 입맛을 돋워주는데, 그 속에는 다른 식품에서는 얻기 힘든 비타민과 칼슘, 마그네슘, 인, 철 등과 같은 무기성분이 듬뿍 들어 있다. 또한 대부분의 채소가 알칼리성을 띠기 때문에 과도한 육식 등으로 산성화되기 쉬운 우리 가족의 몸을 건강하게 지켜준다.

  농경사회에서 산업사회로 넘어오면서 현대인들은 이례적인 물질적 풍요를 누리고 있다. 과학의 발전으로 편리에 따라 식사를 간단한 약이나 패치 등으로 대신할 수 있게 될지는 모르지만, 자연에서 햇볕을 듬뿍 받고 자라난 건강한 농산물을 섭취하는 데 비할 바는 아니다. 이처럼 인간은 땅에서 나는 먹을거리를 떠나서는 살아갈 수 없고, 그런 의미에서 직접 텃밭을 경작하는 일은 도시 속에서 자연이 주는 혜택을 최대한으로 누리며 건강하게 살아가는 좋은 방안이 될 수 있다.

1 어디에, 무엇을 심을 것인가

빌딩과 아파트, 상가 그리고 주택으로 구성되어 있는 도시에서 텃밭을 얻기란 그리 쉬운 문제가 아니다. 텃밭을 마련하기 위해서는 우선 시가지를 벗어나 교외로 나가야 할 것이다. 집과 텃밭의 거리에 따라 매일 관리할 수도 있고 주말을 이용해 관리할 수도 있다. 혹은 한 달에 두어 번밖에 가보지 못할 수도 있다. 농작물은 주기적인 관리가 필요하므로 텃밭의 접근성은 매우 중요한 의미를 갖는다. 따라서 자신의 상황을 고려해 가급적 자동차로 1시간 이내의 거리에서 자연 환경이 깨끗한 지역의 텃밭을 물색하는 것이 좋다. 또 그늘지지 않고 해가 잘 드는지 물을 수시로 줄 수 있는 지하수 관정이나 상수도 시설이 가까이 있는지도 잘 살펴보아야 한다.

처음 텃밭을 시작하는 사람이라면 주말농장을 분양 받는 것도 좋은 방법이다. 요즘은 가까운 농업기술센터나 농협 등의 기관에 문의하거나 인터넷으로 사설 주말농장을 검색해 거주지에서 가까운 텃밭을 얼마든지 구할 수 있다. 주말농장은 밭갈이, 거름주기, 종자 선택, 모 기르기 등 전문성을 요하고 손이 많이 가는 작업을 농장 관리자가 대신해주기 때문에 회원은 씨를 뿌리거나 모종을 심은 후 물 주기, 잡초 제거 등 후속 관리만 하면 되기 때문에 재배에 실패할 위험이 적다.

개인 텃밭을 마련하거나 주말농장을 분양 받기 어려운 상황이라면 주택의 발코니나 옥상, 아파트 베란다 등의 작은 공간을 활용해볼 수도 있다. 하지만 이 경우 용기의 크기에 제한이 있고 정남향집이라 하더라도 햇볕이 드는 시간이 하루 5시간 미만으로 짧기 때문에 정상적인 생육을 기대할 수 있는 작물은 몇 가지 되지 않아 다양한 채소를 가꾸기는 어렵다.

텃밭의 규모

텃밭의 규모는 작물을 재배한 경험이 있는지, 자기 가족의 노동력 수준이 어느 정도인지, 텃밭 접근성이 어떤지 등을 고려해 결정하는 것이 좋다. 가족 단위로 하는 주말농장이라면 작게는 1평에서 크게는 20평까지 다양한 규모로 분양 받을 수 있다. 하지만 즐겁게 가족들과 여가를 보내고자 하는 의미가 강한 경우라면 욕심을 부려서 면적을 넓게 할 필요가 없다. 농작물을 길러본 경험도 없는데 처음부터 텃밭이 너무 넓으면 쉽게 지치게 되어 자칫 농장 관리가 악몽처럼 느껴질 수 있기 때문이다. 특히 주말농장은 매일 관리하는 텃밭과는 달라서 한꺼번에 밀린 작업을 해야 하는 경우가 많아 넓으면 일이 고될 수 있다.

텃밭에 심을 채소

텃밭에 무엇을 심을지 고민하는 일은 아주 재미있는 일이다. 무엇을 심어서 언제 수확해 식탁에 올릴지를 머릿속에 그려보는 것처럼 신나는 일이 또 있을까? 우리나라(국립원예특작과학원)와 미국에서는 텃밭을 규모에 따라 소규모(1~2평), 중규모(3~5평), 대규모(6~10평)로 분류하고 각각 재배할 수 있는 가정 채소의 종류를 제시하고 있다. 여기에서 권장하는 채소 작물들은 우리가 식탁에서 늘 만나는 친근한 채소들로 재배 기술도 비교적 쉬운 편이다.

소규모(1~2평) 상추, 시금치, 들깨, 밭미나리, 20일무, 알타리무 등 생육 기간이 짧은 채소가 적합하다. 재배 면적이 좁아 지력 소모가 많으므로 지력 증진에 힘써야 하는 등 정밀한 텃밭 관리가 필요하다. 큰 화분을 이용해 열매채소를 재배할 수도 있다. ① 식물의 크기가 작은 채소 ② 생산량이 많은 채소 ③ 여러 회 수확할 수 있는 채소 ④ 이어짓기 장해가 없는 채소 중에서 선택하는 것이 좋다.

중규모(3~5평) 소규모 텃밭 채소 외에도 배추, 고추, 당근, 완두콩, 생강, 파, 옥수수 등을 재배할 수 있다. 구획을 나누어 구획별로 돌려짓기가 가능해지기 때문에 지력 소모와 이어짓기 장해를 어느 정도 극복할 수 있다. ① 3~5개 구획별로 돌려짓기하며 가꿀 수 있는 채소 ② 식물의 크기가 큰 채소 ③ 가족들이 좋아하는 채소 중에서 선택하면 된다.

대규모(6~10평) 소·중규모 텃밭 채소에 더해 호박, 토란, 감자, 강낭콩, 마늘, 부추, 도라지 등 선택할 수 있는 작물의 폭이 크다. 월동채소와 장기간 수확되는 채소들도 재배할 수 있다. ① 6개 이상으로 구획 재배 ② 각종 김치의 재료가 되는 채소 ③ 대량 소비가 가능한 채소 ④ 지력을 회복시켜주는 콩과 채소 등 다양한 작물 중에서 선택할 수 있다.

좋은 모종 고르는 법

채소 재배법으로는 씨앗을 직접 땅에 뿌려 재배하는 직파재배와 씨앗을 일정 기간 가꾸어서 모종을 밭에 심는 이식재배 2가지가 있다. 이식이 잘 안 되는 무, 당근 등 뿌리채소류와 시금치, 쑥갓, 상추 등은 직파재배하고, 식물 크기가 큰 채소들은 이식재배한다.

하지만 묘상은 일반 노지 밭 관리보다 세심한 관리를 요하기 때문에 모종을 직접 길러 심기란 쉬운 일이 아니다. 따라서 모종을 구입해 사용하는 것이 편리한데, 이때 좋은 모종 고르는 방법을 미리 알아둘 필요가 있다.

좋은 씨앗 고르는 요령

① 전문 종묘상을 통해 구입한다. ② 서늘하고 햇빛이 없는 곳에 진열되어 있는 것을 고른다. ③ 씨앗 봉투에서 채종 연월일, 발아율, 보증기간 등을 확인한다. ④ 파종시기와 정식시기, 수확기 등을 확인하고 그 시기에 늦지 않도록 미리 구입해둔다.

마디 사이가 길지 않아 튼튼하고 병충해가 없는 모종을 선택한다.

좋은 모종 고르는 요령

① 잎의 색이 진하고 두꺼운 것. ② 잎의 수가 많고 떡잎이 붙어 있는 것. ③ 줄기가 곧고 굵으며 키가 너무 크지 않은 것. ④ 포트나 육묘 트레이에 뿌리가 꽉 차서 잘 뽑히는 것. ⑤ 병충해가 없는 것. ⑥ 꽃이 1~2개 피어 있고 꽃이 크며 꽃눈이 많은 것.

직파재배와 이식재배 채소의 구분

구분	채소명
직파재배하는 채소	무, 순무, 당근, 우엉, 옥수수, 근대, 아욱, 콩, 완두, 쑥갓, 시금치, 마늘, 쪽파, 토란 등
직파·이식재배를 같이 하는 채소	무, 순무, 당근, 우엉, 옥수수, 근대, 아욱, 콩 등
반드시 이식재배하는 채소	토마토, 가지, 고추, 참외, 딸기, 고구마, 미나리 등

2
텃밭 농사 1년 계획

텃밭에서는 전문가처럼 한 작물만을 재배하지 않는다. 작물을 판매할 목적이 아닌 직접 섭취할 목적으로 기르는 것이기 때문이다. 따라서 텃밭의 규모와 가족들의 기호를 고려해 어떤 작물을 언제 심어서 언제 수확해 식탁에 올릴지 여러 가지 요인들을 미리 궁리해둘 필요가 있다. 가능한 가족들이 좋아하는 채소를 위주로 재배하는 것이 텃밭에 대한 관심도를 높이는 데 도움이 된다. 매 주말마다 혹은 매일 텃밭을 찾을 것이기 때문이다.

　다음은 텃밭 채소의 연간 재배 계획을 몇 가지 모델로 제시한 것이다. 이는 하나의 예시이므로 꼭 이렇게 할 필요는 없으며 자기 텃밭의 여러 여건을 감안해 자신만의 재배 계획을 수립하면 된다. 작물별 재배 면적은 편의상 0.5평으로 했다. 작물에 따라 한 가족이 먹기에는 수확물이 다소 많을 수도 있겠지만, 넉넉한 것을 이웃과 나누어 먹는 것도 큰 기쁨이므로 가까운 이들과의 관계가 좋아지는 계기를 마련할 수 있을 것이다. 단일 채소의 수확량이 많다고 좁은 면적에 너무 다양한 채소를 심으면 관리하기 어려워져 자칫 소홀해질 수 있으므로 가짓수를 무작정 늘리지 않도록 한다.

소규모(1~2평형) 텃밭

 가급적 작물의 수를 간단히 하고 작물 당 재배 규모도 0.5평으로 작게 했다. 소규모임을 감안해 열매채소는 넣지 않았다. 그래도 작물 수가 6가지나 되기 때문에 관리를 소홀히 하면 영농 시기를 놓칠 수 있으므로 유의해야 한다. 사정에 따라 영농 시기를 다소 당기거나 늦출 수 있다.

1평 2구획형

1평형		1월	2월	3월	4월	5월	6월	7월	8월	9월	10월	11월	12월
	0.5평				상추 등 쌈채소			열무		총각무			
	0.5평				완두		시금치		김장배추				

2평 4구획형

2평형		1월	2월	3월	4월	5월	6월	7월	8월	9월	10월	11월	12월
	0.5평				상추 등 쌈채소			열무		갓			
	0.5평				완두		시금치		김장무·배추				
	0.5평				옥수수								
	0.5평				고구마								

중규모(3~5평형) 텃밭

월동을 하는 마늘도 넣었고, 일부는 작물 당 재배 규모를 1평으로 늘려 키가 크고 맛있는 열매채소를 맛볼 수 있게 했다. 작물의 수가 11~14개로 많아서 적기에 영농이 이뤄질 수 있도록 연중 작업 계획을 세워서 수시로 관리해주어야 한다. 그렇지 않으면 구획이 많고 복잡해서 자칫 영농 시기를 놓치거나 관리가 소홀해질 수 있다.

3평 4구획형

3평형		1월	2월	3월	4월	5월	6월	7월	8월	9월	10월	11월	12월
	0.5평				상추 등 쌈채소			열무		갓			
	0.5평				완두		시금치		김장무 · 배추				
	1평					옥수수							
	1평				마늘			열무		마늘			

4평 5구획형

4평형		1월	2월	3월	4월	5월	6월	7월	8월	9월	10월	11월	12월
	0.5평				상추 등 쌈채소			열무		갓			
	0.5평				완두		시금치		김장무 · 배추				
	1평					옥수수							
	1평				고추 또는 고구마								
	1평				마늘			열무		마늘			

5평 6구획형

5평형		1월	2월	3월	4월	5월	6월	7월	8월	9월	10월	11월	12월
	0.5평				상추 등 쌈채소			열무		갓			
	1평				토마토 또는 오이				당근				
	0.5평				완두		시금치		김장무 · 배추				
	1평					옥수수							
	1평				고추 또는 고구마								
	1평				마늘			열무		마늘			

대규모(6~8평형) 텃밭

작물 수는 중규모 텃밭과 차이가 없으나 면적이 넓어져서 관리에 많은 노력이 필요하다. 공간이 넉넉해 고추와 파 같은 양념 채소도 넣고, 관리가 비교적 수월한 콩이나 호박은 2평까지 재배 면적을 늘려보았다. 잘 가꾸면 텃밭에서 나오는 다양한 부식거리로 식탁이 더욱 풍성해지고 가족들의 건강에도 큰 도움이 되어줄 것이다. 한편 텃밭의 규모가 10평을 넘어서면 채소류는 10평 이하로 재배 면적을 제한하고 그 외 공간에는 콩, 땅콩, 고구마 등 일손이 적게 드는 작물을 심는 것이 좋다.

6평 7구획형

6평형		1월	2월	3월	4월	5월	6월	7월	8월	9월	10월	11월	12월
	0.5평				상추 등 쌈채소			열무		갓			
	0.5평			완두			시금치		김장무·배추				
	1평					옥수수							
	1평				고추 또는 고구마								
	1평				토마토 또는 오이				당근				
	1평				감자				파				
	1평			마늘				열무		마늘			

8평 7구획형

8평형		1월	2월	3월	4월	5월	6월	7월	8월	9월	10월	11월	12월
	1평				상추 등 쌈채소			열무		갓			
	1평				토마토 또는 오이				당근				
	1평			완두			시금치		김장무·배추				
	1평					옥수수							
	1평				고추 또는 고구마								
	2평				콩 또는 호박								
	1평			마늘				열무		마늘			

3 농기구와 농자재

텃밭을 일구는 데 필요한 농기구와 농자재는 대규모 영농과 크게 다르지 않다. 어떤 것이 있는지 알아보고 필요한 것들만 구입해 사용한다.

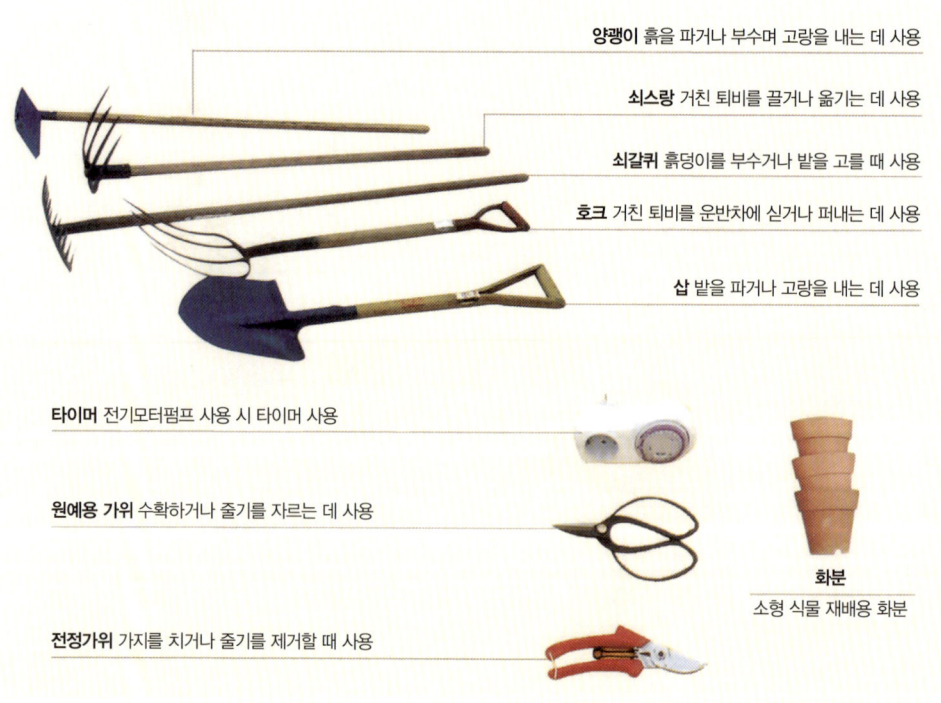

양괭이 흙을 파거나 부수며 고랑을 내는 데 사용
쇠스랑 거친 퇴비를 끌거나 옮기는 데 사용
쇠갈퀴 흙덩이를 부수거나 밭을 고를 때 사용
호크 거친 퇴비를 운반차에 싣거나 퍼내는 데 사용
삽 밭을 파거나 고랑을 내는 데 사용

타이머 전기모터펌프 사용 시 타이머 사용
원예용 가위 수확하거나 줄기를 자르는 데 사용
전정가위 가지를 치거나 줄기를 제거할 때 사용

화분
소형 식물 재배용 화분

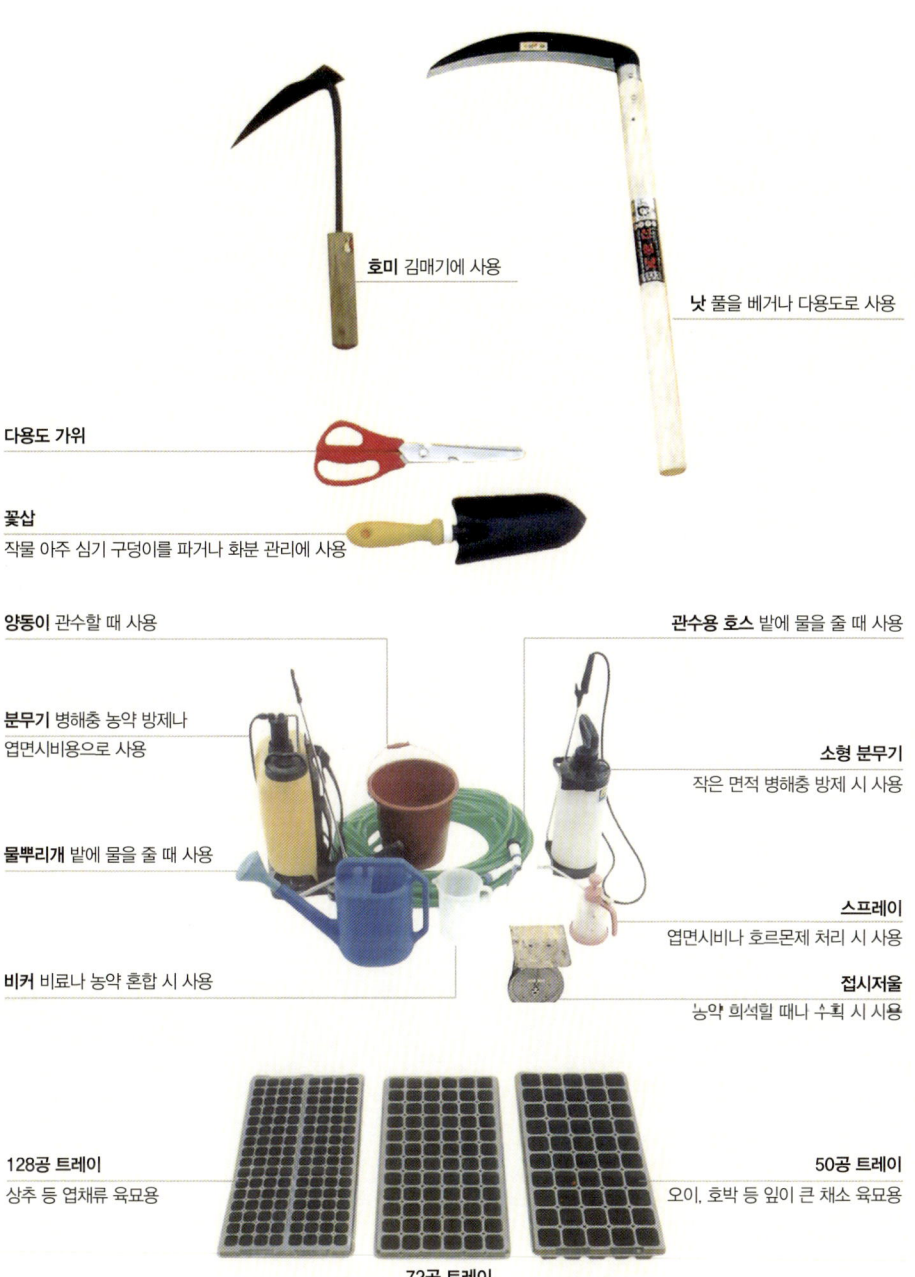

4
수확과 보관

텃밭에서 수확한 채소는 마트에 진열되어 있는 것처럼 깔끔하지 않다. 하지만 시장에서 사 온 채소와 내가 직접 재배한 채소는 신선도나 영양가 등 다양한 측면에서 그 가치를 비교할 수 없다.

채소는 재배도 중요하지만 수확 후 관리도 매우 중요하다. 뿌리로부터 수분을 공급받던 채소는 수확 후 식물체 내의 수분이 수증기가 되어 공기 중으로 빠져나가는 증산작용에 따라 쉽게 시들어버리기 때문이다. 이를 억제하기 위해서는 온도를 낮게 유지해 신선도를 지키고 영양의 손실도 막아야 한다.

채소를 적기에 수확하는 일도 매우 중요하다. 적기에 수확한 채소는 그 채소 고유의 품질 특성을 그대로 갖고 있어 신선하고 영양가도 매우 높은 상태로 식탁에 올릴 수 있다. 그러나 수확 적기를 놓치면 그만큼 맛도 없을 뿐더러 영양의 손실도 감수해야 한다. 수확 시기는 작물에 따라 각각 다르다. 잎채소의 경우는 일정한 키가 되면 수확하지만 열매채소는 색깔이나 단단한 정도, 당도, 크기, 모양 등을 잘 보고 수확해야 한다. 또 마늘이나 감자, 당근 등은 비 오는 날을 피해서 토양이 건조할 때 수확해야 저장 기간이 길어지고, 하루 중 햇볕이 뜨거운 한낮보다 아침 또는 저녁에 수확해야 생산물의 온도가 낮고 호흡량이 적어 쉽게 시들지 않는다.

주요 열매채소의 수확 적기

채소명	개화 후 일수	채소명	개화 후 일수
오이	10일	풋고추	20~25일
애호박	7~10일	붉은 고추	40~50일
늙은호박	45~50일	가지	20~30일
수박	30~35일	토마토	40~50일
참외	30~40일	딸기	35~40일

시금치, 열무, 쑥갓 등은 수확 후 다듬는 데 손이 많이 간다. 잎채소에 흙 등 이물질이 묻어 있다면 깨끗한 물에 씻은 후 저장하는 것이 좋지만, 감자, 고구마, 마, 우엉 등 뿌리채소는 물로 씻지 않는다. 총각무는 물에 헹구기도 하지만 이때 문지르면 안 된다. 또 채소는 생육적온이 다르듯 각기 다른 저장 조건을 갖고 있는데, 그에 맞게 저장해야 신선하게 오래 보관할 수 있다. 특히 고구마와 늙은호박, 단호박 등은 15℃ 정도에서 보관해야 하며 저온에서는 오히려 쉽게 부패한다. 풋고추, 가지, 토마토도 너무 저온에 보관할 필요가 없으며, 특히 풋고추의 씨앗이 검게 변하는 것은 동해 증상이다.

수확량은 토질이나 기상 조건, 재배자의 관리 노력 여하에 따라 큰 차이를 보인다. 일반 농가에서는 매일 정밀하게 관리하지만 작은 텃밭을 꾸리는 사람들은 많아야 일주일에 몇 번 들여다보는 게 전부이기 때문에 비교적 수확량이 적을 수밖에 없다. 따라서 1평을 기준으로 했을 때 옥수수, 건고추, 마늘, 콩, 완두 등은 2kg 이하, 시금치, 생강, 열무, 고구마, 갓 등은

3~5㎏, 대파, 쪽파, 밭미나리, 당근, 상추, 잎들깨, 오이, 토마토, 호박, 참외, 가지 등은 5~10㎏, 무, 배추, 양배추, 부추 등은 10~20㎏가량 수확할 수 있다고 보면 된다.

채소별 저장 온도 · 습도 · 기간

채소명	저장 온도(℃)	저장 습도(%)	저장 기간
단옥수수(미숙)	5	85~90	4~8일
셀러리	-1~0	90~95	2~4주
풋고추	7~10	85~90	6~7주
꽃양배추	0	85~90	2~3주
당근(잎이 붙은 것)	0	85~90	10~14일
당근(잎을 자른 것)	0	90~93	4~5개월
루바브	0	90~95	2~3주
루타바가	0	95~98	2~4개월
리크(생)	0	85~90	1~3개월
마늘(건)	0	70~75	6~8개월
무	0	95~98	2~4개월
비트(잎이 붙은 것)	0	85~90	10~14일
비트(잎을 자른 것)	10	90~95	5~6개월
상추	0	90~95	2~3주
순무	0	95~98	4~5개월
시금치	0	90~95	10~14일
아스파라거스	0	85~90	3~4주
양배추	0	90~95	3~4개월
양파	0	70~75	6~8개월

채소명	저장 온도(℃)	저장 습도(%)	저장 기간
엔디브	0	90~95	2~3주
완두	0	90~95	1~2주
콜라비(순무배추)	0	95~98	2~4개월
양파	0	70~75	6~8개월
꼬투리용 강낭콩	0.4	85~90	2~4주
머스크멜론	0~1	75~78	7~10일
방울다다기양배추	0~2	90~95	3~4주
브로콜리(이탈리안)	0~2	90~95	7~10일
허니듀멜론	2~3	75~85	2~4주
수박	2~4	75~85	2~3주
감자	6~8	70~80	5~8개월
토마토	10~12	85~90	7~10일
애호박	4~10	80~85	2~3주
가지	10~12	85~95	10일
오이	7~10	85~95	10~14일
오크라	10	85~95	2주
고구마	12~15	85~90	4~6개월
늙은호박	10~13	70~75	4~6개월
미숙 토마토	13~21	80~85	3~5주

제5장
작물별 재배 방법

01 토마토

토마토는 페루, 에콰도르 등 남미 안데스 지방이 원산지이며, 유사 이전 인디언들에 의해 중앙아메리카로, 15세기 콜럼버스에 의해 유럽으로 전해졌다. 16세기에는 이탈리아에서 관상용으로 재배되기 시작했고, 제2차 세계대전 이후 일본에서 생식용으로 널리 이용되었다.

토마토에는 일반 토마토와 방울토마토가 있다. 일반 토마토로는 완숙토마토 품종이 주종을 이루고 있는데, 색깔이 빨갛게 든 다음에 수확하는 것이 원칙이다. 우리나라에서도 완숙토마토 품종이 속속 개발되고 있지만 아직은 일본 품종과 유럽 품종이 많다. 모모따로(桃太郎) 계통의 일본 품종이 더 맛있긴 하지만 유럽 품종보다 재배가 까다로워 과실의 껍질이 갈라지는 열과가 잘 생긴다. 과실이 익어갈 때 뿌리로부터 수분이 갑자기 많이 들어오면 과실 내부가 팽창하면서 껍질이 갈라지게 되는 것이다. 따라서 비닐로 지붕을 만들어 비를 막아주거나 밭 전체를 비닐로 피복하면 열과를 줄일 수 있다. 일본에서는 방울토마토를 미니토마토라고 부르는데, 방울토마토는 일반 토마토에 비해 야생 성질이 강해 재배하기 더 쉽다. 요즘에는 대추 방울토마토 품종도 나와 있다.

밭 만들기

배수가 양호하고 비옥하며 가지과 작물을 재배한 적이 없는 토양이 적합하다. 토양 산도는 pH6.0~6.5 정도의 약산성이 좋다. 햇빛이 적게 드는 밭에서는 꽃가루의 기능이 약화되어 토마토가 제대로 달리지 못한다. 이랑을 만들기 전에 퇴비와 밑거름 비료를 넣는다. 두둑과 고랑을 만들고 두둑에 비닐을 씌우면 지온이 높아져 활착이 빠르고 잡초를 방지할 수 있다.

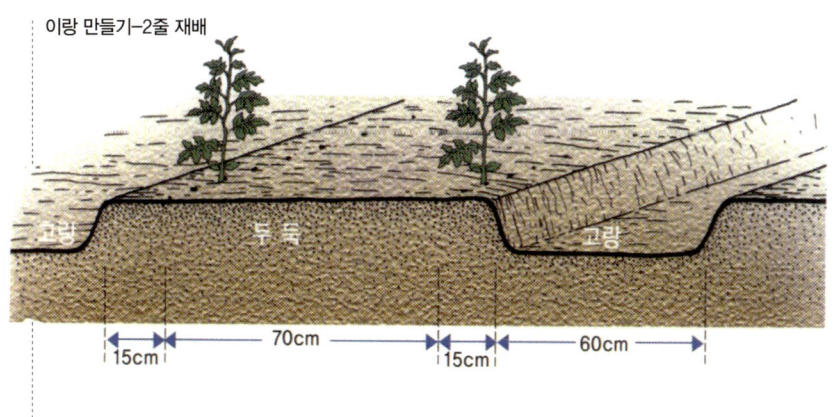

이랑 만들기-2줄 재배

좋은 모종 고르는 법

전체 모습이 장방형인 것, 충실한 쌍떡잎이 맨 아래 붙어 있는 것, 하엽이 누렇게 변하지 않은 것, 병해나 충해를 입지 않은 것, 손바닥에 올려놓아도 흔들거리지 않는 것, 잎이 두껍거나 흐늘거리지 않는 것, 잎이 진한 녹색이고 보랏빛이 없는 것, 제1화방에 충실한 꽃과 꽃봉오리가 여러 개 달려 있는 것이 좋다.

아주 심기

토마토 모종을 사다 심는 것이 편리하다. 화분이나 상자에 심을 때는 심기 2~3주 전에 붉은 흙, 퇴비, 고토석회, 원예용 복합비료를 3:1:1:1로 섞어 준비해놓는다. 심기 전날 준비해놓은 배합토를 재배 용기에 집어넣고 액체비료를 충분히 적셔준다. 모종을 심고 마른 흙을 살짝 덮어준 후, 다음 날 오전에 적당히 물을 준다. 지주를 꽂고 끈으로 8자 모양으로 약간 헐렁하게 묶어준다.

심기 2주일 전에 밭에 밑거름을 충분히 주고 가능한 한 깊게 갈아두어야 한다. 땅 온도가 17℃ 이상 되어야 활착이 잘 되므로 햇볕이 좋고 기온이 높은 날을 택해 심는다. 토마토는 제1화방의 꽃눈이 막 나올 때 심는데, 이때 꽃눈의 방향이 통로쪽으로 향하도록 심어야 수확 등의 작업이 편리하다. 모종이 자라서 첫 번째 꽃이 피면 1.8~2m 정도 길이의 지주를 세운다. 토마토 양쪽에 지주를 세우고 윗부분을 끈으로 연결해 묶어주면 바람에도 잘 쓰러지지 않는다.

토마토 모종을 아주 심기 한 모습

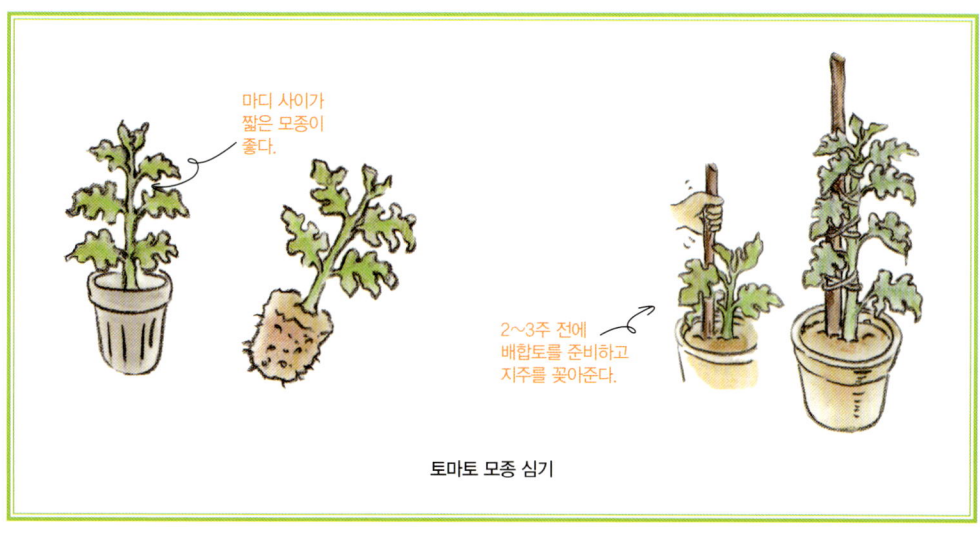

토마토 모종 심기

 아주 심기 시기는 지역에 따라 다소 차이가 있다. 여름철에는 온도가 높아 웃자라거나 낙화, 낙과, 배꼽썩음과 등의 발생이 심하며 작업환경이 나빠 여름철 재배를 피한다. 따라서 보통 2월 하순에 파종해 5월 상순에 아주 심기 하고 8월 상순까지 수확을 끝내는 조숙재배를 많이 한다. 텃밭에서 토마토를 키울 경우 서리가 내리지 않는 5월 상순경이 되면 아주 심기 해 재배하면 된다. 심은 후에 두둑에 비닐을 씌우면 지온이 높아져 활착이 빠르고 잡초 제거 노력과 관수 노력을 줄일 수 있다. 보통 토마토는 한 그루당 하루 1~2L 정도의 물을 흡수하므로 건조할 때는 하루에 3.3m^2당 5~6L의 물을 필요로 한다.

순지르기

 옮겨 심은 후 10~15일에 완전히 뿌리가 활착이 되면 잎의 색도 좋아진다. 이때 줄기에 달린 잎의 겨드랑이로부터 곁가지가 왕성하게 자라는데 되도록 빨리 제거하고 주지만

토마토 곁순 제거 요령

토마토는 꽃봉오리가 여러 개씩 단체로 열리며 이를 화방이라고 한다. 처음에는 잎만 나와 자라다가 9~10마디 사이에서 첫 화방이 나오고, 이후 4마디 정도마다 같은 방향으로 화방이 생기게 된다.

키워야 열매가 크는 데 좋다. 단 곁가지가 굵어진 후에는 반드시 가위로 잘라야 상처로 인한 병 침입을 막을 수 있다. 본잎이 8~9장 정도 난 다음 여러 개의 꽃봉오리가 달린 제1화방이 줄기에 달린다. 화방이 4~5개 정도 생기면, 맨 위의 화방에 달린 꽃봉오리가 개화하기 시작할 무렵에 각 화방 위의 잎을 2장 남기고 그 윗부분에서 순지르기 한다. 수확을 마치기 한 달 전쯤에 맨 마지막으로 수확이 될 꽃봉오리들(화방)이 달려 있는 윗부분의 주지를 잘라버린다.

거름주기

토마토는 땅이 기름지면 열매는 달리지 않고 잎만 무성해지며 잎이 꼬이는 증상이 발생한다. 따라서 밑거름은 적게 주고 나머지는 웃거름으로 토마토의 생육 상태를 보면서 주는 것이 좋다. 일반 토마토의 경우 웃거름은 첫 과실이 탁구공만 한 크기가 되었을 때부터 20~25일 간격으로 되도록 물에 녹여 주는 것이 좋다.

거름 총량(g/3.3㎡)

- 요소 : 140~200
- 석회 : 800
- 퇴비 : 2,000
- 용과린 : 160~250
- 염화가리 : 140~170

밑거름으로 복합비료를 주어도 상관없다

토마토는 기상 조건이나 영양 상태에 따라 꽃이 떨어지기 쉬우므로 토마토톤과 같은 식물호르몬을 주면 과실이 잘 열리도록 도울 수 있다. 한 개의 화방에 꽃이 2~3개 정도 피었을 때 화방 전체에 토마토톤 100배액을 분무기로 뿌리면 된다. 이때 잎에 토마토톤이 묻지 않도록 한다. 톤이 어린잎에 묻으면 잎이 기형으로 되어 토마토가 잘 크지 않게 된다.

수확과 저장

일반 토마토의 경우 꽃이 핀 지 4, 50일 후면 수확할 수 있으며, 과실에 빨간색이 드는 것을 보아 쉽게 수확 시기를 알 수 있다. 저장 온도는 10~20℃ 정도가 좋으며 온도가 이보다 낮으면 과실이 상해서 광택이 없어지고 저장성이 떨어진다.

재배 포인트

토마토는 심었던 흙에 또 심는 이어짓기를 싫어하기 때문에 새로운 배합토를 준비해야 한다. 특히 가지과 작물을 재배한 적이 없는 곳이 좋다. 햇빛을

방울토마토

좋아하므로 빛이 잘 드는 곳이 좋고, 물이 잘 빠지는 토양에 심어야 한다.

방울토마토는 일반 토마토에 비해 단맛이 강하고, 비타민도 두 배나 많이 함유하고 있으며, 병에도 대단히 강해 재배가 쉽다. 단, 과도한 습기에는 약하므로 텃밭의 이랑 높이를 30㎝ 정도로 높게 한다. 모종을 구입할 때는 잎의 색이 좋고 두터운 것을 골라 심는다. 키가 크고 무성하게 자라므로 집 안에서는 관상용으로 한두 포기 길러보는 것이 좋으며, 큰 화분이나 박스로 한두 차례 더 옮겨 심어야 한다. 온도가 낮으면 꽃이 떨어지므로 15℃ 이상은 유지해줘야 한다. 5월경에는 꽃이 핀 후 60일, 7월경에는 꽃 핀 후 40일 정도부터 과실이 붉게 물들어 수확할 수 있다.

병해충 방제

잎곰팡이병 과습하면 발생한다. 잎 뒷면에 담황

토마토꽃

색 병반이 점차 커져 잿빛으로 변하면서 잎 전체가 죽는다. 이러한 증상이 나타나면 샤프롤유제, 가벤다·가스민수화제, 치람수화제 등을 살포해 방제한다.

잿빛곰팡이병 잎, 줄기, 과일에 암갈색의 곰팡이 병반이 생긴다. 디에토펜카브·가벤다수화제, 디크론, 이프로·치람수화제, 포리옥신수화제 등을 뿌려준다.

온실가루이 유충은 잎 뒷면에 기생한다. 스피노사드입상제, 지노멘수화제, 푸라치오카브유제, 피리프록시펜유제 등을 일주일 간격으로 서로 번갈아 살포한다.

병충해 예방 병든 식물이 나타나면 우선 뽑아내고 주변의 잡초를 제거해 병충해 발생을 미연에 방지한다.

> **Tip 토마토의 영양소**
>
> **에너지 14kcal (가식부 100g당)**
> 수분 95.2%, 단백질 0.9g, 지질 0.1g, 당질 2.9g, 섬유소 0.4g, 회분 0.5g, 칼슘 9mg, 인 19mg, 철 0.3mg, 나트륨 5mg, 칼륨 178mg, 비타민 A 90R.E, 베타카로틴 542㎍, 비타민 B1 0.04mg, 비타민 B2 0.01mg, 나이아신 0.6mg, 비타민 C 11mg.

(자료: 농촌진흥청 식품성분표)

02 고추

고추의 원산지는 미국 남부와 남미 아르헨티나 사이의 열대 아메리카다. 고추는 고온성 작물에 속하며 우리나라에는 임진왜란 이전인 16세기에 들어온 것으로 알려져 있다. 과거에는 주로 건고추만 이용했기 때문에 그중 덜 익은 것을 풋고추로 수확했지만, 근래에는 소비 패턴이 바뀌면서 풋고추 전용 품종까지 나와 있다.

풋고추 품종에는 일반 풋고추와 꽈리 풋고추가 있으며, 마디 사이가 짧은 품종이 좋다. 피망 계통은 맵지 않아 '단고추'라고 부르는데, 일본에서는 컬러 피망도 생산된다. 파프리카는 피망보다 더 크고 화려한 색상을 지녀 '착색단고추'로 불린다.

일반적인 재배력

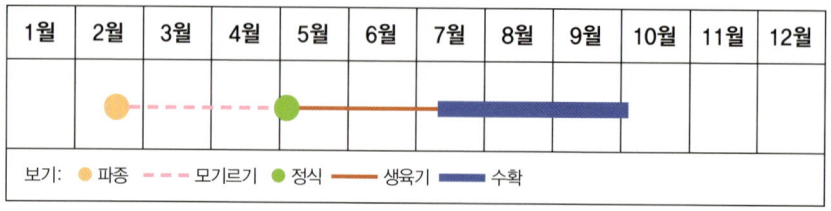

밭 만들기

보수력이 있는 양토 또는 식양토가 좋다. 토양 산도는 pH6.0~6.5 정도의 약산성이 좋으며 pH5.0 이하에서는 역병 발생이 심하고 생육이 좋지 않다. 아주 심기 2주일 전에 퇴비, 석회, 계분 등을 밭에 뿌려 갈고 두둑을 90~100cm 정도 되게 만든다. 2줄 심기는 보통 포기 간 간격을 40cm 정도 되게 심는데 25cm까지 촘촘하게 심을 수도 있다. 검은 비닐을 씌우면 지온이 높아져 활착이 빠르고 잡초를 억제하는 데 효과적이다.

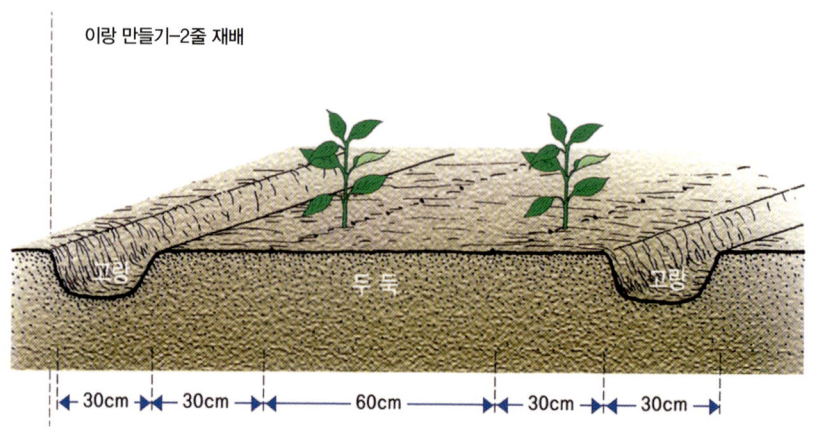

이랑 만들기-2줄 재배

모종 기르기와 좋은 모종 고르는 법

지름 12cm 비닐 포트나 육묘용 연결 포트에 씨를 뿌리면 잘 자란다. 텃밭에서 키울 때는 4월 말~5월 사이에 뿌리는 것이 적당하다. 적정 발아 온도는 28~30℃ 정도이며 적어도 20℃ 이상은 되어야 한다. 적당한 온도라면 5~6일 후에 싹이 튼다. 싹이 튼 후에는 위에 덮었던 신문지나 비닐 등은 즉시 걷어야 하며 이후로는 온도가 조금 낮아도 잘 자란다. 씨를 뿌리고 두 달 정도 지나 옮겨 심는다. 모종을 구입할 경우에는 전체 모습이 장방형인 것, 충실한 쌍떡잎이 맨 아래 붙어 있는 것, 하엽이 누렇게 변하지 않은 것, 병해나 충해를 입지 않은 것을 선택한다.

육묘용 연결 포트에 고추 모종을 기르는 모습

고추 모종을 밭에 아주 심기 한 모습

아주 심기

이랑의 넓이를 70cm로 해 한 줄로 심거나, 150cm로 해 2줄로 심는다. 이랑의 높이는 물이 잘 안 빠지는 곳은 20cm 이상으로 해 장마 때 물에 잠기는 것을 막고, 배수가 잘 되는 곳은 15cm 정도로 한다. 물이 잘 안 빠지는 곳은 이랑을 1줄로 만든다. 늦서리(만상)가 끝난 다음에 곧 옮겨 심으면 좋

가지가 부러지기 쉬우므로 옮겨 심은 후 바로 지주를 세워준다.

은데 대개 남부지방은 5월 상순, 중부지방은 5월 중순경의 바람이 없고 맑게 갠 날이 좋다. 심기 전날 모종에 물을 충분히 주어 포트에서 빼낼 때 뿌리를 감싸고 있는 흙이 부서지지 않도록 한다. 심기 전에 먼저 비닐을 씌우고 모종삽으로 40㎝ 간격으로 구멍을 파 미리 물을 충분히 준 다음 심는다. 모종의 흙이 보일 정도로 너무 깊지 않게 심고, 심은 후 다시 물을 충분히 준다. 가지가 부러지기 쉬우므로 옮겨 심은 후 바로 지주를 세워준다. 보통 4~5일 간격으로 물을 주는데 아주 심기 한 후에 충분히 물을 주고 이후 관수량을 줄여 뿌리가 깊게 뻗은 다음에 다시 물을 충분히 준다.

일반적인 고추 품종은 옮겨심기 할 시기, 즉 본잎이 11~13장 되었을 때(손톱만 한 크기 이상의 잎으로, 생장점 부분을 따로 벌리지 않고도 쉽게 눈으로 확인할 수 있다) 이미 30개 가까운 꽃이 필 준비가 끝난다. 그리고 약 10~13마디의 갈라지는 가지(분지) 사이에서 첫 번째 꽃이 피는 특성이 있다. 이후 계속해서 각 분지 사이에 꽃봉오리가 맺혀 한 주당 300~400개의 꽃이 핀다. 일시에 피는 것은 아니고 3~4회 주기로 많이 피다가 적게 피다가 한다.

순지르기와 거름주기

첫 번째 꽃이 맺히며 갈라지는 가지인 방아다리 밑으로는 곁가지가 생기는데 전부 제거해주어야 고추 열매가 잘 자란다. 이때 잎을 훑지 않는 것이 뿌리가 튼튼히 자라는 데 도움이 된다. 나중에 첫 번째 수확 주기 때 잎의 반을 훑어주고 나머지는 그 다음 수확 때 제거한다.

고추는 생육 기간이 길어 재배 기간 중 웃거름을 주어야 하는데 관수 시 물에 녹여 공급하는 것이 가장 좋다. 아주 심기 하고 한 달 후에 첫 번째 웃거름을 주고, 그 후 35~40일 후에 두 번째, 마지막 웃거름은 중부지역은 8월 중순경

고추꽃

남부지역은 8월 하순경에 준다. 고추는 과습에 약하므로 물 관리를 잘해야 한다.

수확과 건조

고추는 보통 개화 후 45~50일이 지나면 빨갛게 착색되고, 과실의 표면에 주름이 잡히면 매운맛이 강해져 수확 적기로 볼 수 있다. 풋고추의 경우에는 대개 꽃 핀 후 15~20일 정도 지났을 때, 과실이 완전히 비대해지기 직전에 수확해야 가장 좋은 품질을 계속해서 많이 딸 수 있다. 풋고추는 7~10℃에서 45~50일간 저장할 수 있다. 화력 건조할 경우 50℃ 정도에서 2일간 완전히 건조한 후에 2~3일간 햇빛에 말려 완전히 습기를 제거한다. 옥외에서 햇빛에 말릴 경우 자주 뒤집어주어 변색되지 않도록 주의한다.

재배 포인트

고온성 채소이기 때문에 햇빛이 많이 들어야 한다. 여름에 너무 건조하지만 않으면 특별히 토질을 가리지는 않는다. 생육 기간이 비교적 길기 때문에 퇴비를 충분히 주어야 하고, 과다한 습기와 건조에 약하므로 물 주는 데 신경 써야 한다. 보통 4~5일 간

거름 총량(g/3.3㎡)

우선 밑거름으로 퇴비 10,000g, 계분 600g, 요소 30~40g, 용과린 300g, 염화가리 50g, 석회 250g을 주며 요소는 덧거름으로 25g씩 3회에 나누어주고 염화가리는 마지막 덧거름 시 50g을 준다.

10~13마디에서 첫 꽃이 피고 계속해서 꽃이 맺힌다. 영양 공급상 전부 고추로 크지는 않는다.

고추를 햇볕에 말릴 때는 자주 뒤집어주어 변색을 막는다.

격으로 물을 주는데 아주 심기 한 후에는 충분히 물을 주고 이후에는 관수량을 줄여 뿌리가 토양으로 깊게 뻗게 한 후에 다시 충분히 관수한다.

병해충 방제

탄저병, 무름병, 역병, 풋마름병, 바이러스병이 발생한다. 병 발생을 억제하려면 가지과 채소를 이어짓기 한 토양에 심지 말고, 주위의 잡초를 제거하고, 질소질 비료를 너무 많이 주지 말고, 석회질 비료를 밑거름으로 주어 초세를 잘 유지한다.

피망 상자 재배하기

피망은 건조한 것을 싫어하므로 물을 충분히 주어야 하며, 비료도 일반 고추보다 많이 요구하는 편이다. 25~30℃ 정도의 고온이 좋고 연작을 싫어하므로 배합토는 항상 새것을 쓰는 것이 좋다. 먼저 재배 상자에 흙, 퇴비, 계분 등을 섞은 기름진 배합토를 담아놓는다. 본잎이 7~8장 정도인 모

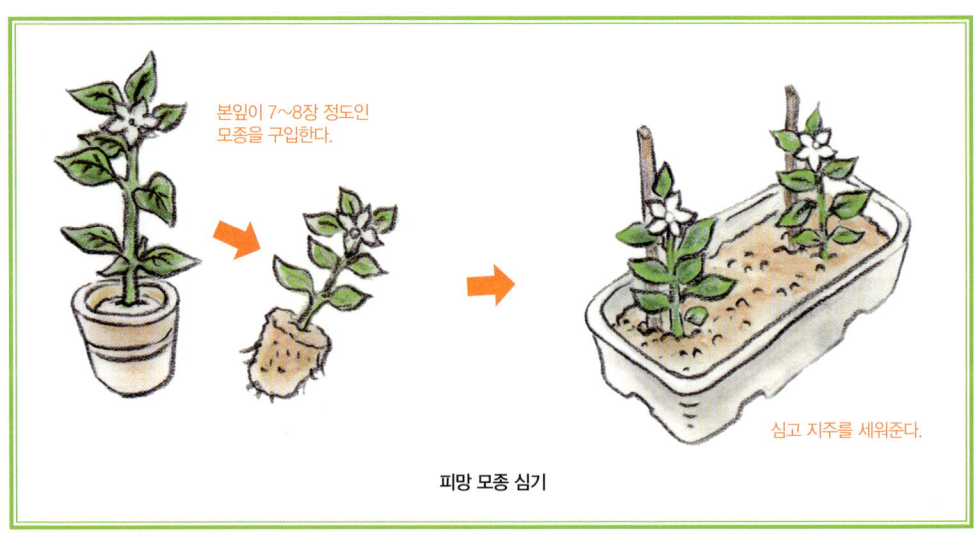

피망 모종 심기

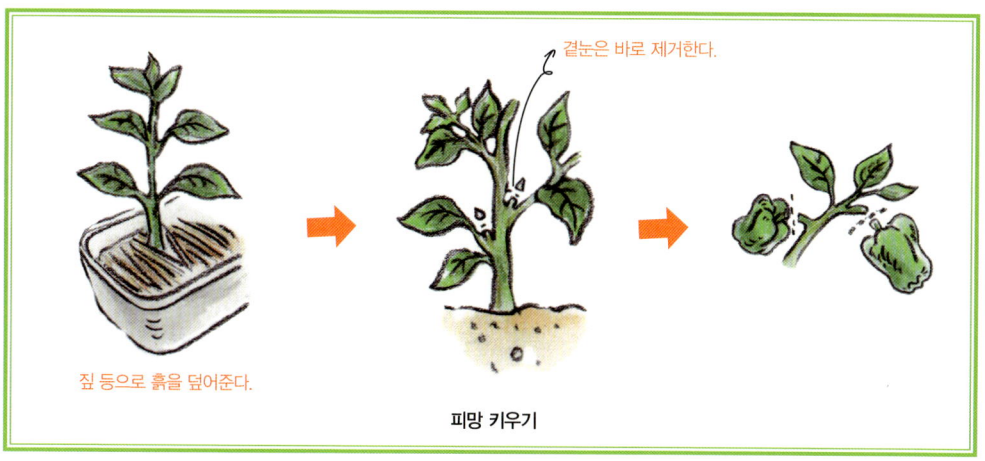

피망 키우기

종을 구입해 쓰는 것이 편하다. 모종을 심을 구덩이를 파고 물비료를 적당히 준다. 모종을 심고 흙으로 가볍게 덮어준 다음 지주를 세운다. 짚 같은 것으로 덮어주면 쉽게 마르는 것을 방지할 수 있다. 심고 20~30일 후에 복합비료를 웃거름으로 준다. 아래쪽 마디에서 나오는 곁가지는 바로 제거한다. 과실이 적당히 크고 녹색이 선명할 때 수확한다.

Tip 생고추의 영양소

[붉은고추] 에너지 39kcal(가식부 100g당)

수분 84.6%, 단백질 2.6g, 지질 1.7g, 당질 5.3g, 섬유소 5.0g, 회분 0.8g, 칼슘 16mg, 인 56mg, 철 0.9mg, 나트륨 12mg, 칼륨 284mg, 비타민 A 1078R.E, 베타카로틴 6466㎍, 비타민 B1 0.13mg, 비타민 B2 0.21mg, 나이아신 2.1mg, 비타민 C 116mg.

[풋고추] 에너지 19kcal(가식부 100g당)

수분 91.3%, 단백질 1.6g, 지질 0.3g, 당질 3.6g, 섬유소 2.6g, 회분 0.6g, 칼슘 13mg, 인 38mg, 철 0.5mg, 나트륨 10mg, 칼륨 246mg, 비타민 A 52R.E, 베타카로틴 312㎍, 비타민 B1 0.10mg, 비타민 B2 0.05mg, 나이아신 1.1mg, 비타민 C 72mg.

(자료: 농촌진흥청 식품성분표)

03 가지

원산지는 인도로 추정되며, 중국에서도 재배 역사가 오래되었다. 우리나라에서는 신라시대 때부터 재배했다는 기록이 있다. 여름철 고온 다습한 환경에 잘 견디는 특성 덕분에 가정 채소밭의 중요한 작물로 자리 잡고 있다. 우리나라에서는 대부분 과실 길이가 길고 짙은 흑자색인 품종이 재배되지만, 일본에서는 긴 것뿐만 아니라 통통한 것과 거의 둥근 것까지 있다.

가지 품종은 비교적 단순하며 재래 가지가 여름철 고온에도 강하다. 모종을 직접 기르는 것보다 가까운 화원에서 우량 모종을 사다 심는 것이 편하다. 장가지 품종은 흑자색으로 과육이 유연해 품질이 좋고, 쇠뿔가지 품종은 재래 가지로 과실 껍질이 두껍고 내서성이 강하다. 그 외에 신흑산호, 가락장가지 같은 품종이 있다.

일반적인 재배력

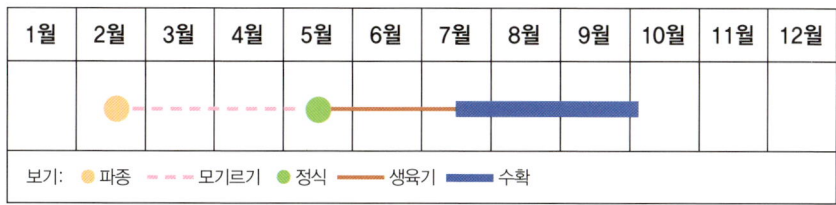

밭 만들기

토심이 깊고 물 빠짐이 좋은 충적토가 좋다. 토양 산도는 pH6.0 정도의 약산성 또는 중성이 적합하다. 이랑을 만들기 전에 퇴비와 밑거름 비료를 넣는다. 물 빠짐이 좋은 땅은 2줄 재배하고, 물 빠짐이 안 좋은 땅은 1줄 재배한다. 두둑에 비닐을 씌우면 지온이 높아져 활착이 빠르고 잡초 제거와 관수 노력을 줄일 수 있다.

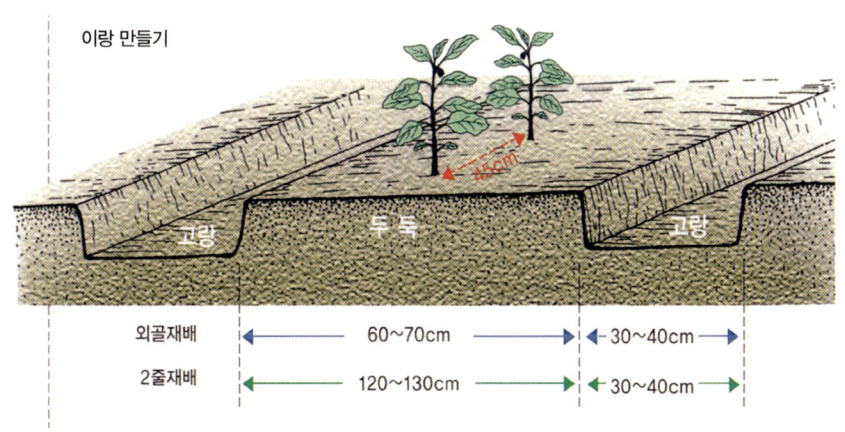

좋은 모종 고르는 법

떡잎이 건강하고 줄기가 굵고 곧으며 색이 짙은 것, 뿌리가 잘 발달해 잔뿌리가 많고 밀생되어 있는 것, 노화되지 않고 병해충 피해가 없는 것, 꽃이 1~2개 피어 있고 꽃이 크며 꽃눈이 많은 것이 아주 심기에 적당한 모종이다. 본잎이 7~8장 될 때까지 두 번 정도 옮겨 심어야 하는데, 그 기간이 70~80일 걸리므로 튼튼한 모종을 구입하는 것이 편하다.

아주 심기

가지의 뿌리는 아랫부분으로 깊게 자라기 때문에 밑거름을 넣어 하층부까지 좋은 토양 상태를 만들어줄 필요가 있다. 모종은 5월 상순에서 중순 사이, 지온이 16~17℃가량 될 때 옮겨 심는 것이 좋다. 식물체가 옆으로 퍼지는 성질이 있으므로 포기 사이 간격은 약간 넓게 하고, 모종 흙 높이보

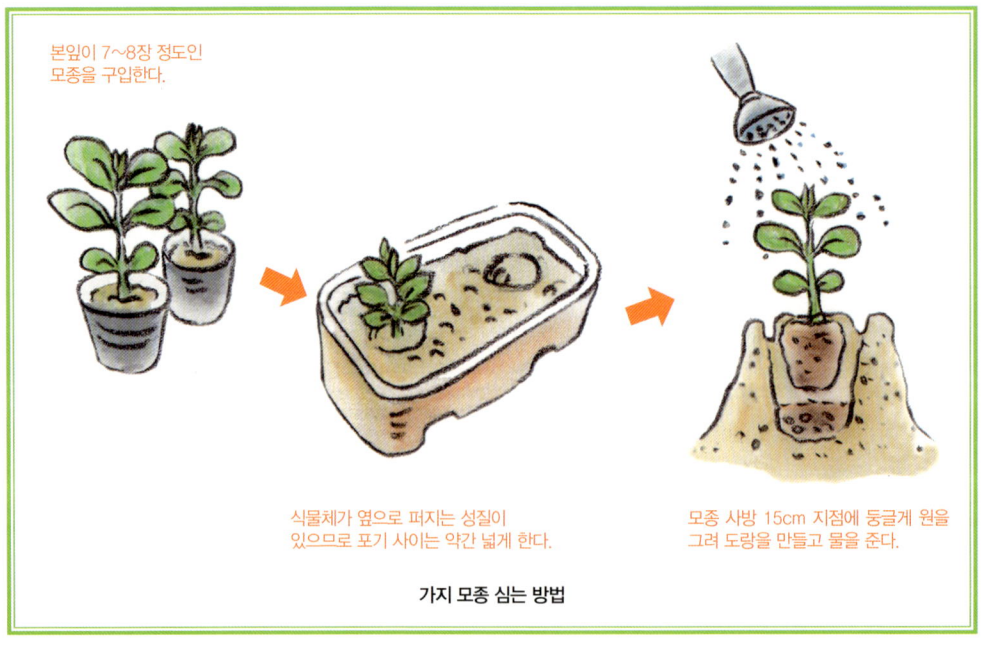

본잎이 7~8장 정도인 모종을 구입한다.

식물체가 옆으로 퍼지는 성질이 있으므로 포기 사이는 약간 넓게 한다.

모종 사방 15cm 지점에 둥글게 원을 그려 도랑을 만들고 물을 준다.

가지 모종 심는 방법

다 얕게 심어야 뿌리 활착이 빠르고 병에 잘 걸리지 않는다. 옮겨 심은 후에는 사방으로 15cm 떨어진 곳에 둥글게 원을 그려 도랑을 만들고 충분히 물을 준다.

거름 총량(g/3.3㎡)
• 요소 : 200~300
• 석회 : 800
• 퇴비 : 3,000
• 용성인비 : 160~250
• 염화가리 : 140~170

거름주기

밑거름은 심기 일주일 전에 준다. 유기질 퇴비와 인산질 비료는 모두 밑거름으로 주고, 질소와 칼륨질 비료는 절반을 웃거름으로 시용한다. 웃거름은 심고 나서 20~25일 간격으로 한 포기 당 10g 정도의 비료를 포기 사이에 흙을 파서 넣어준다.

수확

과실은 개화 후 20~35일 전후면 수확이 가능하다. 이때 과실 무게는

가지 관리 및 수확하기

가지꽃

80~100g 정도다. 수확이 늦어지면 과실이 단단해져 맛이 없어지고 전체 수량이 떨어진다. 수확은 기온이 낮은 오전에 하는 것이 좋은데, 온도가 높을 때 수확하면 가지의 온도가 높아 저장성이 크게 떨어진다. 과실이 상처를 입으면 갈색으로 변색되어 흉해진다. 저장 온도는 10~12℃ 정도가 좋으며 온도가 이보다 낮으면 저온 장애로 과실이 상해 광택이 떨어지고 저장성이 떨어진다.

재배 포인트

첫 번째 꽃 바로 아래의 곁가지 2개를 키우고 나머지 곁가지들은 가급적 일찍 없애준다. 3줄기 가꾸기가 일반적이나, 빽빽하게 심은 경우에는 곁가지 하나만 더 키워 2줄기 가꾸기를 해도 된다. 이후 줄기가 무성해지면 복잡한 줄기는 제거하고 줄기 아래에 붙은 오래된 잎들은 따준다. 자람세를 좋게 하기 위해 줄기 안쪽까지 햇볕이 투과되도록 줄기 배치를 잘 해주어야 한다. 여름철 건조기에는 진딧물이 발생하기 쉬우므로 방제에 주의한다. 특히 수확기에 접어들면서 발생하는 청고병은 주의 깊게 방제해야 한다. 가지는 바람에 넘어지기 쉬우므로 일찍부터 지주를 세워 유인해준다. 물은 일주일에 한 번 정도 땅속 깊이 스며들 정도로 충분히 준다.

가지는 바람에 쉽게 넘어지므로 일찍부터 지주를 세운다.

밭에서 재배할 경우에는 자연 수정되므로 착과제를 사용할 필요가 없지만 실내에서 재배할 경우에는 착과제를 뿌려주어야 착과가 된다. 착과제는 토마토톤 50~60배액을 꽃에 분무한다. 가지는 햇빛이 잘 드는 곳에서 키워야 하고, 웃거름을 적당히 주어 비료가 부족하지 않도록 해야 하며, 건조에 약하므로 물은 충분히 주어야 한다. 영양이 충분할 때는 꽃에서 암술의 길이가 수술들보다 길게 되나, 양분이나 수분이 부족할 경우에는 암술의 길이가 짧아지게 되어 가지를 잘 맺지 못하므로 양분이나 수분을 보충해주어야 한다.

첫 번째 꽃 바로 아래의 곁가지 2개를 키우고 나머지 곁가지들은 가급적 일찍 없애준다.

병해충 방제

잿빛곰팡이병 발병하면 과일을 부패시키며 줄기와 잎에도 생긴다. 환기를 자주해 과습하지 않도록 하고 이프로수화제, 포리옥신수화제, 프로파수화제를 살포한다.

응애 잎 뒷면에 기생하여 흡즙하는데 여름철 가뭄 시 심하게 나타나며, 밀베멕틴유제 테부펜피라드유제 등을 서로 번갈아 일주일 간격으로 살포한다.

진딧물 새잎과 새줄기에 많이 붙어 해를 끼친다. 메소밀수화제, 아시트유제, 포리스유제 등을 교대로 일주일 간격으로 살포하여 방제가 가능하다.

> **Tip 가지의 영양소**
>
> **에너지 19kcal(삶은 것 가식부 100g당)**
>
> 수분 93.3%, 단백질 1.1g, 지질 0.1g, 당질 4.2g, 섬유소 0.6g, 회분 0.4g, 칼슘 13mg, 인 34mg, 철 0.3mg, 나트륨 1mg, 칼륨 240mg, 비타민 A 3R.E, 베타카로틴 15㎕, 비타민 B1 0.05mg, 비타민 B2 0.03mg, 나이아신 0.3mg, 비타민 C 1mg.

(자료: 농촌진흥청 식품성분표)

04 감자

원산지는 남아메리카 칠레 쪽 안데스 산맥의 고원지대이며 우리나라에는 1820~1830년대에 전래된 것으로 추정된다. 품종으로는 1년에 한 번 심는 남작, 수미와 봄가을에 걸쳐 두 번 심을 수 있는 대지, 세풍 등이 있다. 조생종이 재배하기 좋고, 씨감자는 고도가 높은 고랭지에서 생산된 것이 바이러스병이 적어 좋다고 알려져 있다. 대관령에서 보급하는 대표종으로 수확량이 많은 수미, 남작이 무난하다. 차고 서늘한 기후를 좋아해 15~20℃에서 가장 잘 자란다.

밭 만들기

배수가 잘되는 참모래흙에서 가장 잘 자란다. 감자 뿌리는 생육 조건이 좋을 때 폭 60㎝, 깊이 120㎝까지 자라는데, 대개는 깊이 30~40㎝까지 자라는 것이 일반적이다. 초겨울에 미리 밭에 나가 고토석회를 충분히 뿌려두고, 감자를 심기 전에 이랑을 따라 15㎝ 간격으로 깊이 15㎝ 정도의 구덩이를 파서 1㎡당 퇴비 1.5㎏, 복합비료 0.3㎏ 정도를 넣는다. 그 위에 흙을 5㎝ 정도 덮어 비료가 직접 감자에 닿지 않도록 해준다.

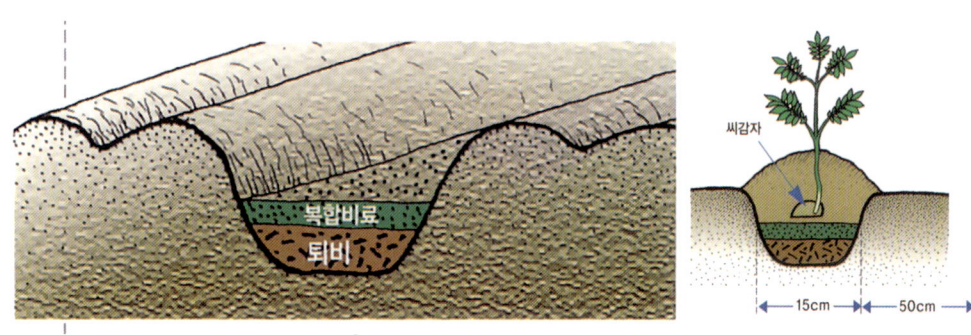

씨감자 준비

씨감자 전용으로 병이 없고 튼튼한 것을 구입해 각 조각에 좋은 싹이 골고루 달리도록 자른다. 씨감자의 크기가 달걀만 하면 2등분하고, 그보다 크면 3~4등분하며, 작으면 그냥 사용한다. 휴면 성질이 있어서 심은 후 잘 자라지 않을 수도 있으므로 휴면이 끝나서 싹이 조금 튼 것이나 눈이 뚜렷한 것을 고른다. 최소 3개 이상의 눈이 있어야 한다.

씨감자

아주 심기

미리 퇴비와 밑거름을 넣어놓은 이랑을 따라 25cm 간격으로 씨감자를 심는데, 심기 전에 물을 충분히 주고 감자의 자른 면이 아래로 향하고 눈이 위로 향하도록 해야 한다. 심고 나서 다시 흙을 6~8cm 정도 덮고 추운지방에서는 그 위에 다시 비닐이나 짚 등으로 덮어준다. 심은 후 보름 정도 지나면 10cm 정도로 자라는데 이때 충실한 싹 하나 내지 둘만 남겨서 키우면 아주 큰 감자를 수확할 수 있다. 너무 빨리 심으면 서리의 피해를 받을 수 있으므로 3월 중순경에 심는 것이 좋다. 재배상자에 심을 때는 배양토를 잘 넣고 한 상자에 씨감자를 2개 정도 심으면 알맞다.

씨감자 심기

시기별 감자 재배 유형

봄 재배	3월 상순에 육아재배해 7월에 수확하는 작형
가을 재배	남부지방에서 8월 중·하순경에 묘상을 설치해 10일 정도 육묘하고 첫서리 전후로 수확하는 작형
여름 재배	강원도 고랭지에서 4월경에 파종해 7~8월에 수확하는 작형(바이러스 피해가 적고 생육이 충실하다)

북주기와 거름주기

10cm 이상 자라면 괭이나 호미 등으로 고랑의 흙을 긁어 감자 주변으로 올려주는 북주기를 하고, 다시 2주 후에 한 번 더 해준다. 한 번 할 때 10cm 정도로 덮어 올려주는 것이 좋다. 북주기는 잡초 제거와 함께 하는 것으로 감자가 햇빛에 녹화되는 것을 막고 흙의 통기성을 좋게 하는 효과가 있다. 토양이 배수가 잘 되지 않을 때는 북주기를 하지 말고 배수로를 깊게 파서 배수가 잘 되도록 해준다.

밑거름은 1㎡ 당 퇴비 1.5kg과 복합비료 0.3kg 정도 뿌린다. 재배상자에는 그 반 정도의 양이면 된다. 싹이 땅 위로 15cm 정도 자랐을 때와 그 후 보름 뒤에 두 번에 걸쳐서 화학비료를 웃거름으로 주는데, 줄기 밑동에서 조금 떨어진 곳에 가볍게 섞어 넣고 물을 주면 된다.

거름 총량(g/3.3㎡)

- 요소 : 60~70
- 용과린 : 150~180
- 염화칼리 : 60~70
- 퇴비 : 6,000~7,000

밑거름으로 복합비료를 주어도 상관없다

감자꽃

수확과 저장

심은 지 3개월~3개월 반 정도 지나 잎과 줄기가 누렇게 변하면 바로 수확한다. 그전에 수확하면 전분 함량이 낮고 잎줄기가 마른 후에도 수확하지 않으면 고온으로 썩기도 한다. 보통 7월 중순경에서 8월 중순경까지 수확하는데, 단 줄기와 잎이 마르고 잡초가 자라나면 수확하기 힘들다는 단점이 있다. 맑은 날을 택해 수확한 후 껍질이 마를 정도로 밭에 두었다가 거두어들인다. 저장할 때는 쌓아놓지 말고 그늘에서 일주일 정도 말려서 상처를 아물게 한 후에 6~8℃, 습도 70~80% 정도에 두면 오래간다. 8℃ 이상에서는 싹이 난다.

웃거름을 포기 사이에 주고
흙을 북돋아준다.

잎과 줄기가 누렇게 변하면
바로 수확한다.

감자 관리 및 수확하기

병해충 방제

바이러스병 잎이 우글쭈글해지거나 불규칙한 연녹색과 진녹색의 무늬가 생긴다. 이를 예방하기 위해서는 우선 건강한 씨감자를 이용해야 하고, 발병한 후에는 델타린유제, 피리모수화제, 이미다클로프리드수화제(입제) 등을 일주일 간격으로 서로 번갈아 살포해 진딧물을 제거한다.

감자역병 20℃ 정도의 서늘한 기후에서 습도가 높을 때 많이 발생한다. 잎 끝, 잎가에 암녹색의 부정형 병반이 생겨 암갈색으로 변한다. 약제는 크게 효과가 없으나 아인산염을 물에 타 주거나 잎에 뿌려주면 효과가 있다.

> **Tip** 감자의 영양소
>
> **에너지 80kcal(가식부 100g당)**
>
> 수분 78.1%, 단백질 1.5g, 지질 0.2g, 당질 18.5g, 섬유소 0.5g, 회분 1.2g, 칼슘 3mg, 인 62mg, 철 1.6mg, 나트륨 3mg, 칼륨 420mg, 비타민 B1 0.17mg, 비타민 B2 0.04mg, 나이아신 1.2mg, 비타민 C 18mg.

(자료: 농촌진흥청 식품성분표)

05
오이

오이의 재배 역사는 3000년 이상 된 것으로 추정된다. 원산지는 인도 서북부 히말라야 지방과 네팔로 알려져 있다. 대륙의 북부와 남부로 각각 전파되어 서로 다른 생태형으로 분화되었다. 우리나라에는 약 1500년 전인 삼국시대에 들어와서 현재 여름 오이와 겨울 오이 품종으로 이용되고 있다. 노지에서 재배할 경우 장마기를 잘 견뎌야 하므로 각종 병에 강하고, 더위에도 강하며, 고온기에 암꽃발생률이 높고, 과실의 형태가 균일해 상품성이 높은 품종을 선택한다.

백다다기

가시오이

취청오이

백다다기 경기도를 비롯한 중부지방에서 주로 재배하는 반백계 품종으로 취청오이에 비해 저온에 견디는 성질은 약하지만 고온에는 비교적 강한 편이어서 봄가을 재배에 적합하다. 과실의 어깨 부위는 녹색이지만 중간부터 흰색 내지 옅은 녹색을 띠는 반백색이고 길이는 20~23cm 정도다. 흑침(오이 표면의 혹에 침이 붙어 있는데 그 색깔에 따라 흑침과 백침으로 나뉜다)이 대부분이지만 근래에 백침계 품종들이 많이 개발되어 있다. 흑침계 반백오이가 유통 중에 과피 색이 누렇게 변하기 쉬운 데 비해 백침계 오이는 쉽게 변색되지 않는 장점이 있다.

가시오이 주로 경남지방에서 한여름에 재배하는 흑진주계, 사엽계, 삼척계 오이로 과실의 표면에 주름이 심하고 길이가 30~35cm로 긴 것이 특징이다.

취청오이 호남지방에서 주로 겨울철에 재배하는 청장계 또는 낙합계 오이로 과실의 색이 청록색이고 흑침이며, 길이는 25~30cm 정도다.

일반적인 재배력

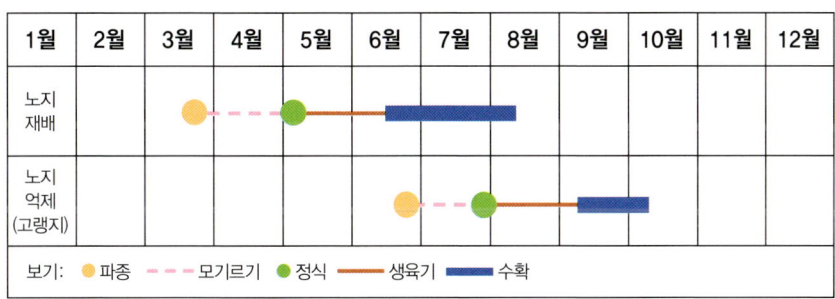

밭 만들기

유기물이 풍부하고 물 빠짐이 좋은 식양토가 적합하다. 비교적 약한 광에서도 잘 자라지만 일조가 너무 부족하면 기형과의 발생이 증가할 수 있다. 뿌리가 얕게 분포하므로 유기물을 충분히 시용하는 것이 좋다. 모종을 심기 2주 전에 밑거름을 주고 밭을 잘 갈아놓는다. 밑거름 양은 밭 3.3 m^2당 퇴비 8 ㎏, 석회 300g, 복합비료 300g 정도가 적당하다.

이랑의 넓이를 60~80㎝로 해서 한 줄로 심거나, 160㎝로 해서 두 줄로 심는다. 이랑의 높이는 물이 잘 안 빠지는 곳은 20㎝ 이상으로 해서 장마 때 물에 잠기는 것을 막고, 배수가 잘 되는 곳은 15㎝ 정도로 한다. 물이 잘 안 빠지는 곳은 이랑을 한 줄로 만든다. 두둑에 비닐을 씌우면 지온이 높아져 활착이 빠르고 잡초가 생기는 것을 방지할 수 있다.

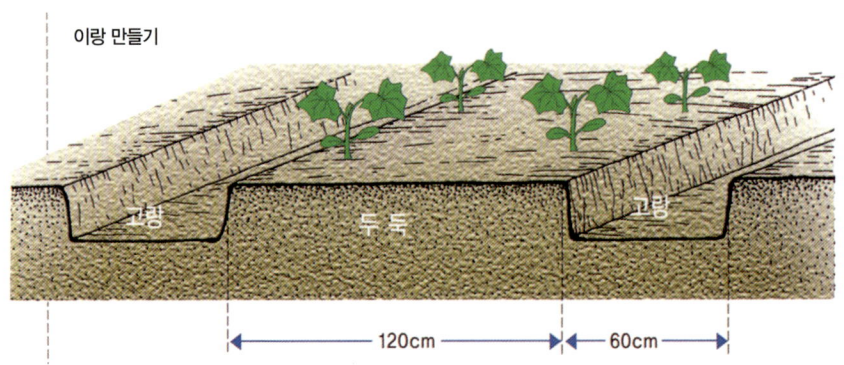

이랑 만들기

모종 기르기

오이는 옮겨 심을 때까지의 기간이 30일 이내로 짧은 반면 모종을 제대로 관리하기는 굉장히 까다롭다. 파종은 3~4㎝ 간격으로 손가락으로 자국을 낸 자리에 씨를 한 알씩 떨어트리고 1㎝ 정도의 두께로 흙을 덮은 후 손바닥으로 가볍게 눌러준다. 씨앗이 토양 위로 올라오지 않도록 주의하며 충분히 물을 준다. 온도가 맞지 않거나 물을 과하게 주면 쉽게 웃자라고 연약해져 병이 잘 생기는 등 모종을 튼튼하게 키우기는 상당히 어렵다. 그래서 오이는 모종 키우기가 가장 어렵다고 알려진 작물이다. 시중에서 파는 모종은 대부분 호박 뿌리로 접목을 한 것이기 때문에 병에도 강하고 잘 자란다. 줄기가 곧고 웃자라지 않은 것, 뿌리가 잘 발달해 잔뿌리가 많고 밀생되어 있는 것, 노화되지 않고 병해충 피해가 없는 것, 본잎이 3~4장 전개된 것, 잎이 햇빛을 잘 받도록 전개된 것이 좋은 모종이다.

아주 심기

땅의 온도가 최소 15℃ 이상 되어야 활착이 잘 되므로 바람이 없는 맑은 날을 택해 심는다. 직접 파종하지 않고 모종 상태로 옮겨 심을 경우에는 늦서리의 우려가 완전히 없어지는 5월 상순에서 중순 사이가 적합하다. 늦서리(만상)가 끝나고 바로 심으면 좋은데 대개 남부지방은 5월 상순, 중부지방은 5월 중순경이 좋다.

심기 전날 모종에 물을 충분히 주어 포트에서 빼낼 때 뿌리를 감싸고 있는 흙이 부서지지 않도록 한다. 심기 전에 먼저 구덩이를 파 물을 듬뿍 주고 40~50cm 간격으로 심은 뒤에 모종 사방으로 15cm 떨어진 곳에 손가락으로 둥근 원을 그려 도랑을 만들고 다시 충분히 물을 준다. 물을 준 후에는 반드시 흙으로 덮어준 다음 모종을 심어야 한다. 오이의 뿌리는 재생력이 약해 옮겨 심을 때 몸살을 앓기 쉬우므로 튼튼한 모종을 사용한다. 모종 흙 높이가 지면보다 다소 높거나 같은 깊이로 심는다. 접목 모종을 너무

오이 모종 옮겨심기

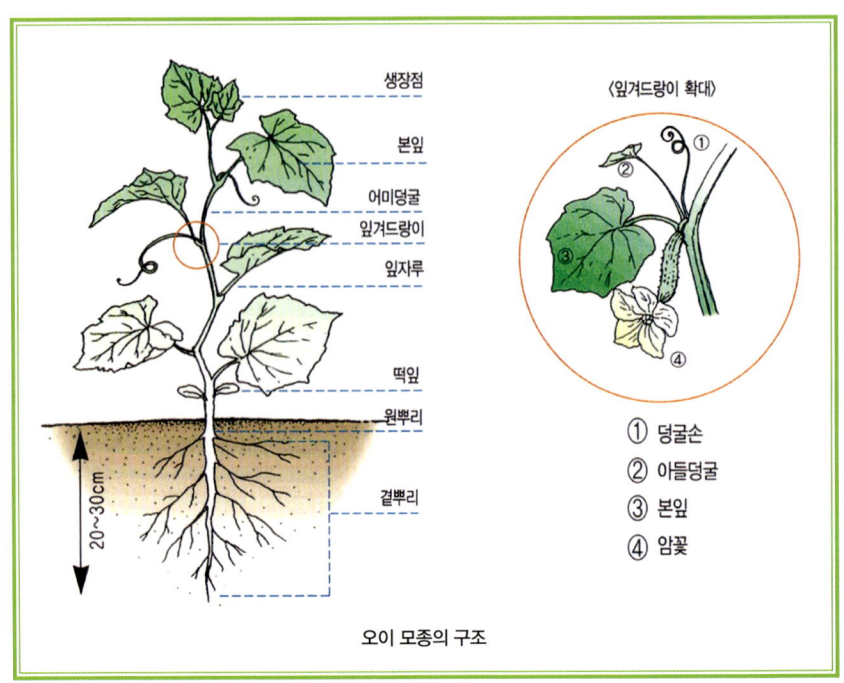

오이 모종의 구조

깊게 심으면 접목 부분에 병이 발생하기 쉽다. 오후 4시 이전에 심는 작업을 완료한다.

줄기 유인과 거름주기

청장계와 다다기는 어미덩굴을 기르고 아들덩굴은 2~3마디에서 순지르기 한다. 흑진주와 삼척계는 어미덩굴의 20~25마디에서 순지르기 하고 주로 아들덩굴을 키워 수확하는데, 지주는 X자형으로 세우고 오이망을 쳐서 유인한다.

줄기 아랫부분의 늙은 잎부터 따주고, 과실 1개를 수확하면 1~2개의 잎을 제거한다. 물은 소량씩 여러 번 주는 것을 원칙으로 하고, 저온기에는 5~7일 간격, 고온기에는 2~3일 간격으로 준

거름 총량(g/3.3㎡)
- 요소 : 173
- 용과린 : 197
- 염화가리 : 123
- 퇴비 : 10,000
- 석회 : 670

다. 오이는 생육이 빨라 양분의 흡수량도 많으므로 비료가 부족하지 않도록 웃거름을 주는 것이 중요하다. 아주 심기 한 후 1개월 정도 지나 첫 번째 암꽃의 과실이 비대하는 시기에 1차 웃거름을 주고 5일 간격으로 한 번씩 웃거름을 준다. 웃거름은 포기 사이에 흙을 파서 넣어주면 된다. 강한 햇빛을 좋아하는 작물이기 때문에 일조량이 부족하면 생육이 현저히 나빠진다.

오이 착과

수확

무게 150g 내외, 길이 20~25㎝ 정도 크기로 자라면 수확한다. 보통 꽃이 핀 후 20일 내외면 수확할 수 있으며, 생육이 왕성할 때는 12~13일 정도면 수확할 수 있다. 초여름에는 생장이 빨라 파종 후 45일이면 수확할 수 있다. 오전 중에 수확하는 것이 신선도를 오래 유지하는 방법이다.

재배 포인트

햇빛을 잘 받아야 한다. 물을 많이 필요로 하면서도 뿌리에 물이 차는 것은 싫어하므로 보수성이 좋으면서 배수도 잘 되는 토양이 좋다. 오이 뿌리는 산소를 좋아하기 때문에 퇴비를 많이 넣은 후 깊게 갈아 토양 속에서 공기가 잘 통하게 하는 것이 매우 중요하다. 줄기를 타고 높이 올라가며 무성하게 자라기 때문에 집 안에서 여러 포기를 키우기는 힘들다.

병해충 방제

노균병 잎의 앞면에 옅은 황색 반점이 생기다가 점점 커진다. 환기를 철저히 하고, 지속적으로 웃거름을 주며, 노균병 등록약제를 사용한다.

오이 관리 및 수확하기

흰가루병 잎에 작은 흰색가루가 점점이 형성되면서 번진다. 질소질 비료의 과용을 피하고, 흰가루병 등록약제를 사용한다.

응애 잎 뒷면에 기생하며 흡즙하는데 여름철 가뭄 시 심하게 나타나며 응애약으로 방제 가능하다.

진딧물 새잎과 새줄기에 많이 붙어 해를 끼치는데 진딧물약제로 방제 가능하다.

아메리카잎굴파리 애벌레가 잎 조직 내에서 구불구불하게 굴을 파기 때문에 잎에 흰색의 줄무늬가 형성된다. 아메리카잎굴파리 등록약제를 살포한다.

> **Tip 오이의 영양소**
>
>
>
> **에너지 12kcal(가식부 100g당)**
>
> 수분 95.5%, 단백질 0.9g, 지질 0.1g, 당질 2.4g, 섬유소 0.5g, 회분 0.6g, 칼슘 24mg, 인 19mg, 철 0.2mg, 나트륨 6mg, 칼륨 140mg, 비타민 A 21R.E, 베타카로틴 125㎕, 비타민 B1 0.05mg, 비타민 B2 0.04mg, 나이아신 0.2mg, 비타민 C 11mg.

(자료: 농촌진흥청 식품성분표)

06
호박

호박의 원산지는 멕시코를 중심으로 한 아메리카 대륙이다. 우리나라에는 임진왜란 이후인 1600년대 초에 도입되었고, 크게 동양종 호박, 서양종 호박, 페포종 호박 세 가지 계통이 재배되고 있다. 주위에서 가장 흔하게 심는 풋호박, 애호박 등 조선호박은 동양종 호박, 1920년대 이후 도입되어 밤호박, 단호박이라 불리는 서양종 호박, 그리고 1955년에 도입되어 중국 음식에 많이 들어가는 주키니 호박은 페포종(계) 호박이다. 주키니 호박은 맛이 떨어지는 반면 겨울철 재배에 적합해 겨울에는 값싸게 많이 나오지

페포종 주키니 호박

풋호박

애호박

서양계 단밤호박

만 여름에는 잘 자라지 못해 오히려 값이 비싸진다. 노지재배는 주로 장마기와 만나게 되므로 각종 병에 강하고 내서성이 우수한 품종을 선택한다.

일반적인 재배력

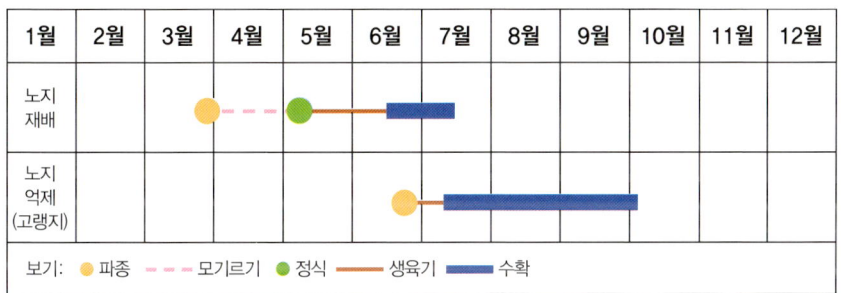

밭 만들기

비교적 토질을 가리지 않으며 다른 박과류 채소에 비해 뿌리 발달이 왕성하다. 이랑을 만들기 전에 퇴비와 밑거름 비료를 넣는다. 재배 형태에 따라서 두둑과 고랑 폭을 결정하고, 아주 심기 전에 모종을 심을 구덩이를 파고 미리 물을 흠뻑 주면 초기 생육이 좋아진다. 두둑에 비닐을 씌우면 지온이 높아져 활착이 빠르고 잡초가 생기는 것을 방지할 수 있다.

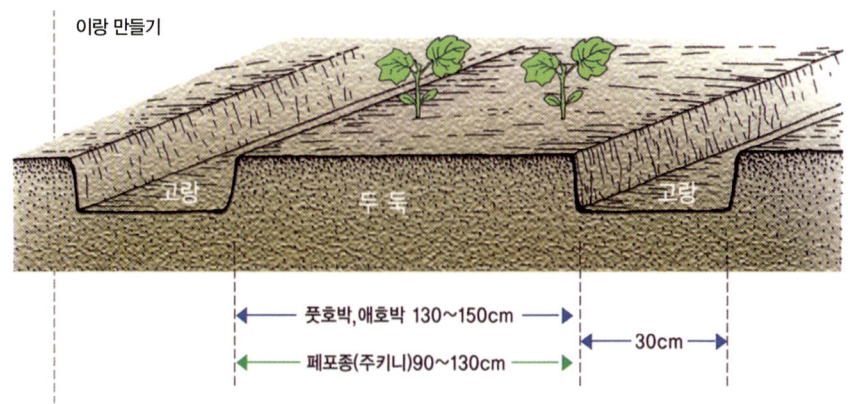

모종 기르기와 좋은 모종 고르는 법

육묘 기간이 짧은 편이므로 재배상자에서 모종을 키울 경우에는 파종 후 30일 정도 되어 본잎이 3~4장일 때 아주 심기 한다. 육묘 중에 너무 습도가 높으면 웃자랄 우려가 있고, 너무 건조하면 2~3마디의 아들덩굴이 자라지 않게 되므로 물을 알맞게 주어야 한다.

아주 심기 5~7일 전부터는 온도를 낮추고 물 주는 양도 줄여서 모종을 경화시켜야 좋다. 모종을 구입해 사용할 경우에는 줄기가 곧고 웃자라지 않은 것, 뿌리가 잘 발달해 잔뿌리가 많고 밀생되어 있는 것, 노화되지 않고 병해충 피해가 없는 것, 본잎이 3~4장 전개된 것, 잎이 햇빛을 잘 받도록 전개된 것을 고른다.

거름주기

인산, 퇴비, 고토석회는 이랑을 만들기 전에 전량을 넣는다. 질소와 칼륨질 비료는 요소와 염화칼륨을 $3.3m^2$ 당 각각 58g, 22g만 이랑을 만들기 전에 미리 넣고, 나머지는 3등분해 아주 심기 후 나누어서 준다. 아주 심기 후

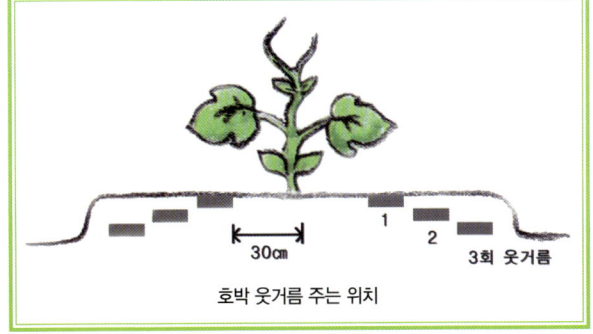

거름 총량(g/3.3㎡)
- 요소 : 145
- 용과린 : 222
- 염화가리 : 55
- 퇴비 : 6,700
- 석회 : 500

밑거름으로 복합비료를 주어도 상관없다

호박 웃거름 주는 위치

에 주는 비료는 처음에는 모종에서 30㎝ 떨어진 곳에 주고 점차 모종에서 멀어지면서 준다.

아주 심기

수확하는 열매의 수가 많으므로 밑거름은 많이 줄수록 유리하다. 그러나 질소질이 지나치면 오히려 생리적인 낙과 현상으로 과실이 안 달릴 수 있으므로 주의해야 한다.

모종은 5월 상순에서 중순 사이, 지온이 16~17℃가량 될 때 옮겨 심는 것이 좋다. 식물체가 옆으로 퍼지는 성질이 있으므로 포기 사이 간격은 약간 넓게 심는다. 모종 흙 높이가 지면보다 다소 높거나 같은 깊이로 심는다. 모종 주위에 흙을 잘 덮어서 모종이 마르는 것을 방지하되, 모종을 눌러 심어서는 안 된다. 옮겨 심은 후에는 사방으로 15㎝ 떨어진 곳에 둥글게 원을 그려 도랑을 만들고 충분히 물을 준다.

밤호박의 줄기 유인

어미덩굴은 5마디에서 순지르기 한다. 어미덩굴의 3~4마디에서 나오는 아들덩굴을 2~3개 기르고 나머지 곁가지는 제거한다.

밤호박의 줄기 유인 방법

수확

애호박이나 풋호박은 보통 개화 후 7~10일이면 수확하고, 늙은호박으로 이용할 때는 개화 후 50~60일 정도 지나 수확한다. 서양호박인 밤호박 계통은 개화 후 35~40일경에 수확한다.

재배 포인트

햇빛이 잘 드는 곳에서 키워야 한다. 밑거름과 웃거름을 충분히 주면 더 잘 자란다. 병에는 비교적 강한 편이나 습도가 높고 통풍이 잘 안 될 때 흰가루병과 바이러스에 잘 걸리므로 주의한다. 또 진딧물이 생기면 바이러스에 잘 걸리므로 진딧물이 붙어살지 못하도록 한다. 인공수분이 필요한 경우

에는 암꽃 개화 당일 붓이나 손으로 수꽃의 꽃가루를 암꽃에 묻혀주거나 토마토톤 10배액을 암꽃에 분무하면 된다. 밤호박을 제외하고는 일반적으로 가지고르기는 필요 없으나, 초기에 순지르기를 하여 곁가지를 키우면 암꽃이 더 많이 피게 되어 과실이 더 달릴 수 있다.

병해충 방제

노균병 잎의 앞면에 엷은 황색의 반점이 생기다가 점점 커진다. 환기를 철저히 하고, 지속적으로 덧거름을 주고, 노균병 등록약제로 방제한다.

흰가루병 잎에 작은 흰색가루가 점점이 형성되어 번진다. 질소질 비료 과용을 피하고, 흰가루병 등록약제로 방제한다.

응애 잎 뒷면에 기생하여 흡즙하며 여름철 가뭄 시 심하게 나타나는데 응애약으로 방제 가능하다.

진딧물 새잎과 새줄기에 많이 붙어 해를 끼치는데 진딧물약제로 방제 가능하다.

> **Tip 호박의 영양소**
>
> **에너지 27kcal(늙은호박 가식부 100g당)**
> 수분 91%, 단백질 0.9g, 지질 0.1g, 당질 6.7g, 섬유소 0.8g, 회분 0.5g, 칼슘 28mg, 인 30mg, 철 0.8mg, 나트륨 1mg, 칼륨 334mg, 비타민 A 119R.E, 베타카로틴 712㎍, 비타민 B1 0.04mg, 비타민 B2 0.04mg, 나이아신 0.5mg, 비타민 C 15mg.
>
> (자료: 농촌진흥청 식품성분표)

07 수박

수박의 원산지는 남아프리카로 알려져 있다. 이집트에서는 기원전 2560년 경의 벽화에서 재배한 것이 확인되었고 유럽으로 전해진 것은 16세기 이후다. 아시아에는 중앙아시아를 가로지르는 실크로드를 통해 이미 10세기경에 몽고에까지 전파되었다. 우리나라에는 고려시대 때 몽고로부터 들어온 것으로 추정되며, 조선시대에는 이미 재배가 일반화되어 신사임당의 '초충도(草蟲圖)'에 수박의 형태가 정확히 그려져 있는 것을 볼 수 있다.

세계적으로 다양한 모양과 색상을 지닌 수박 품종들이 있지만 우리나라에서는 겉은 호피무늬이고 속은 붉은색인 품종만 애용되고 있다. 크게 대과종 품종과 소과종(복수박) 품종으로 나뉘며, 주로 대과종 품종 위주로 소비된다. 노지재배는 장마기와 만나게 되므로 각종 병과 더위에 잘 견디며, 강한 직사광선에서도 육질이 변하지 않는 품종을 선택하는 것이 중요하다.

일반적인 재배력

1월	2월	3월	4월	5월	6월	7월	8월	9월	10월	11월	12월
봄재배				● --- ●	━━━━	━━━	▬▬▬				
여름재배					● --- ●	━━━	━━━	▬▬▬			

보기: ● 파종 --- 모기르기 ● 정식 ━━ 생육기 ▬▬ 수확

밭 만들기

수박은 습해에 약하므로 토심이 깊고 물 빠짐이 좋은 토양이 좋다. 풍부한 햇볕을 필요로 하며 이어짓기 하지 않는 것이 좋다. 이랑을 만들기 전에 퇴비와 밑거름 비료를 넣는다. 두둑의 중앙을 높게 하여 물 빠짐이 좋도록 한다. 두둑에 비닐을 씌우면 지온이 높아져 활착이 빠르고 잡초가 생기는

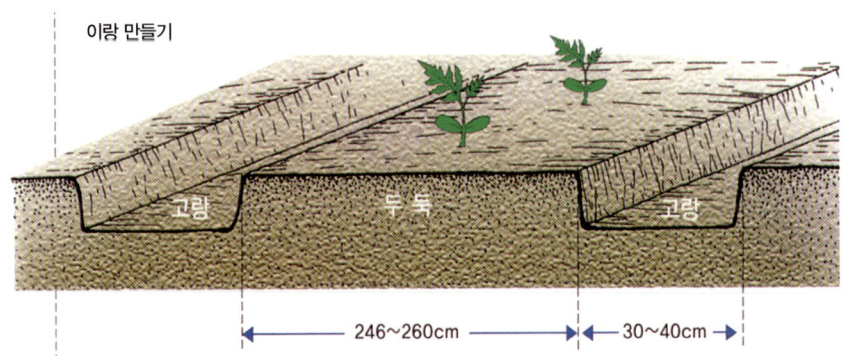

이랑 만들기

고랑   두둑   고랑

246~260cm   30~40cm

것을 방지할 수 있다.

아주 심기

퇴비 같은 유기질비료를 밑거름으로 많이 주어야 맛있는 수박을 생산할 수 있다. 퇴비는 기후 변화에 덜 좌우되어 비료의 효과를 오랫동안 유지시켜주기 때문이다. 모종은 5월 상순에서 중순 사이, 지온이 16~17℃가량 될 때 옮겨 심는 것이 좋다. 식물체가 옆으로 퍼지는 성질이 있으므로 포기 사이 간격을 약간 넓게 심는다. 모종 흙 높이보다 낮게 심어야 뿌리 활착이 빠르고 병에 잘 걸리지 않는다. 또한 옮겨 심은 후에는 사방으로 15cm 떨어진 곳에 둥글게 원을 그려 도랑을 만들고 충분히 물을 주어 시들지 않도록 한다.

수박 모종을 밭에 아주 심기한 모습

거름 총량(g/3.3㎡)
• 요소 : 143
• 용과린 : 83
• 염화가리 : 67
• 퇴비 : 5,000
• 석회 : 670

거름주기

밑거름은 심기 10~15일 전에 준다. 유기질퇴비와 인산질 비료는 모두 밑거름으로 주고, 질소와 칼륨질 비료는 $3.3m^2$당 각각 27g, 21g을 밑거름으로 나머지는 웃거름으로 사용한다. 웃거름은 심고 나서 20~25일 간격으로 포기 사이에 흙을 파서 준다.

가지고르기

수박은 품종에 따라서 다르지만 대부분 어미덩굴(원가지)이나 아들덩굴(곁가지)의 6~8마디에서 첫 번째 암꽃이 피고(그 이전 마디에서는 수꽃이 핀다), 그 이후 환경에 따라 5~8마디마다 하나씩 암꽃이 핀다. 일반적으로 이른 마디에서 착과된 과실은 품질이 나쁘고 과형도 고르지 못한 경우가 많기 때문에 암꽃의 착과는 최소한 15마디 이후에 되도록 한다. 덩굴의 길이로는 1.5m 전후가 적당하다. 대개 한 포기당 3가지를 키워서 과실을 하나 또는 두 개 수확한다. 어미덩굴과 아들덩굴 두 개를 키우는 것이

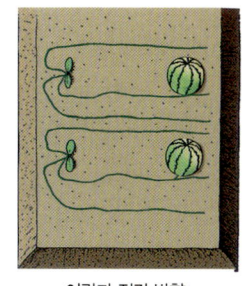
이랑과 직각 방향

이랑 방향

수박 가지를 유인하는 두 가지 방법

쉬운 방법으로, 아들덩굴 둘을 제외하고 나머지는 바로바로 제거해준다. 아들덩굴에서 나오는 곁가지도 원하는 과실을 착과시킬 때까지는 없애주어야 암꽃이 충실해지고 착과도 잘 된다.

수확

보통 암꽃이 피어 착과된 후 35~40일이면 적당한 성숙과가 되므로 가

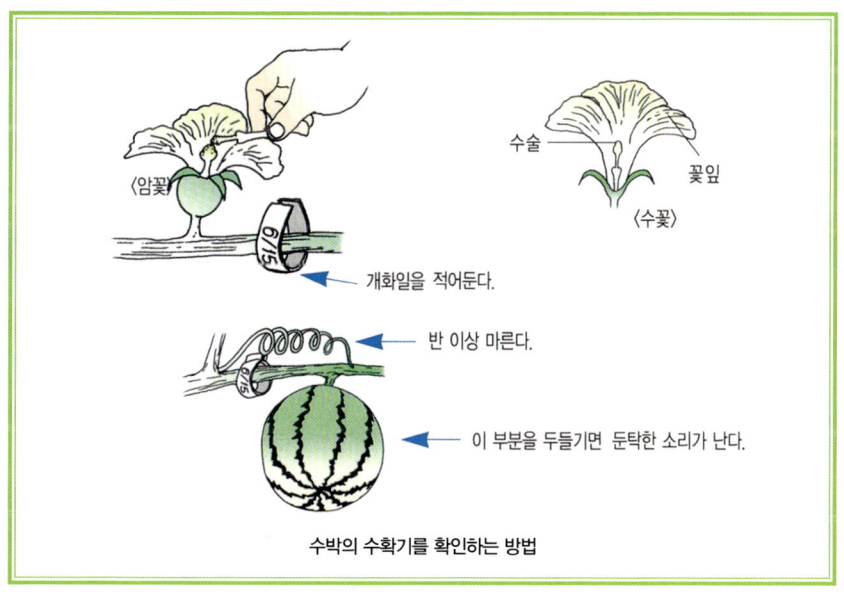

수박의 수확기를 확인하는 방법

수박꽃

장 좋은 방법은 암꽃이 핀 날짜를 알아두고 계산해 수확하는 것이다. 무등산수박과 같은 만생종은 45~50일이 되어야 한다. 소리로 판별하는 것은 쉽지 않으나, 대개 미숙한 것은 '깡깡' 하는 금속음 비슷한 소리가 나고, 성숙한 것은 '통통' 하는 탁음이 난다. 그러나 지나치게 낮은 탁음이 나는 경우에는 속이 상했을 가능성이 크다. 온도, 햇빛, 수분 등의 환경이 불량했거나 지나치게 익었기 때문이다.

재배 포인트

햇빛이 잘 드는 곳에서 키워야 한다. 곁가지는 두 개만 남기고 빨리 없애주고 원가지를 포함한 3가지를 튼튼하게 키운다. 웃거름은 착과 안정을 위해 생육 초기에는 가급적 억제하고, 착과 후에 한 포기에 50~60g씩 두 번 정도를 보름 간격으로 주어서 과실이 잘 비대할 수 있도록 한다. 또한 수박은 건조에 비교적 강한 작물로 아주 심기 할 때 충분히 물을 주고 착과 전

> **Tip 잎의 수와 과실의 성장**
>
> 과실이 큰다는 것은 잎이라는 광합성 공장에서 햇빛을 에너지로 하고 물과 이산화탄소를 원료로 만들어낸 탄수화물을 옮겨 와서 축적하는 과정이다. 따라서 과실의 생장은 잎의 수와 밀접한 관계가 있다. 풋과실을 따는 작물에서 잎의 수가 부족할 경우에는 아주 심기 직후인 생육 초기를 제외하고 거의 없지만, 덩치가 크고 완숙된 과실을 필요로 할 경우에는 문제가 나타날 수 있다. 수박의 경우에는 대개 과실 하나를 제대로 키우기 위해 약 40장의 잎이 필요하다. 따라서 너무 이르게 착과된 과실은 가능한 한 일찍 따버려야 한다.

까지는 특별히 관수할 필요가 없다. 단지 너무 건조할 때 피해를 받지 않도록 관리하며, 초세가 약해 줄기가 가늘고 줄기 끝 쪽에 꽃이 달릴 때는 땅속 깊이 물이 스며들도록 한 번에 충분히 관수해주어야 한다.

병해충 방제

탄저병 저온과 강우 지속 시에 많이 발생하며, 잎, 어린 덩굴, 과일 등에 둥근 암갈색의 병반이 생기고 동심원 모양으로 점차 커져간다. 질소질 비료의 과다 시용을 피하고, 식물체와 토양의 직접적인 접촉을 피한다. 다이센엠45, 산도판에이, 안트라콜, 신바람, 리도밀큐 등을 살포한다.

역병 어린 모종, 덩굴, 과일에 발생하며 암갈색의 기름에 데친 모양에서 연화해 부패하고, 특히 여름 강우기 때 많이 발생한다. 배수가 잘 되게 배수로를 정비하고 질소질 비료의 과다 시용을 삼가며, 덩굴이 직접 흙과 닿지 않도록 한다. 산도판에이, 리도밀큐 등을 살포한다.

응애 잎 뒷면에 기생하여 흡즙하는데 여름철 가뭄 시 심하게 나타나며 응애약으로 방제 가능하다.

진딧물 새잎과 새줄기에 많이 붙어 피해를 끼치는데 진딧물약제로 방제 가능하다.

Tip 수박의 영양소

에너지 31kcal(가식부 100g당)
수분 91%, 단백질 0.7g, 지질 0.1g, 당질 7.8g, 섬유소 0.1g, 회분 0.3g, 칼슘 6mg, 인 11mg, 철 0.2mg, 나트륨 1mg, 칼륨 139mg, 비타민 A 28R.E, 베타카로틴 165㎍, 비타민 B1 0.06mg, 비타민 B2 0.02mg, 나이아신 0.2mg, 비타민 C 6mg.

(자료: 농촌진흥청 식품성분표)

08 참외

개구리참외

참외는 멜론류의 한 변종으로 중국을 비롯한 동양에서 재배된다. 멜론류의 원산지는 아프리카 서부 니제르강 유역으로 알려져 있다. 동부아시아에는 다른 작물과 같이 중동이나 인도 북부에서 실크로드를 따라 전래된 것으로 추정되며, 우리나라에서는 삼국시대 이전부터 박, 오이, 가지 등과 함께 채소로 이용한 것으로 추정된다.

과거 우리나라에서는 개구리참외라고 불리는 성환참외 품종을 가장 많이 재배했지만 이후 일본에서 껍질이 노란 은천계 품종이 들어와 여러 품종이 육성되었고, 현재는 1980년대 중반 개발한 금싸라기은천 계통이 주종을 이루고 있다. 일본에서는 멜론이 육성되면서 은천참외는 거의 사라져 현재는 재배하지 않는다. 노지재배는 주로 장마기와 만나게 되므로 각종 병에 강하고 내서성이 우수한 품종을 선택한다.

일반적인 재배력

1월	2월	3월	4월	5월	6월	7월	8월	9월	10월	11월	12월
노지재배			●	●	───	───	▬▬▬				

보기: ● 파종 --- 모기르기 ● 정식 ─── 생육기 ▬▬▬ 수확

밭 만들기

유기물이 풍부하고 물 빠짐이 좋은 식양토가 좋다. 뿌리가 얕게 분포하므로 유기물을 충분히 시용해야 한다. 이랑을 만들기 전에 퇴비와 비료를 미리 넣는다. 아주 심기 전에 모종을 심을 구덩이를 파고 미리 물을 흠뻑

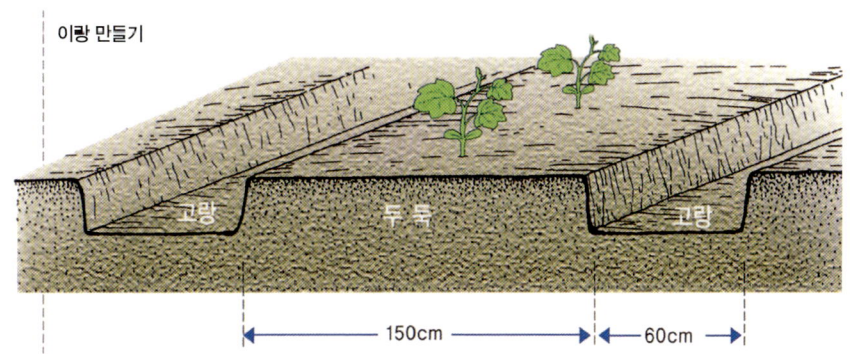

주면 초기 생육이 좋아진다. 두둑에 비닐을 씌우면 지온이 높아져 활착이 빠르고 잡초가 생기는 것을 방지할 수 있다.

모종 기르기와 좋은 모종 고르는 법

오이 등 다른 과채류와 동일하며, 접목재배도 일반적이다. 모종을 구입할 경우에는 줄기가 곧고 웃자라지 않은 것, 뿌리가 잘 발달해 잔뿌리가 많고 밀생되어 있는 것, 노화되지 않고 병해충 피해가 없는 것, 본잎이 3~4장 전개된 것, 잎이 햇빛을 잘 받도록 전개된 것을 선택한다.

아주 심기

밑거름이 너무 많을 때, 특히 질소질이 많을 때는 생육 초기의 영양 과다로 인해 초세가 무성해져 착과가 잘 안 될 수 있다. 최근에 많이 개발된 완효성 복합비료는 필요한 전량을 밑거름으로 줘도 비료 성분이 서서히 녹아 나오므로 효과적이다.

모종은 5월 상순에서 중순 사이, 지온이 16~17℃가량 될 때 옮겨 심는

참외꽃

식물체가 옆으로 퍼지는 성질이 있으므로
포기 사이 간격은 약간 넓게 심는다.

것이 좋다. 식물체가 옆으로 퍼지는 성질이 있으므로 포기 사이 간격은 약간 넓게 심는다. 모종 흙 높이가 지면보다 다소 높거나 같은 깊이로 심는다. 모종과 땅의 흙 사이를 잘 채워 모종이 마르는 것을 방지하되, 모종을 눌러 심어서는 안 된다. 옮겨 심은 후에는 사방으로 15㎝ 떨어진 곳에 둥글게 원을 그려 도랑을 만들고 충분히 물을 준다.

거름주기

인산, 퇴비, 고토석회는 이랑을 만들기 전에 전량 넣는다. 질소와 칼륨질 비료는 전체 소요량의 2분의 1에서 3분의 2를 이랑을 만들기 전에 넣고 나머지는 아주 심기 후 몇 차례 나누어서 준다. 한 번 줄 때 3.3㎡당 질소 10g(요소비료는 20g), 칼륨 7g을 초과하지 않아야 한다.

거름 총량(g/3.3㎡)
• 요소 : 180
• 용과린 : 130
• 염화가리 : 83
• 퇴비 : 10,000~17,000
• 고토석회 : 22~333
밑거름으로 복합비료를 주어도 상관없다

가지고르기

손자덩굴에 착과시키기 위해서는 가지를 정리해주어야 한다. 먼저 떡잎은 세지 말고 본잎이 4~5장 이상 보일 때 어미덩굴 끝을 잘라준다. 어미덩굴 각 마디에서 곁가지가 나오게 되는데 그 아들덩굴 중 실한 2~3개를 남기고 없애준다. 또 양쪽의 아들덩굴에서 나오는 곁가지(손자덩굴) 중 처음 4~5마디의 것을 가급적 빨리 없애고 그 다음 마디부터 나오는 손자덩굴을 주시해야 한다. 대개 첫 마디에서 암꽃이 피는데 반드시 착과시켜야 한다. 아들덩굴 하나당 3~4개의 손자덩굴에서 착과시키는 것이 이상적이다. 그 이후에 나오는 곁가지들도 역시 없애주어야 착과된 과실이 빨리 큰다. 그리고 아들덩굴을 15~18마디에서 끝을 잘라주면 좋다. 잎이 너무 많으면 참외의 크기나 수가 줄어들기 때문이다.

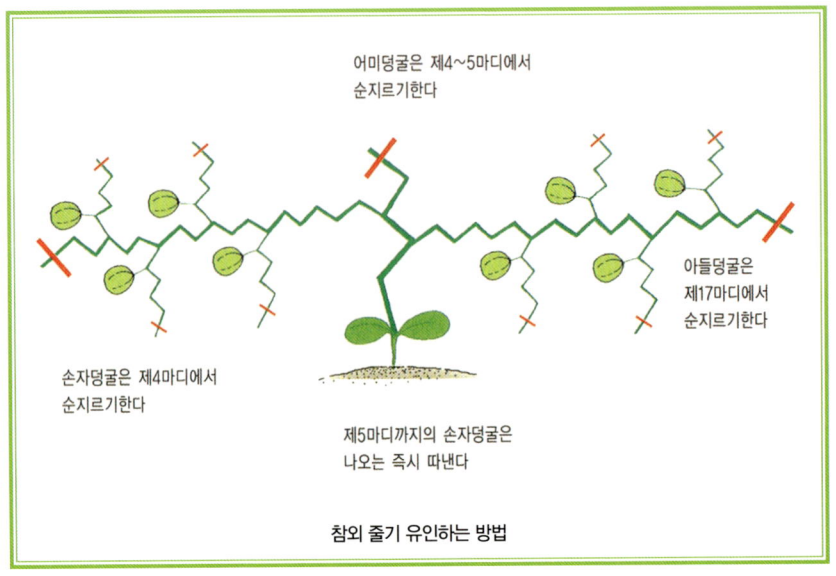

수확

여름에는 보통 암꽃이 피고 30일 정도면 완전히 익는다. 외관으로 판단하려면 껍질의 색이 노랗게 되어야 함은 물론이고, 골의 색이 녹색기가 없어지고 하얗게 되면 완전히 익은 것으로 본다.

재배 포인트

햇빛이 잘 드는 곳에서 키워야 한다. 밑거름보다는 웃거름을 적당히 주어 비료가 부족하지 않도록 해야 한다. 건조에 강한 편이므로 다소 건조한 듯이 관리하는 편이 좋다. 착과는 반드시 손자덩굴에 맺도록 일찍이 어미덩굴의 순을 잘라주고 아들덩굴에서도 4~5마디에서 나오는 곁가지(손자덩굴)를 제거해 다음 손자덩굴의 암꽃을 잘 키워야 한다. 질소 비료를 너무 많이 주면 참외의 속이 곪는 발효과가 생길 수 있으므로 주의해야 한다. 과실이 다 크고 익기 시작한 뒤에는 가급적 물과 비료가 흡수되지 않아야 당도가 높아진다.

병해충 방제

노균병 잎의 앞면에 옅은 황색 반점이 생기다가 점점 커진다. 환기를 철저히 하고, 지속적으로 덧거름을 주어야 한다. 노균병 등록약제를 사용한다.

흰가루병 잎에 작은 흰색가루가 점점이 형성되어 번진다. 질소질 비료의 과용을 피하고, 흰가루병 등록약제를 사용한다.

응애 잎 뒷면에 기생하여 흡즙하는데 여름철 가뭄 시 심하게 나타나며 응애약으로 방제 가능하다.

진딧물 새잎과 새줄기에 많이 붙어 해를 끼치는데 진딧물약제로 방제 가능하다.

> **Tip 참외의 영양소**
>
> **에너지 31kcal(가식부 100g당)**
> 수분 90.6%, 단백질 1g, 지질 0.1g, 당질 7.3g, 섬유소 0.4g, 회분 0.6g, 칼슘 6mg, 인 35mg, 철 0.3mg, 나트륨 7mg, 칼륨 221mg, 비타민 B1 0.03mg, 비타민 B2 0.01mg, 나이아신 1mg, 비타민 C 22mg.

(자료: 농촌진흥청 식품성분표)

09
딸기

딸기의 야생종은 지구상에 비교적 널리 분포하고 있으나, 우리가 보통 먹는 대과성 품종이 재배되기 시작한 역사는 영국과 미국을 중심으로 불과 150년 정도밖에 되지 않는다. 딸기는 우리나라에도 늦게 도입된 품목 중 하나로, 해방 전까지는 드물게 재배되다가 1950년대 후반부터 수원에서 상업적으로 재배되기 시작해 전국적으로 퍼졌다.

과거에는 반촉성용인 '육보'와 촉성용인 '장희' 등 일본 품종을 많이 재배했지만, 21세기 들어 지적재산권이 부각되면서 이후 로열티를 지급하지

딸기 설향 　　　　　딸기 육보 　　　　　딸기 장희

않아도 되는 우리나라 품종을 개발해 재배하고 있다. 요즘은 '설향'이 우리나라 시장의 대부분을 차지하고 있으며, 지금도 우리나라 고유 품종들이 계속 만들어지고 있다.

밭 만들기

딸기는 비료의 피해를 받기 쉬우므로 반드시 옮겨심기 15일 전에 밑거름을 뿌려줘야 한다. 퇴비(6.7㎏) 또는 부엽토를 지면이 보이지 않을 정도로 토양 전체에 뿌리고, 그 위에 3.3㎡당 660g의 복합비료와 330g의 깻묵을 뿌린 후 15㎝ 이상 깊이로 갈아준다.

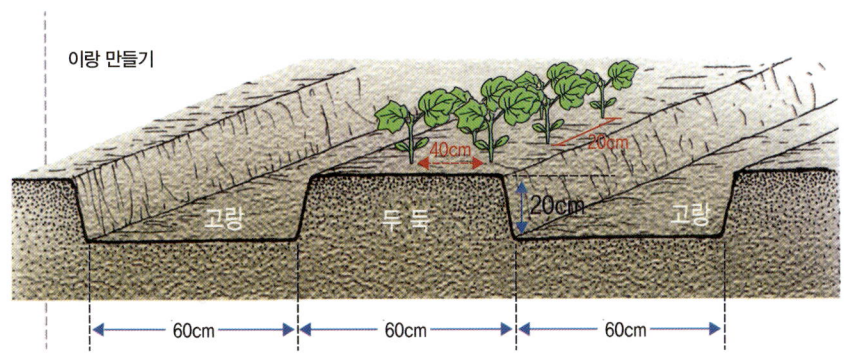

모종 기르기

'모종 농사가 반농사'라는 말이 있는데, 딸기에 있어서는 '모종 농사가 전부'라고 할 정도로 모종을 키우는 것이 중요하다. 따라서 튼튼한 모종을 사다가 심는 것이 편리하다.

아주 심기

보통 10월 중순, 따뜻한 곳에서는 하순에 옮겨 심어야 한다. 깊이 심으면 안 되고 잎에 달려 있는 뿌리가 지상부에 나와 있도록 하는 것이 중요하다. 심은 후에는 물을 충분히 준다.

재배 포인트

딸기의 꽃눈은 이전 해 가을(해가 짧아지고 온도가 낮아지는 때)에 생겨서 휴면에 들어가는데 반드시 겨울에 5℃ 이하의 저온을 거쳐야만 깨어나 생장을 하며 꽃대가 자란다. 겨울철에 너무 추우면 품종에 따라 지장을 받을 수 있으므로 비닐 터널 속에서 관리하면 된다. 3월 상순~중순에 이랑의 어깨 부분에 밑거름 양의 3분의 1 정도 되는 비료를 웃거름으로 뿌려주고, 이랑

딸기 모종을 밭에 아주 심기 한 모습

딸기꽃이 피기 시작하는 모습

사이에 있는 흙을 괭이로 퍼 올려 비료 위에 덮어준다. 웃거름을 준 후에는 이랑 전체에 비닐을 덮어준다. 모종에 비닐이 닿지 않도록 닿는 부분의 비닐을 가위로 절단해 모종의 상부가 비닐 위로 드러나도록 해준다. 비닐은 가능한 한 토양에 밀착시켜 물이 고이지 않도록 한다. 비닐로 덮어주면 토양 온도가 높아지고, 건조를 방지할 수 있으며, 과실에 흙이 묻지 않도록 관리할 수 있다. 검은색 비닐을 사용하면 토양의 온도를 높이는 효과는 떨어지지만 잡초 발생은 막을 수 있다.

딸기 모종 심기(상자 재배)

수확

개화 후 1개월 정도면 과실이 익어 수확할 수 있다. '육보', '매향'같이 경도가 높은 품종은 거의 완숙했을 때 수확해야 맛이 좋으나, '설향' 품종은 꽃받침에 붙어 있는 꽃받기 부근이 약간 연녹색이나 백색으로 남아 있을 때 수확해도 무방하다.

병해충 방제

심을 때 바이러스에 걸려 있지 않은 것을 고르는 것이 중요한데, 작은 세

3월 중순경 다시 웃거름을 준다.

개화 후 1개월 정도 지나면 과실이 익는다.

딸기 관리 및 수확하기

잎의 모양이 균일한 모종을 고르면 된다. 그 외에 잘 오는 병으로는 잿빛곰 팡이병, 흰가루병, 탄저병 등이 있으나, 다른 작물에 비하여 저온에서 자라기 때문에 비교적 병이나 해충이 덜 나타나는 편이다.

> **Tip 딸기의 영양소**
>
> **에너지 35kcal(가식부 100g당)**
>
> 수분 90.1%, 단백질 0.7g, 지질 0.1g, 당질 8.9g, 섬유소 1.1g, 회분 0.2g, 칼슘 12mg, 인 25mg, 철 0.2mg, 나트륨 3mg, 칼륨 135mg, 비타민 B1 0.08mg, 비타민 B2 0.04mg, 나이아신 0.6mg, 비타민 C 56mg.

(자료: 농촌진흥청 식품성분표)

10 상추

상추의 원산지는 이란, 터키 등 지중해 동부 내륙지방으로, 고대 이집트 피라미드의 벽화에서 확인되고 있다. 국화과에 속하는 상추는 재배 역사가 길고 자가수정에 의해 대부분의 품종이 유지되기 쉽기 때문에 많은 변종이 개발되어 봄 품종, 여름철 꽃대가 늦게 올라오는 만추대 품종, 가을에 재배하는 품종 등 다양하다. 모종으로 심거나 씨앗을 사서 직파재배 한다. 봄가을 재배 품종에는 적축면, 적치마가 있고, 여름 재배 품종에는 청치마가 있다.

적축면상추는 상추 포기가 완전 결구 상태는 아니고, 결구 태세를 갖춘 형태로 수확을 하는 상추이지만 잎 따기 수확을 해도 무방하다. 치마상추는 잎 따기 전용 상추로 수량이 비교적 많고 꽃대도 늦게 올라온다. 치마상추에는 청치마와 적치마 계통이 있는데 청치마가 수량이 많고 꽃대도 늦게 올라온다.

일반적인 재배력

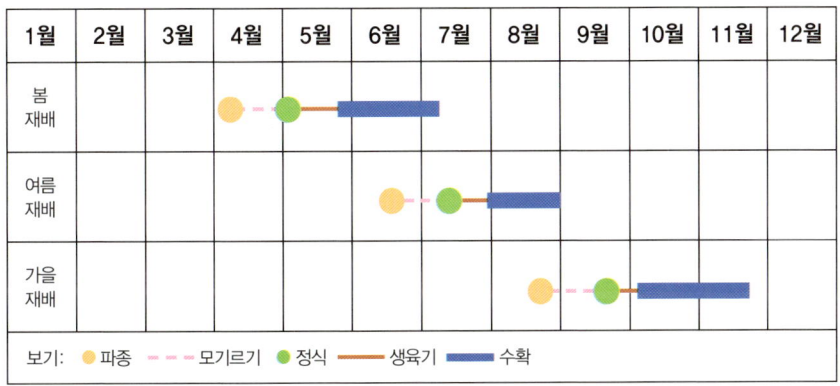

셀러리 상추 잎은 수저 모양이고 가운데가 크며 백록색이다. 잎의 질은 연하고 품질이 좋아 생식에 적당하다.

줄기 상추 두터운 줄기를 식용으로 하는데 잎은 길고 담록 또는 갈색을 띤다. 줄기가 30~100cm 이상 자라고 직경은 4cm 이상 굵어진다. 줄기가 자람에 따라 잎을 이용하거나 줄기를 데치거나 절이거나 생식으로 먹는다. 잎은 폭이 좁은 장타원형으로 마주 난다.

잎 상추 우리나라에서 가장 흔한 품종으로 결구하지 않으며 잎의 가장자리가 오글오글하다. 적색계와 녹색계가 있다.

결구 상추 통상추라고도 하며 잎 상추에 비해 생육 기간이 길다. 저온에

| 줄기상추 | 청치마상추 | 적축면상추 | 결구상추 |

견디는 힘이 약해 잎 상추에 비해 재배 시기와 지역에 제약이 있다.

밭 만들기

유기질이 풍부한 사질양토가 적합하다. 토양 산도는 pH6.0 정도의 약산성 또는 중성이 좋다. 이랑을 만들기 전에 퇴비와 밑거름 비료를 넣는다. 물 빠짐이 좋은 땅은 두둑을 따라서 열을 지어 심고 물 빠짐이 안 좋은 땅은 고랑 쪽으로 열을 지어 배수가 잘 되게 심는다.

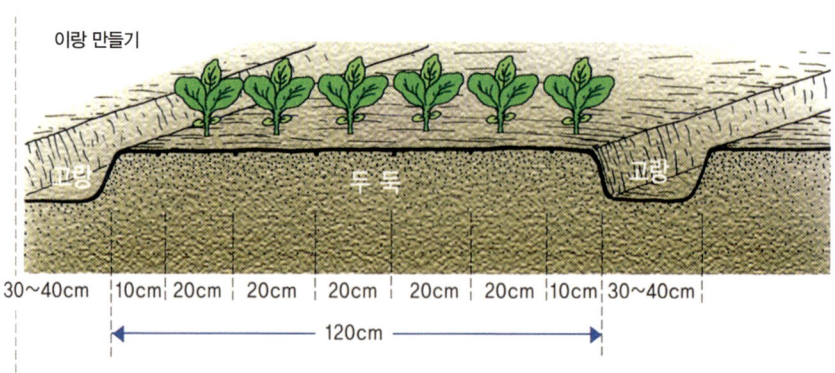

씨뿌리기와 아주 심기

땅 온도가 20℃ 이상 되어야 발아가 잘 된다. 더 낮은 온도에서는 발아가 늦어지며 30℃ 이상의 고온에서는 발아율이 떨어진다. 파종 전에 씨앗을 3~4시간 정도 물에 담가 바닥에 가라앉은 씨앗만 골라 골을 지어 뿌린다. 이때 골 간격은 20㎝ 정도로 하고 씨앗을 뿌린 다음에는 0.5㎝ 이하로 흙을 살짝만 덮어준다. 파종 후 7일 정도면 싹이 트는데 본잎이 1~2장일 때 5㎝ 간격으로, 본잎이 3~4장일 때 10㎝간격으로 솎아준다. 모종으로 심을 때는 본잎이 4장 내외일 때 아주 심기 해야 잘 자란다. 포기 사이 간격은 25㎝ 정도로 하고 심기 전에 모종에 물을 충분히 주어 뿌리에 흙이 많이 붙어 있는 상태로 심는 것이 좋다.

거름주기

상추는 생육 기간이 짧고 뿌리도 잘 발달하지 않으므로 밑거름 위주로 주되 질소질 비료가 중심이 되어야 한다. 밑거름은 심기 일주일 전에 준다. 유기질퇴비와 인산질 비료는 모두 밑거름으로 주고, 질소와 칼륨질 비료는 절반을 웃거름으로 사용한다. 웃거름은 심고 나서 15~20일 간격으로 포기 사이에 흙을 파서 준다.

거름 총량(g/3.3㎡)
- 요소 : 100~200
- 석회 : 500
- 퇴비 : 10,000
- 염화가리 : 140~170

재배 포인트

생육적온은 15~20℃로 이보다 온도가 높아지면 꽃눈이 생겨 잎의 생장에 지장을 받고, 쓴맛이 증가하며, 생리적인 장해가 나타나고, 병이 많이 생기므로 주의해야 한다. 여름철 더위에 약할 뿐 키우기는 가장 쉬운 채소다. 마르지 않게 물 관리만 잘 해주고 잘 솎아가면서 키우면 포기 간격을

| 상추꽃 | 상추 꽃대 | 상추 씨앗이 달린 모습 |

일정하게 맞추어 키울 수 있다. 모종을 구입해 옮겨 심으면 일주일만 지나도 아래쪽부터 잎을 따 먹을 수 있다.

수확

축면상추는 포기 수확과 잎 따기 수확이 가능하므로 여건에 맞추어 하되 포기 수확 때는 속잎을 많이 확보해 수확하도록 한다. 치마상추는 잎 따기를 하는데 본잎이 8~10장가량 되면 생장점 쪽에 완전히 전개된 잎 1~2장 정도를 남기고 아랫잎부터 수확한다.

병해충 방제

밑동썩음병 5~6월에 기온이 많이 올라가면 발생한다. 땅에 닿는 부분에 커다란 갈색 무늬가 생기고 나중에 썩어 말라 죽는다. 이어짓기를 피해 예방한다. 약제 방제법은 없다.

세균성점무늬병 물 빠짐이 나쁘고 습도가 높을 때 발생한다. 잎 가장자리에 작은 병 무늬가 발생하며 점차 커져서 흑갈색으로 번져 말라 죽는다. 반점세균병 약으로 방제가 가능하다.

> **Tip   상추의 영양소**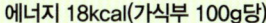
>
> **에너지 18kcal(가식부 100g당)**
> 수분 93%, 단백질 1.2g, 지질 0.3g, 당질 3.5g, 섬유소 0.8g, 회분 1.2g, 칼슘 56mg, 인 36mg, 철 2.1mg, 나트륨 5mg, 칼륨 238mg, 비타민 A 365R.E, 베타카로틴 2191㎍, 비타민 B1 0.07mg, 비타민 B2 0.08mg, 나이아신 0.4mg, 비타민 C 19mg.

(자료: 농촌진흥청 식품성분표)

11 쑥갓

쑥갓은 국화과에 속하며 쑥과 비슷하게 생겼다고 붙여진 이름이다. 초장 60㎝ 전후에 잎은 두껍고 잎의 가장자리가 깊이 파여 들어간 결각이 많다. 곁가지 발생과 마디 신장이 왕성하고 약간 옆으로 자라는 특성이 있다. 생육적온은 15~20℃로 온대성 기후를 좋아하지만 더위에 견디는 성질도 상당히 강해 아열대지방에서도 중요한 채소다. 추위에 견디는 성질도 비교적 강한 편이어서 10℃까지는 생육이 가능하다.

쑥갓은 크게 대엽종, 중엽종, 소엽종 3품종으로 분류하는데, 시장에서 흔히 보는 품종은 중엽종으로 재배가 무난하다. 대엽종은 잎에 결각이 없고 엽육이 두터우며, 가장 많이 재배되는 중엽종은 잎 크기가 중간 정도다. 소엽종은 조생종으로 직립성이고 꽃대가 빨리 올라온다.

일반적인 재배력

1월	2월	3월	4월	5월	6월	7월	8월	9월	10월	11월	12월
			봄 재배 ●━━━■								
								가을 재배 ●━━━■			

보기: ● 파종 --- 모기르기 ● 정식 ━━ 생육기 ■ 수확

밭 만들기

유기질이 풍부하고 토심이 깊은 사양토가 적합하다. 물 빠짐이 좋은 땅은 두둑을 따라 열을 지어 심고 물 빠짐이 안 좋은 땅은 고랑 쪽으로 열을 지어 배수가 잘 되게 심는다.

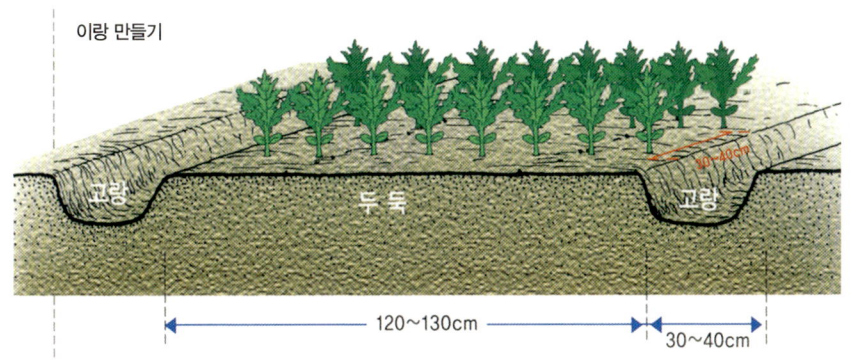

쑥갓 씨앗

씨뿌리기

봄과 가을에 가꾸는 것이 일반적이나 연중 가능하다. 땅 온도가 20℃ 이상 되어야 발아가 잘 된다. 파종 전에 30cm 간격으로 골을 파고 골을 따라 줄뿌림하거나 흩어뿌리기 한다. 종자 15mL 면 10㎡의 면적에 뿌릴 수 있다. 씨앗을 뿌린 뒤에는 0.5cm 이하로 흙을 살짝만 덮어준다.

거름 총량(g/3.3㎡)
• 요소 : 200~300
• 석회 : 500
• 퇴비 : 1,000
• 용과린 : 100
• 염화가리 : 100

거름주기

쑥갓은 생육 기간이 짧기 때문에 비료를 심기 일주일 전에 모두 밑거름으로 준다.

재배 포인트

싹이 올라와 본잎이 1~2장일 때 2~3cm 간격으로 솎아준다. 이후 잡초 제거 작업을 철저히 하고 쑥갓이 시들지 않도록 물 주기에 노력한다. 비료를 흡수하는 힘이 강한 작물이므로 밑거름을 주로 하는 것이 좋다. 건조에 견디는 힘은 약하므로 퇴비를 많이 주어 보수력을 높이는 것이 유리하다.

쑥갓꽃

수확

쑥갓은 한꺼번에 수확하는 것이 일반적이지만 텃밭에서는 2~3회에 걸쳐 연속적으로 나누어 수확할 수 있다. 파종 후 30일 정도면 초장이 17~20cm 정도 되어 수확하기에 좋다.

병해충 방제

탄저병 장마철이나 9월경 습도가 높을 때 많이 발생하는데 잎에 황백색 무늬가 생겨 점점 커져 불규칙한 병반이 생긴다.

세잎마름병 주로 가을철에 발생하며, 특히 생육 초기에 많이 발생한다. 잎에 둥근 갈색의 병 무늬가 생기고 차차 회색으로 변하면서 곰팡이가 생긴다.

> **Tip 쑥갓의 영양소**
>
> 에너지 21kcal(가식부 100g당)
>
> 수분 90.9%, 단백질 3.5g, 지질 0.1g, 당질 3.2g, 섬유소 1.4g, 회분 0.9g, 칼슘 38㎎, 인 47㎎, 철 2㎎, 나트륨 47㎎, 칼륨 260㎎, 비타민 A 6262R.E, 레티놀 0㎕, 베타카로틴 3755㎕, 비타민 B1 0.07㎎, 비타민 B2 0.14㎎, 나이아신 0.3㎎, 비타민 C 18㎎.

(자료: 농촌진흥청 식품성분표)

12 엔디브

　엔디브는 국화과 식물로서 약간 쓴맛이 특징이다. 서늘한 곳에서 잘 자라며 물을 듬뿍 주어야 하고 약간 그늘지는 곳이 좋다. 햇빛을 너무 받으면 잎이 질겨지고 쓴맛도 강해진다. 상추 재배가 가능한 기상과 토양 조건에서 재배가 가능하다. 종자의 발아 적온은 18~23℃ 정도이고 일주일가량 걸린다. 생육적온은 17~18℃이다. 봄재배와 가을재배에서 생육이 왕성하고 수량이 많이 난다. 품종에는 잎이 넓은 에스캐롤 계통의 부비코프와 잎이 오글거리는 계통인 그린 컬리드, 샐러드 킹이 있다.

엔디브를 치커리라고 부르기도 하는데, 엔디브와 치커리는 같은 국화과 식물로 근연종일뿐 서로 다르다. 우리나라에 엔디브가 도입될 때 프랑스어(chicorée) 발음을 영어식(chicory)으로 발음하면서 치커리로 부르게 된 것으로 보인다. 치커리는 여러해살이 초본으로 크게 두 가지로 나눌 수 있다. 뿌리를 차로 이용하는 것과 둥근 잎을 샐러드나 쌈용으로 이용하는 것이다.

치커리

일반적인 재배력

밭 만들기

유기질이 풍부한 사질 토양이 적합하다. 토양 산도는 pH6.0 정도의 약산성 또는 중성이 좋다. 이랑을 만들기 전에 퇴비와 밑거름 비료를 넣는다. 물 빠짐이 좋은 땅은 두둑을 따라서 열을 지어 심고, 물 빠짐이 안 좋은 땅은 고랑 쪽으로 열을 지어 배수가 잘 되도록 심는다.

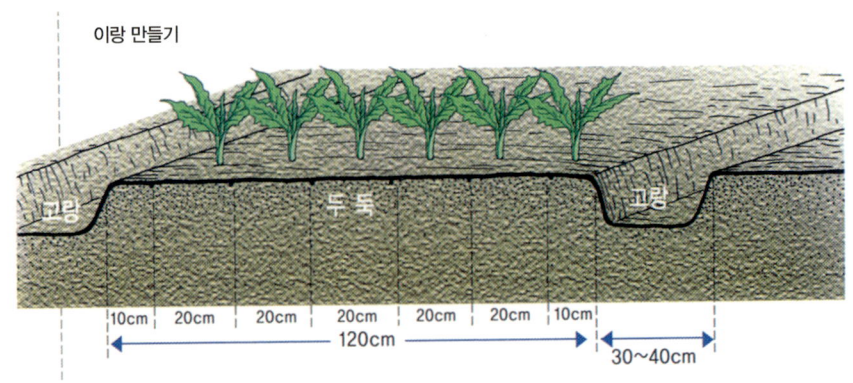

씨뿌리기

땅 온도가 20℃ 이상 되어야 발아가 잘 된다. 파종 전에 씨앗을 3~4시간 정도 물에 담가 바닥에 가라앉은 것만 골라 골을 따라 뿌린다. 이때 골 간격은 20cm 정도로 하며, 씨앗을 뿌린 뒤에는 0.5cm 이하로 흙을 살짝 덮어준다. 싹이 나고 본잎이 1~2장일 때 5cm 간격으로, 본잎이 3~4장일 때 10cm 간격으로 솎아준다. 모종으로 심을 때는 본잎이 4장 내외일 때 20×10cm 간격으로 아주 심기 하면 된다.

거름 총량(g/3.3㎡)

- 요소 : 100~200
- 석회 : 500
- 퇴비 : 10,000
- 용과린 : 100
- 염화가리 : 100

거름주기

거름은 심기 일주일 전에 준다. 유기질퇴비와 인산질 비료는 모두 밑거름으로 주고, 질소와 칼륨질 비료는 절반을 웃거름으로 시용한다. 웃거름은 심고 나서 15~20일 간격으로 포기 사이에 흙을 파서 준다.

수확

에스캐롤 계통은 잎 따기 수확과 포기 수확이 모두 가능하지만 컬리드

엔디브(아주 심기 후 25일)

엔디브(아주 심기 후 40일)

계통은 잎 따기 수확을 주로 한다. 파종에서 수확까지는 4, 50일 정도 걸린다. 본잎이 8~10장 정도 되면 생장점 잎이 완전히 전개된 잎 1장 정도를 남기고 아랫잎부터 수확한다.

병해충 방제

달팽이와 진딧물이 생기기도 하고, 상추 모자이크병, 흰가루병, 노균병 등이 발생하기도 한다. 상추와 같이 방제하면 된다.

갈색심부병 잎 가장자리와 중심부가 갈색으로 썩는 현상이 발생하는데 이것은 병이 아니고 칼슘 부족에서 발생하는 생리적 현상으로 염화칼슘을 물 20L에 20~40g 녹여 뿌려준다.

> **Tip 엔디브의 영양소**
>
> **에너지 18kcal(가식부 100g당)**
>
> 수분 93%, 단백질 1.2g, 지질 0.3g, 당질 3.5g, 섬유소 0.8g, 회분 1.2g, 칼슘 56㎎, 인 36㎎, 철 2.1㎎, 나트륨 5㎎, 칼륨 238㎎, 비타민 A 365R.E, 베타카로틴 2191㎍, 비타민 B1 0.07㎎, 비타민 B2 0.08㎎, 나이아신 0.4㎎, 비타민 C 19㎎.

(자료: 농촌진흥청 식품성분표)

13
쌈채소류

쌈채소는 여러 가지가 나와 있으나 상추와 비슷한 오크립이나 시저스레드, 로메인 상추 등이 맛이 좋아 기호도가 높다. 키우는 법은 상추와 비슷한데, 발아에 적당한 온도는 20~25℃ 사이의 변온이고, 생육에 적당한 온도는 15~20℃ 정도다. 사질양토를 좋아하며, 토양산도는 6.0 정도의 약산성 또는 중성이 좋다. 광포화점은 약 2만 lux로 낮은 편이다. 종자 포장규격 20mL당 약 7,500립이나 들어 있어서 330m^2(100평)에 뿌릴 수 있는 양이다. 33m^2(10평)당 종자 소요량은 2mL 정도다.

오크립 상추의 일종으로 잎에 결각이 나 있는데 상큼한 맛이 나는 기호도 높은 쌈채소다.

시저스레드, 시저스그린 얼갈이배추처럼 잎이 오글거리지 않고 곧은 형태를 보이며 상추와 비슷한 맛이 난다.

로메인상추 오크립처럼 잎에 결각이 있고, 맛은 상추 맛과 거의 유사하며 수량이 많이 난다.

쌈추 최근에 개발된 쌈채소로 키우는 법은 상추와 비슷하나, 배추과 채소인 배추와 양배추의 종간교잡종이기 때문에 맛은 배추 쪽에 가까워 쓴 맛이 없다. 기존의 쌈채소에서는 맛볼 수 없는 독특한 맛을 내며, 비타민 C의 함량이 배추나 상추와는 비교할 수 없을 정도로 많다. 또한 칼슘과 철분의 함량이 상대적으로 높으며 당질이 많고 부드러워 먹기 쉽다. 국거리, 겉절이, 샐러드용으로 이용할 수 있다. 여름재배가 까다롭고 나방류 애벌레들이 갉아먹는 피해가 심하다.

일반적인 재배력

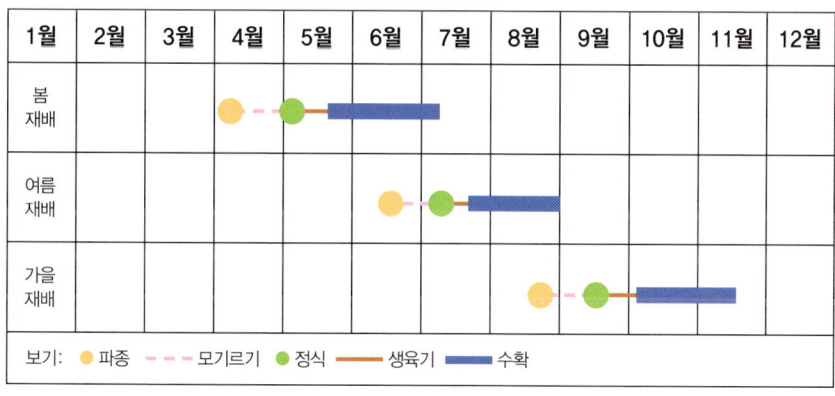

밭 만들기

유기질이 풍부한 사질양토가 적합하다. 토양 산도는 pH6.0 정도의 약산성 또는 중성이 좋다. 이랑을 만들기 전에 퇴비와 밑거름 비료를 넣는다. 물 빠짐이 좋은 땅은 두둑을 따라서 열을 지어 심고, 물 빠짐이 안 좋은 땅은 고랑 쪽으로 열을 지어 배수가 잘되게 심는다.

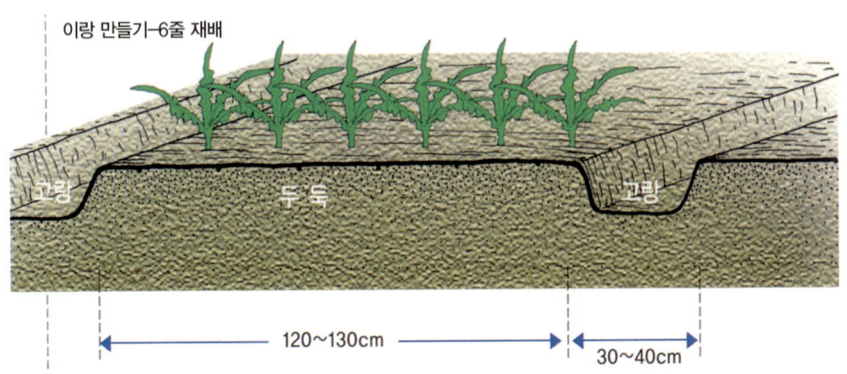

이랑 만들기-6줄 재배
고랑 / 두둑 / 고랑
120~130cm / 30~40cm

씨뿌리기와 아주 심기

땅 온도가 20℃ 이상 되어야 발아된다. 씨앗은 파종 전에 3~4시간 정도 물에 담가 바닥에 가라앉은 것만 골라 골을 지어 뿌린다. 이때 골 간격은 20cm 정도로 한다. 씨앗을 뿌린 후 흙을 0.5cm 이하로 얇게 덮어주고 그 위에 다시 짚 등을 덮어주면 수분 증발을 막아줘 발아가 잘 된다.

모종을 키울 때는 파종 상자나 플러그트레이에 상토를 담은 후 물에 불린 종자를 넣고 흙으로 덮은 다음 충분히 물을 준다. 파종 상자가 없을 경우에는 밭 한 귀퉁이를 이용해서 간이 모판을 만들어 육묘해도 된다. 싹이 나고 본잎이 1~2장 정도 나면 5cm 간격으로, 본잎이 3~4장 정도 되면 10cm 간격으로 솎아준다.

모종으로 심을 때는 본잎이 4장 내외 났을 때 본밭에 옮겨 심는다. 이때 모종 간 간격은 20×10㎝로 한다. 이후 잡초를 잘 제거해주고, 시들지 않도록 물을 잘 주어야 한다.

거름주기

밑거름은 심기 일주일 전에 준다. 유기질퇴비와 인산질 비료는 모두 밑거름으로 주고, 질소와 칼륨질 비료는 절반을 웃거름으로 사용한다. 웃거름은 심고 나서 20~25일 간격으로 포기 사이에 흙을 파서 준다.

거름 총량(g/3.3㎡)
- 요소 : 100~200
- 석회 : 500
- 퇴비 : 10,000
- 용과린 : 100
- 염화가리 : 100

수확

쌈채소는 포기 수확과 잎 따기 수확이 가능하므로 여건에 맞게 수확하면 된다. 포기 수확의 경우 파종에서 수확까지 40~50일가량 소요되며, 잎 따기 수확은 밑에서부터 잎을 한 장 한 장 따 올라가는데 맨 위의 큰 잎 한 장 정도는 남겨놓아야 광합성작용을 하여 계속 잎들을 자라게 한다.

병해충 방제

밑동썩음병 5~6월에 기온이 많이 올라가면 발생한다. 땅에 닿는 부분에 커다란 갈색 무늬가 생기고 나중에 썩어 말라죽는다. 이어짓기를 피해 예방한다. 약제 방제법은 없다.

세균성점무늬병 물 빠짐이 나쁘고 공기 습도가 높을 때 발생해 피해가 큰데, 잎 가장자리에 작은 병 무늬가 발생하며 점차 커져서 흑갈색으로 번져 말라죽는다. 반점세균병 약으로 방제가 가능하다.

> **Tip** 　**오크립의 영양소(상추에 준함)**
>
> **에너지 19kcal(가식부 100g당)**
>
> 수분 93%, 단백질 1.3g, 지질 0.3g, 당질 3.5g, 섬유소 0.8g, 회분 1.2g, 칼슘 56mg, 인 36mg, 철 2.1mg, 나트륨 5mg, 칼륨 238mg, 비타민 A 365R.E, 베타카로틴 2191㎕, 비타민 B1 0.07mg, 비타민 B2 0.08mg, 나이아신 0.4mg, 비타민 C 19mg.

(자료: 농촌진흥청 식품성분표)

14 잎들깨

들깨는 꿀풀과에 속하며 조생종은 9월 초, 만생종은 9월 말경에 개화한다. 대체로 만생종이 키가 작고 잎이 비교적 크면서도 두터운 편이며 일장에 둔감해 잎 생산을 위한 재배에 많이 쓰인다. 생육에 적당한 온도는 15~20℃이고, 광포화점은 약 1만 2,000lux이다. $33\,m^2$(10평)당 종자 소요량은 2mL 정도다.

잎을 수확하는 품종 잎들깨1호, 만백들깨, 구포들깨, 금산들깨.

잎과 종실 모두 수확하는 들깨 품종 백광들깨, 대엽들깨, 백상들깨, 새엽실들깨, 아름들깨, 영호들깨.

일반적인 재배력

1월	2월	3월	4월	5월	6월	7월	8월	9월	10월	11월	12월
노지재배							(종실 수확 계획 시 8월 10일 이후 잎 수확 중지)				
육묘재배				●	●	━━	━━	━━			
직파재배				●	━━	━━	━━	━━			

보기: ● 파종   - - - 모기르기   ● 정식   ━ 생육기   ━ 수확

밭 만들기

유기질이 풍부한 사질양토가 적합하다. 토양 산도는 pH6.0 정도의 약산성이나 중성이 좋다. 이랑을 만들기 전에 퇴비와 밑거름 비료를 넣는다. 물빠짐이 좋은 땅은 두둑을 따라서 열을 지어 파종하고 물 빠짐이 안 좋은

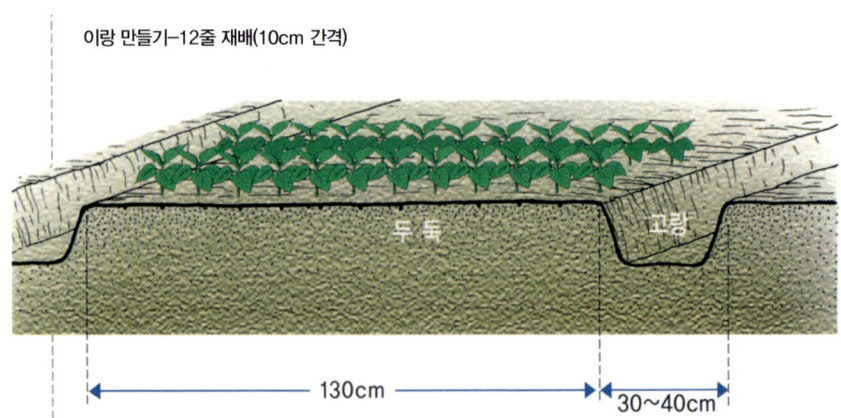

이랑 만들기-12줄 재배(10cm 간격)

땅은 고랑 쪽으로 열을 지어 배수가 잘 되게 파종한다.

씨뿌리기

땅 온도가 20℃ 이상 되어야 발아가 잘 되므로 4월 중순경부터 파종한다. 씨앗은 파종 전에 3~4시간 정도 물에 담가 바닥에 가라앉은 씨앗만 골라 골을 지어 뿌린다. 이때 골 간격은 20㎝ 정도로 한다. 종자가 발아할 때 빛이 필요하므로 파종 후 종자 위에 흙을 덮지 말고 판자 등으로 가볍게 눌러 종자를 흙 속으로 밀어 넣거나 고운 모래로 덮어준다. 본잎이 1~2장 정도 나면 5㎝ 간격으로, 본잎이 3~4장 정도 되면 10㎝ 간격으로 솎아준다. 20일에 한 번 정도 깻묵이나 비료를 조금씩 식물체 주변에 뿌려주고 가볍게 토양을 갈아준다.

거름주기

밑거름은 심기 일주일 전에 준다. 유기질퇴비와 인산질 비료는 모두 밑거름으로 주고, 질소와 칼륨질 비료는 절반을 웃거름으로 사용한다. 웃거름은 심고 나서 20~25일 간격으로 포기 사이에 흙을 파서 준다.

거름 총량(g/3.3㎡)
• 요소 : 100~200
• 용과린 : 100
• 염화가리 : 100
• 퇴비 : 10,000
• 석회 : 500

수확

잎들깨는 잎이 완전히 자라 겉잎 색이 선녹색을 띠고 뒷면 엽맥이 자색을 띨 때 수확한다. 대개 잎의 크기가 가로세로 7~10㎝ 정도 되었을 때가 적기로 일주일 간격으로 아래쪽 잎부터 차례대로 수확한다. 들깨는 본래 종실(種實)을 이용하려고 재배했지만 잎 고유의 향으로 인해 잎의 수요가 종실의 수요를 능가하고 있다.

수확기의 들깨 모습　　　들깨 종실

잎을 수확한 후 가을에 종실을 수확하고자 할 때는 8월 상순까지는 잎을 따고 8월 중순 이후에는 잎을 따지 말고 그대로 유지시켜 개화를 유도하고 10월 중순경에 서리가 내리면 들깨를 베어서 세워 건조시킨 후 종실을 털어 수확한다.

병해충 방제

녹병 줄기와 잎이 무성하거나 여름철 비가 자주 내리고 일조가 부족할 때 발생하므로 곁가지를 제거해 햇빛을 잘 받고 통풍이 잘 되도록 해 모의 웃자람을 막는다. 다이센-M으로 방제한다.

진딧물 건조하면 많이 발생하고 퍼지는 속도도 빠르다. 진딧물은 내성이 생겨 잘 죽지 않으므로 방제약 선택을 잘해야 한다. 체스 같은 약제로 방제한다.

> **Tip 잎들깨의 영양소**
>
> 에너지 29kcal(가식부 100g당)
> 수분 87.6%, 단백질 3.9g, 지질 0.5g, 당질 4.4g, 섬유소 2g, 회분 1.6g, 칼슘 198mg, 인 58mg, 철 3.1mg, 나트륨 11mg, 칼륨 303mg, 비타민 A 1553R.E, 베타카로틴 9319㎍, 비타민 B1 0.09mg, 비타민 B2 0.28mg, 나이아신 1.1mg, 비타민 C 55mg.
>
> (자료: 농촌진흥청 식품성분표)

15
시금치

시금치는 명아주과로 외국에서는 많은 품종이 보급되어 있으나 우리나라는 아직도 재래종을 많이 재배한다. 각종 비타민(A, B1, B2, C)과 철분, 칼슘 등이 다른 채소보다 풍부한 알칼리성 채소다. 섬유질은 적고 완화제, 빈혈증, 신장병, 그리고 어린이들의 골반 발육에 특효가 있는 보건 채소이며, 여성 미용에도 좋아 연중 소비되고 있다. 추위에 잘 견디고 서늘한 기후를 좋아하는 반면 더위에 약하다. 다양한 품종들이 시판되고 있으므로 재배 작형과 재배 환경, 이용 용도에 따라 선택하여 재배한다. 뿌리가 적색이고,

잎이 길고 넓으며 잎 수가 많은 것, 잎살이 두텁고 잎 색이 선명한 녹색인 것, 입성(立性)이며 추대가 늦은 품종이 좋다.

봄 재배용 노벨, 파이오니아, 입추가락, 킹오브덴마아크, 뮌스터랜드.
여름 재배용 애트리스, 환립동해, 우성, 삼복상록, 재래종, 킹오브덴마아.
가을 재배용 입추가락, 우성, 풍성, 차랑환, 윈스터랜드, 재래종.

일반적인 재배력

1월	2월	3월	4월	5월	6월	7월	8월	9월	10월	11월	12월
가을재배								● ● ●	───	▬▬▬	▬▬▬
여름재배					● ● ●	───	▬▬				
봄재배		● ●	───	▬▬							

보기: ● 파종 ─── 생육기 ▬▬ 수확

시금치밭

밭 만들기

시금치는 토심이 깊고 물 빠짐이 좋은 사질토나 점토질 토양에서 잘 자란다. 토양 산도는 pH7~8 정도의 중성 내지 약알칼리성을 좋아하는데, 산성토양에서는 발아가 나쁘고 잎 끝과 잎 주변부, 뿌리가 황갈색으로 변한다. 또 pH5.5 이하에서는 아예 잎 끝이 누렇게 변하면서 생장이 멎고 결국은 말라 죽게 된다. 이

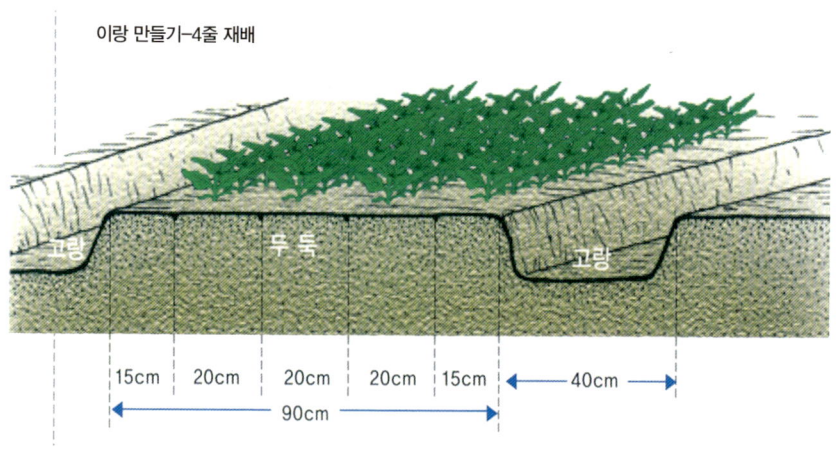

랑을 만들기 전에 퇴비와 밑거름 비료를 넣는다. 물 빠짐이 좋은 땅은 5줄 재배하고 물 빠짐이 안 좋은 땅은 4줄 재배한다. 두둑에 비닐을 씌우면 지온이 높아져 생육이 빠르고 잡초가 생기는 것을 방지할 수 있다.

씨뿌리기

파종 적기는 9월 상순에서 10월 중순 사이고, 이르게 파종하면 30일 이후에 수확할 수 있지만 늦게 파종하면 수확까지 120일 이상 걸릴 수도 있다. 봄에는 3월에서 5월까지 파종하면 된다. 시금치 종자는 껍질이 두껍기 때문에 24시간 물에 담갔다가 뿌리는 것이 좋지만 최근 개량 품종들은 바로 뿌려도 무방하다. 약간 촘촘하게 심는 것이 어릴 때의 생육에 좋다. 재배상자에서는 씨를 뿌린 후에 채를 이용해 고운 흙을 1mm 정도 덮어준다. 밭에 뿌릴 경우에는 10m^2에 150~180mL 정도의 종자가 소요된다. 줄뿌림의 경우 자리를 파고 씨를 뿌린 후에 흙을 덮어주거나, 전 이랑에 흩뿌리고 갈퀴나 호미로 씨 뿌린 이랑 위를 긁어서 씨를 살짝 덮어준다. 적정 발아 온도는 15~20℃로 다른 작물에 비해 낮은 편이고 4일 정도 걸리며, 이보

물에 담갔다가 파종한다.

복토, 고운 흙을 1mm 정도 덮어준다.

본잎이 1~2장일 때 솎아준다.

재배상자에 시금치 씨뿌리기

다 온도가 높아지면 발아율도 떨어지고 싹트는 데 더 오래 걸리게 된다. 씨를 뿌린 후에는 물을 충분히 주고 마르지 않도록 신문지로 덮는 등 주의해야 한다.

재배 포인트

대표적인 장일식물로서 햇빛이 길어짐에 따라 꽃대가 빨리 생긴다. 발아 후에는 건조하지 않도록 주의하여야 한다. 어릴 때에는 오히려 촘촘하게 자라는 것이 발육에 좋고 자람에 따라 솎아준다. 아주 촘촘하게 심은 경우에는 싹이 튼 후 일주일쯤 지나 본잎이 1~2장 나오면 약간 솎아주고, 2주일쯤 지나면 포기 사이가 4~5cm 간격이 되도록 솎아준다. 본잎이 6~7장 정도 자랐을 때 너무 밀식되어 있으면 품질이 나빠지므로 크게 자란 것부터 솎아 먹으면 된다.

처음 키우는 사람은 가을에 재배하는 것이 쉽다. 저온에는 강한 편이지만 12월까지 재배하고자 한다면 방한용으로 비닐을 씌워서 관리하는 것이 좋다. 고온을 싫어하므로 여름에 일반 평지에서 재배하면 꽃대가 올라와버려 잎은 못 쓰게 된다. 뿌리는 깊이 뻗는다.

시금치 잘 키우는 요령

거름 총량(g/3.3㎡)
• 요소 : 180
• 용과린 : 100
• 염화칼리 : 66
• 퇴비 : 6,700
• 석회 : 330

거름주기

밑거름은 심기 일주일 전에 준다. 유기질퇴비와 인산질 비료는 모두 밑거름으로 주고, 질소와 칼륨질 비료는 절반을 웃거름으로 사용한다. 짧은 기간 동안 급속히 발육하므로 밑거름에 중점을 두고 시비하되 웃거름도 작형에 따라 1~3회 정도 준다.

수확

대개 초장이 20cm 정도로 자라면 수확 적기다. 파종해서 수확까지의 기간은 가을 파종한 경우 50~60일 정도, 여름 파종한 경우 30~35일 정도, 봄 파종한 경우 40일 정도 된다. 수확기가 늦어지면 줄기의 마디 사이가 신장하고 잎자루가 굳어져서 상품 가치가 떨어진다.

병해충 방제

모잘록 어린 묘일 때 주로 발생하며, 특히 고온일 때 많이 생긴다. 뿌리의 일부가 갈색으로 변하고, 증상이 심해지면 병든 부위가 잘록하게 되어 넘어진다. 토양이 너무 습하지 않도록 관리하고, 벤레이트 등으로 종자를 소독하거나 친환경 토양용 입제 등으로 파종 전 토양을 소독한다.

응애 잎 뒷면에 기생하여 흡즙하는데 엽록소를 파괴해 가해 부분을 하얗게 백화시킨다. 본잎이 2~3장일 때 밀베멕틴유제 1,000배액을 살포해 방제 가능하다.

도둑나방 봄이나 가을에 많이 발생한다. 유충이 잎에 해를 끼치는데 애벌레 때 구제하지 않으면 큰 효과가 없기 때문에 발생 초기에 엘산 1,000배액을 살포한다.

> **Tip**   시금치의 영양소
>
> **에너지 27kcal(가식부 100g당)**
>
> 수분 90.4%, 단백질 2.8g, 지질 0.4g, 당질 4.7g, 섬유소 0.6g, 회분 1.1g, 칼슘 43㎎, 인 48㎎, 철 2.5㎎, 나트륨 72㎎, 칼륨 595㎎, 비타민 A 477R.E, 베타카로틴 2860㎕, 비타민 B1 0.12㎎, 비타민 B2 0.28㎎, 나이아신 0.5㎎, 비타민 C 66㎎.

(자료: 농촌진흥청 식품성분표)

16 비트

명아주과에 속하는 비트의 품종은 둥근 계통과 장근종으로 나뉜다. 둥근 계통은 조생종과 중생종으로 나뉘며, 장근종은 만생종이다. 발아에는 20~30℃의 변온이 적당하고, 생육에 적당한 온도는 13~18℃로 시원한 기후를 좋아한다. 5℃ 이하에서는 추대하여 꽃대가 형성되며, 22℃ 이상 되면 동화능력 저하로 품질이 떨어진다. 둥근 조생종은 생육 일수가 60일 정도로 조기 출하용이고, 중생종은 통조림과 가정용으로 재배 일수가 65~70일 정도다.

둥근 조생종 크로스바이스 이집션, 그린 톱 번칭, 루비퀸, 얼리원더.

둥근 중생종 디트로이트 다크 레드, 퍼펙티드 디트로이트.

장근종(만생종) 롱 다크 블러드, 롱 스무스 블러드.

일반적인 재배력

	1월	2월	3월	4월	5월	6월	7월	8월	9월	10월	11월	12월
봄 재배				●	───	───	▬▬▬					
여름 재배						●	───	───	▬▬▬			
가을 재배								●	───	───	▬▬▬	

보기: ● 파종 ─── 생육기 ▬▬▬ 수확

밭 만들기

충분한 양분과 수분만 있으면 토질을 가리지 않고 잘 자란다. 토양 산도는 pH6.0~7.0 정도의 중성을 좋아하므로 석회를 충분히 뿌려준다. 이랑을

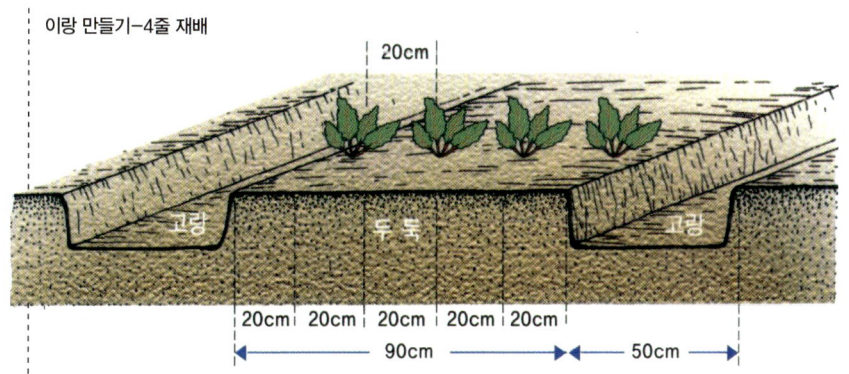

비트 싹

만들기 전에 퇴비와 밑거름 비료를 넣는다. 이랑 만들기는 재배 형태에 따라서 두둑과 고랑 폭을 결정해 만드는데, 물 빠짐이 좋은 땅은 5줄 재배하고 물 빠짐이 안 좋은 땅은 4줄 재배한다. 뿌리가 깊이 뻗는 성질이므로 밭을 가능한 20cm까지 깊이 갈아주는 것이 좋다.

씨뿌리기

파종 전에 씨앗을 하룻밤 정도 물에 담그는 것이 발아를 촉진시키는 데 좋다. 담그는 동안 2~3차례 깨끗한 물로 바꿔준다. 한 개의 씨를 파종하면 1개 또는 2개의 싹이 나오는데 대체로 3.3㎡당 7g 내외의 종자가 필요하다. 노지에 직파할 경우 줄 간격 30cm에 약 2.5cm 간격으로 씨를 뿌리고 1~2주 후 발아해 키가 2~7cm 정도 자라면 포기 간격을 10cm가 되게 솎아준다. 파종할 때의 깊이는 2~3cm가 알맞다.

일반관리

시금치와 비트는 서로 기지현상이 심하므로 시금치 재배 후 비트를 곧바로 재배해서는 안 된다. 비트는 이식 재배도 가능한데 파종 후 30일 이내에 실시하는 것이 좋다. 비트는 모종이 어릴 때 또는 성숙한 후에 0~5℃의 온도에 약 2주일가량 접하면 화아분화를 일으켜 추대하므로 수확할 수 없게 된다. 따라서 재배 시 가능하면 10℃ 이상을 유지시켜주는 것이 중요하다. 단 12시간 이하의 단일 조건에서는 저온이라도 추대가 안 된다. 물은 일주일에 한 번 정도 땅속 깊이 스며들 정도로 충분히 준다. 1~2회 중경과 잡초 제거를 실시한다.

거름주기

밑거름은 심기 일주일 전에 준다. 유기질퇴비와 인산질 비료는 모두 밑거름으로 주고 질소와 칼륨질 비료는 절반은 뿌리가 비대하는 시기인 파종 후 30일쯤에 웃거름으로 사용한다. 붕소 결핍에 매우 민감하므로 3.3㎡당 3~4g 정도의 붕사를 뿌려준다.

거름 총량(g/3.3㎡)
• 요소 : 108
• 용과린 : 250
• 염화가리 : 133
• 퇴비 : 6,700
• 석회 : 330
• 붕소 : 3

수확과 저장

조생종은 뿌리 직경이 3cm 내외로 굵어지면 수확한다. 중생종은 뿌리 직경이 5cm 정도에 수확한다. 잎을 제거한 경우 10℃ 정도에서 5~6개월가량 보관이 가능할 정도로 저장성이 매우 높다. 저온 저장은 0℃ 이하로 내려가지 않게 하며 보통 0~5℃, 상대습도 90~95%에서 저장한다. 잎이 달린 채 단으로 묶은 비트는 저장성이 급격히 떨어지는데 0℃에서 10~14일간 저장이 가능하다.

병해충 방제

잘록병 토양과 종자소독을 철저히 하며 돌려짓기를 해 방제한다.
갈색점무늬병 잎에 원형의 붉은색 반점이 생기는데 석회보르도액과 다이젠을 뿌려서 방제한다.
생리장해 잎이 비틀리거나 생장점이 고사하고 뿌리 내부에 검은 반점이 생기는 현상인 붕소결핍증이 나타나기 쉬우므로 알맞게 붕사를 뿌려준다.

> **Tip** 비트의 영양소

에너지 19kcal(가식부 100g당)

수분 86.4%, 단백질 2.2g, 지질 0.1g, 당질 9.1g, 섬유소 0.8g, 회분 1.1g, 칼슘 14㎎, 인 25㎎, 철 0.4㎎, 나트륨 33㎎, 비타민 C 10㎎.

(자료: 농촌진흥청 식품성분표)

17 근대

명아주과에 속하는 근대는 유럽 남부가 원산지인 2년생 초본으로 원줄기는 높이가 1m에 달하고 가지가 많다. 뿌리에서 직접 땅 위에 나온 근생엽은 달걀형 또는 긴 타원형으로 두껍고 연하며, 줄기에서 나온 경생엽은 긴 타원형 또는 버들잎 같은 피침형으로 끝이 뾰족하다. 생육적온은 15~18℃ 정도이지만 고온에서도 생육이 잘 되고 더위와 건조에 강해 한여름에도 재배가 쉬운 편이다. 추위에 견디는 힘은 그렇게 강하지 않고, 추대는 영양생장이 진행된 후 고온장일 조건에서 촉진되어 6월경에 꽃대가 자란다.

근대는 더위에 견디는 힘이 강해서 여름에 시금치 대용으로 재배한다. 근대에는 각종 알카로이드가 들어 있고 독이 없다. 그중 베타인은 뿌리에 주로 함유되어 있는데 이뇨제로 효능이 있다. 종자는 발한제로서 몸을 차게 하는데 쓰이고 신선한 잎은 화상이나 타박상에 쓰이기도 한다.

광엽종 잎색이 담록색이고 잎살이 얇고 부드러우며 잎이 크다.
환엽종 잎색이 농록이고 잎살이 두터우며 잎자루는 백색이다.
첨엽종 환엽종과 같이 잎색이 농록이지만 잎 끝이 뾰족하다.
적엽종 잎 모양이 환엽종과 비슷하고 겨울의 저온기에는 잎과 줄기가 모두 붉은색을 띤다.
서양종 잎색이 담황색으로 잎면에 약간의 요철이 있으며 잎살은 부드럽고 흙냄새가 적게 난다. 잎자루가 상당히 길고, 흰색을 나타내며, 추대가 일찍 되는 단점이 있다.

일반적인 재배력

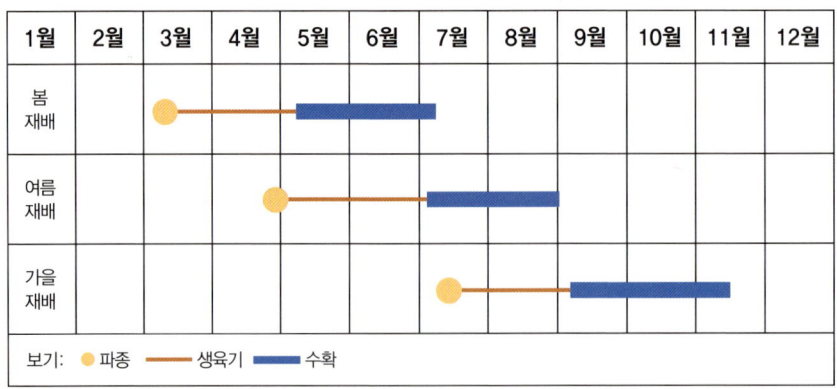

밭 만들기

토심이 깊고 물 빠짐이 좋은 사질토나 점질토가 적합하다. 토양 산도는 pH6.0~7.0 정도의 중성 내지 약알칼리성을 좋아한다. 이랑을 만들기 전에 퇴비와 밑거름 비료를 넣는다. 물 빠짐이 좋은 땅은 약간 넓게 재배하고 물 빠짐이 안 좋은 땅은 약간 좁게 재배한다. 두둑에 비닐을 씌우면 지온이 높아져 생육이 빠르고 잡초가 생기는 것을 방지할 수 있다.

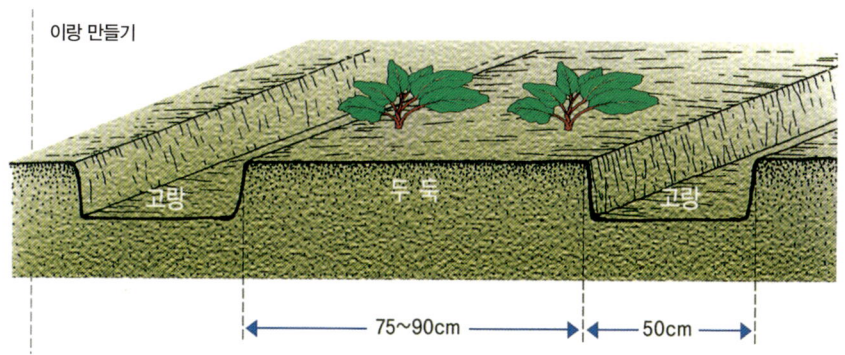

씨뿌리기

근대의 종자에는 사실상 2~3개의 씨가 들어 있어 한 개의 종자에서 2~3개의 모종이 자란다. 파종 시기는 4~5월이 가장 무난하며, 30㎝ 간격의 줄에 씨를 뿌리고 싹이 튼 후 2~3회 솎아 준다. 종자는 3.3㎡에 약 24mL가 필요하고 싹이 튼 후 2~3회 정도 솎아 가로세로 20~30㎝ 정도로 남긴다.

근대 씨앗

거름주기

밑거름은 심기 일주일 전에 준다. 유기질 퇴비와 인산질 비료는 모두 밑거름으로 주고, 질소와 칼리질 비료는 절반을 웃거름으로 준다. 웃거름은

거름 총량(g/3.3㎡)
• 요소 : 109 • 용과린 : 183 • 염화가리 : 61 • 퇴비 : 6,700 • 석회 : 330
밑거름으로 복합비료를 주어도 상관없다

심고 나서 20~25일 간격으로 포기 사이에 흙을 파서 준다.

수확

어릴 때부터 식용이 가능하므로 직파재배 시 2~3회 솎아 먹으면 된다. 솎음질이 끝난 뒤에는 밑에서부터 차례로 잎을 따서 수확하며 이후에도 자라는 대로 계속해서 수확할 수 있다.

병해충 방제

병해충은 비교적 적은 편이나 때때로 반점병이 발생한다. 봄에 주로 발생하며 잎에 조그만 퇴색된 병 무늬가 차차 커져서 2㎜가량의 둥근 갈색무늬 주위로 농록색의 병 무늬를 만든다. 병 무늬의 중앙 부위는 후에 회색으로 변한다. 종자전염을 하므로 벤레이트 등으로 종자를 소독하고, 병든 포기는 제거하며, 살균제를 살포해 방제한다.

> **Tip** 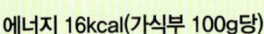 근대의 영양소
>
> 에너지 16kcal(가식부 100g당)
>
> 수분 92.8%, 단백질 2.3g, 지질 0.3g, 당질 2.3g, 섬유질 0.8g, 회분 1.5g, 칼슘 82㎎, 인 45㎎, 철 2.1㎎, 나트륨 160㎎, 칼륨 370㎎, 비타민 A 477R.E, 카로텐 2682㎕, 비타민 B1 0.06㎎, 비타민 B2 0.14㎎, 나이아신 0.6㎎, 비타민 C 18㎎.

(자료: 농촌진흥청 식품성분표)

18 미나리

미나리과에 속하는 미나리는 '물에서 자라는 나물'이라는 뜻으로, 우리나라 최초의 학습지인 〈훈몽자회(1527)〉에서 미나리로 표기한 후로 현재까지 사용되고 있다. 다른 작물처럼 특별히 재배종이 정해져 있거나 종자를 이용해 종자번식을 하는 것이 아니라 영양번식을 주로 하는 작물로 일반적으로 유전력이 높아 자신의 형질을 그대로 후대에 전달해 환경 인자의 영향을 적게 받는다. 물을 좋아하고 더위에는 약해 한여름에는 생육이 멈춘다. 저온에는 비교적 잘 견디나 서리를 맞으면 잎이 자색이나 검은색으로 변할 수 있다.

밭 만들기

배수가 잘 되는 사질양토가 좋으며 관수 시설이 되어 있어야 한다. 토양 산도는 pH6.8 정도의 미산성 또는 중성이 좋다. 이랑을 만들기 전에 퇴비와 밑거름 비료를 넣는다. 이랑 만들기는 재배 형태에 따라서 두둑과 고랑 폭을 결정하여 만든다. 10×10cm 간격으로 심으며 습기가 많은 밭이 좋고 물을 자주 주어야 한다.

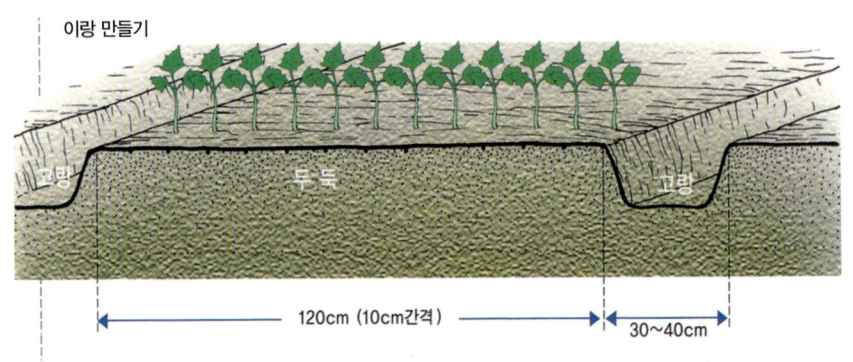

아주 심기

사계절 내내 재배할 수 있다. 가장 간단한 방법은 시장에서 뿌리가 달린 미나리를 사서 잎은 먹고 뿌리 부분은 밭에 옮겨 심는 것이다. 또 9월경 들에 자생하는 미나리를 뿌리가 달린 채로 캐다가 밭에 10cm 간격으로 옮겨 심어도 된다. 미나리는 다습한 토양을 좋아하므로 보통의 밭이나 용기에서는 관수가 중단되지 않도록 주의해야 한다. 20일 간격으로 깻묵을 조금 뿌려 튼튼한 싹이 자라 나오도록 해준다. 조숙재배는 밭 재배에서 8월 하순경에 미나리를 아주 심기 해 가을에 한 번 수확한 후 이듬해 2월 중·하순경에 피복하여 봄에 다시 수확하는 재배법이다.

거름 총량(g/3.3㎡)
• 요소 : 100~200
• 용과린 : 100
• 염화가리 : 100
• 퇴비 : 10,000
• 고토석회 : 500

수확

아주 심기 후 30~50일이 지나면 초장이 40~50cm로 자라 수확이 가능하다. 그러나 노지재배에서 60cm 이상 자라면 아래쪽 부분이 목질화되어 단단해지기 쉽다. 수확은 밑동을 3~4cm 정도 남기고 낫으로 베어낸다.

밭미나리의 특징

밭미나리는 논미나리와 달리 속이 꽉 차 있어 외관상 구분할 수 있다. 무차광재배 시 품종에 따라 밑동이 다소 붉게 되는 특징이 있으며, 잎이 많고 무거워 수량이 많다. 좋은 씨앗을 골라서 받는 데 노력이 많이 들고, 종자가 익으면 빨리 땅에 떨어져 발아가 잘 안 되므로 주로 영양번식을 한다.

병해충 방제

바이러스병 미나리 논밭 주변을 청결히 하고 병에 걸린 포기는 뽑아서 소각한다. 또한 진딧물 방제를 철저히 하는 것이 중요하다.

금각병 비닐피복에 의한 보온과 다습한 조건에서 많이 발생하는데 피해 부분에 흑색의 균핵이 생긴다. 심기 전에 토양을 소독하고, 병이 생기면 톱신엠 1,500~2,000배액, 벤레이트 2,000~2,500배액으로 방제하는데 4~5일 간격으로 지표면에 충분히 살포한다. 수확 후 잔류물은 소각한다.

> **Tip 미나리의 영양소**
>
> **에너지 16kcal(가식부 100g당)**
>
> 수분 93%, 단백질 1.5g, 지질 0.1g, 당질 3.3a, 섬유소 1g, 회분 1.1g, 칼슘 24mg, 인 45mg, 철 2mg, 나트륨 18mg, 칼륨 412mg, 비타민 A 250R.E, 베타카로틴 1449㎍, 비타민 B1 0.06mg, 비타민 B2 0.16mg, 나이아신 0.2mg, 비타민 C 2mg.
>
> (자료: 농촌진흥청 식품성분표)

19 당근

    당근은 미나리과 식물이다. 등황색(카로틴) 품종은 17세기 이후 네덜란드에서 개량되었고, 현재 쓰이고 있는 1대잡종 품종은 1950년대에 미국에서 육성된 이래 우리나라에서는 70년대 중반에야 개발, 보급이 시작되었다. 발아에 적당한 온도는 15~25℃, 생육에는 18~21℃가 적당하다.

    봄재배 또는 여름재배가 가능하다. 봄재배는 3월 하순경에 파종해 7월 중순경에 수확하고, 여름재배는 7월 하순경 파종해 11월 중순경에 수확한다. 4~5년간 이어짓기함에 따라 수량이 늘어나고 품질도 좋아진다.

밭 만들기

비옥한 사질양토가 가장 적당하다. 토양 산도는 pH5.3~7.0 정도로 둔감한 편이다. 이랑을 만들기 전에 퇴비와 밑거름 비료를 넣는다. 이랑은 재배 형태에 따라서 두둑과 고랑 폭을 결정해 만든다.

당근밭

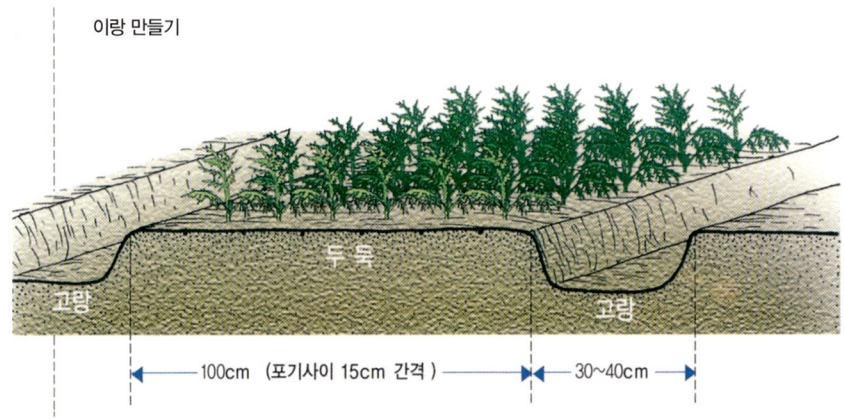

이랑 만들기 / 두둑 / 고랑 / 100cm (포기사이 15cm 간격) / 30~40cm

씨뿌리기

털이 나 있는 종자는 손바닥으로 잘 비벼 털을 제거한다. 이랑 폭을 60cm 전후로 해 씨앗을 밭 전체에 골고루 뿌린다. 파종하기 전 물을 충분히 주어 습기를 유지하도록 한다. 당근 씨앗은 햇빛을 좋아하기 때문에 씨를 뿌린 다음 흙을 얇게 덮어야 한다. 흙을 덮은 다음 팽

당근 씨앗

이 등으로 살짝 눌러 다진다. 발아 후에는 생장이 느리기 때문에 키가 5cm 정도 되었을 때 제초 작업을 해야 한다.

솎아주기

본잎이 2~3장 났을 때 서로 잎이 닿지 않을 정도로 솎아주기 하며 본잎이 4~5장 나왔을 때 포기 사이가 10~15cm 정도 되게 솎아준다. 뿌리가 햇빛에 노출되면 녹색으로 변하기 때문에 흙속에 묻히도록 흙 돋우기를 해야 한다. 흙 돋우기는 줄기가 덮이지 않을 정도로 하며 뿌리 밑동은 흙에 덮이는 것이 좋다.

거름주기

3.3㎡당 질소는 밑거름으로 20g을 주고 칼륨은 밑거름으로 14g을 주며 나머지는 웃거름으로 준다. 웃거름은 자람에 따라 2회로 조절해도 되며 대

당근밭 흙 돋우기

개 솎아주기 한 후 비료를 준다. 비료분이 약하면 비대가 늦게 되므로 솎아주기 한 후 복합비료를 뿌리고 괭이로 가볍게 눌러 준다.

거름 총량(g/3.3㎡)
• 요소 : 140~200 • 용과린 : 170 • 염화가리 : 60~70 • 퇴비 : 5,000 • 석회 : 1,000 밑거름으로 복합비료를 주어도 상관없다

재배 포인트

파종 후 3일 이내에 리누론 수화제(아파론, 아파룩스)를 물 20L에 20g 타서 밭이랑에 분무기로 뿌리면 1년생 화본과 잡초와 잎이 넓은 잡초를 막을 수 있다. 솎아주기 할 때 중경과 북주기도 함께하면 바람 피해, 잡초, 뿌리머리 푸름증 방지에 효과가 있다. 수확하기 1개월 전쯤 흙 돋우기를 해 지상부에 뿌리가 보이지 않도록 해야 한다. 당근 뿌리의 색소는 파종 후 40일경부터 나타난다. 토양의 습도가 높으면 색소의 발현이 나빠지므로 물이 잘 빠지도록 관리한다.

수확과 저장

수확기가 늦으면 뿌리의 표면이 거칠어지므로 조생종은 파종 후 70~80일, 중생종은 90~100일에 수확한다. 외관상 겉잎이 지면에 닿을 정도로 늘어졌을 때를 수확기로 본다. 0℃, 93%의 다습한 조건에서 6개월 이상 저장이 가능하다. 가을에 수확한 경우 구덩이를 파서 저장하는 움저장법을 많이 이용한다.

병해충 방제

자주 발생하는 병으로는 무름병, 갈색무늬병, 검은빛잎마름병이 있다. 무름병은

당근꽃

석회를 밑거름으로 주면 발생이 줄어들며 갈색무늬병은 목탄을 뿌리 근처에 뿌려주면 방제 효과가 있다. 해충은 벼룩잎벌레, 도둑나방 등이 있다. 벼룩잎벌레는 뿌리와 잎의 생장을 저해하는데 상처로 무름병이 발생하기도 한다. 따라서 발생 초기에 약제로 방제해야 한다.

> **Tip** 당근의 영양소 
>
> 에너지 34kcal(가식부 100g당)
>
> 수분 89.5%, 단백질 1.1g, 지질 0.1g, 당질 7.8g, 섬유소 0.8g, 회분 0.7g, 칼슘 40mg, 인 38mg, 철 0.7mg, 나트륨 30mg, 칼륨 395mg, 비타민 A 1270R.E, 베타카로틴 7620㎕, 비타민 B1 0.06mg, 비타민 B2 0.05mg, 나이아신 0.8mg, 비타민 C 8mg.

(자료: 농촌진흥청 식품성분표)

20
무

무의 원산지는 지중해 연안이다. 우리나라에서는 삼국시대부터 재배되었고 고려시대에 이미 중요한 채소로 취급되었다. 조선시대 문인인 허균의 기록에 따르면 "무는 매월 씨뿌리기가 가능하고 매월 먹을 수 있다". 배추과에 속하며, 중국을 통해 들어온 북지무 계통과 중국에서 일본을 통해 들어온 남지무 계통으로 나뉜다. 근래에 샐러드용으로 20일무가 재배되기 시작했다. 기르고자 하는 시기와 식용하는 용도에 따라 크기별, 계절별로 품종을 선택할 수 있다.

알타리무

봄무 '대형봄무'가 무의 봄재배를 가능하게 한 대표 품종이고, 뿌리의 길이가 30cm가량으로 수량이 많고 추대가 늦어 봄에 키울 수 있는 품종이다. 가을무 품종은 추대가 빠른 성질을 가지고 있어서 봄에 키우면 낮은 온도 때문에 꽃대가 올라와 뿌리가 자라지 않아서 낭패를 볼 수 있다.

가을무 가장 많이 재배되는 김장용이나 저장용 품종으로, 뿌리 윗부분의 녹색이 짙은 편이고 길이가 25cm 정도이다.

소형무 일반 가을무와 알타리무의 중간 정도의 품종으로 뿌리는 12~15cm이다. 깍두기, 동치미 및 총각김치용으로 쓸 수 있다.

알타리무 대표적인 총각김치용 품종으로 뿌리는 9~12cm이다. 생육 기간이 40~50일이다.

20일무 파종 후 20~30일이면 수확할 수 있는 초단기 재배 품종으로 뿌리 색깔이 적색과 백색 두 가지 계통이 있으나 육질은 모두 백색이다. 적환 20일무, 적장 20일무 등이 있는데 수확기를 놓치면 바람이 들기 쉽다. 샐러드용으로 재배가 늘고 있다.

열무

열무 잎을 이용하는 품종으로 수확 시의 잎 수가 7~10장이고 길이는 30cm 정도이다.

일반적인 재배력

	1월	2월	3월	4월	5월	6월	7월	8월	9월	10월	11월	12월
봄무				●	───	■						
가을무								●	───	■		
소형무					●	■						
알타리무					●	■						
열무					●	■	●	■				

보기: ● 파종 ─── 생육기 ■ 수확

밭 만들기

무 뿌리는 곧게 뻗는 성질이라 이식이 잘 안 되며 되더라도 기형적으로 자라므로 밭이나 재배상자에 직접 씨를 뿌릴 수 있도록 준비해놓아야 한

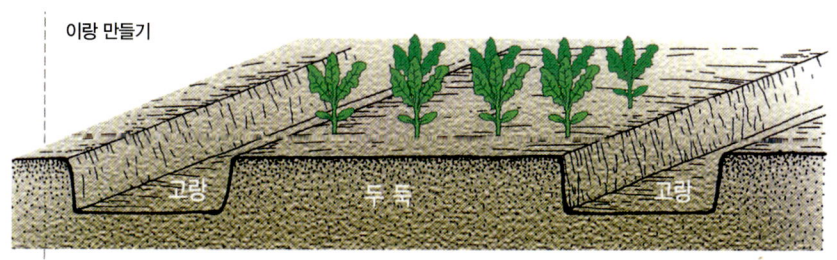

이랑 만들기

구분	두둑(cm)	고랑	포기사이(cm)
무	30 ~ 45	30	25 ~ 30
소형무	25 ~ 30	20 ~ 30	0 ~ 25
알타리무(4줄재배)	90 ~ 120	30	15 ~ 15
열 무	90 ~ 120	30	0

다. 토심이 깊고 보수력이 있고 배수가 잘 되는 사질양토가 적합하다. 돌멩이나 덜 썩은 퇴비 등이 있으면 뿌리가 변형되기 쉬우므로 완숙된 퇴비를 이용하고 밭은 30~35cm 정도로 깊이 갈아놓아야 좋다. 이랑을 만들기 전에 퇴비와 밑거름 비료를 넣는다. 물 빠짐이 좋은 땅은 5줄 재배하고 물 빠짐이 안 좋은 땅은 4줄 재배한다. 두둑에 비닐을 씌우면 지온이 높아져 생육이 빠르고 잡초가 생기는 것을 방지할 수 있다.

씨뿌리기

점뿌림할 경우에는 10m^2 당 약 10mL의 종자가 필요하고, 줄뿌림할 경

무 씨뿌리기 및 초기 관리

우에는 약 20mL가 쓰인다. 포기 간 간격은 보통 종자의 경우 25~30cm, 재래종이나 뿌리가 작은 품종은 20~24cm 정도로 한다. 파종기가 고온기이기 때문에 짚, 왕겨 등으로 덮어서 지온이 너무 오르는 것을 막아주는 것이 좋다. 봄에 봄재배용 품종을 심지 않으면 꽃대가 올라오는 추대 현상으로 무가 쪼그라든다. 13℃ 이상이 생육에 적당하며, 그 이하의 저온을 맞지 않도록 관리해야 한다. 가을재배의 경우 중부지방은 8월 20일~25일, 중남부 지방은 8월 25일~30일, 남부 지방은 9월 1일~5일 사이가 파종 적기이다.

솎아주기

보통 2~3회 정도 솎아주기 하는데, 떡잎 모양이 하트형으로 정상인 것을 남기고 제거한다. 가능하면 일찍 솎아주는 것이 생육에 좋으며, 잎의 색깔이 짙은 것, 생육이 불량한 것, 밀식된 곳을 솎아주고 동시에 북을 돋아준다.

봄·가을무는 본잎이 1장일 때 3포기, 3~4장일 때 2포기, 6~7장일 때 1포기를 남긴다. 소형무는 본잎이 2~3장일 때 2포기, 4~5장일 때 1포기를 남긴다. 알타리무는 한 구당 본잎이 2~3장일 때 2~3포기씩 남긴다. 열무는 아주 밀식되어 있는 포기만 몇 개 솎아내고 그대로 재배한다.

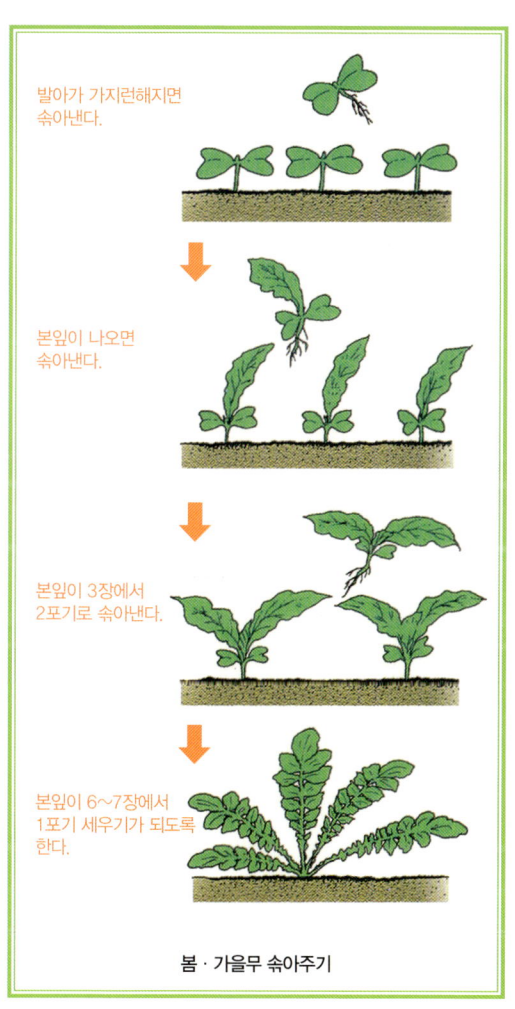

봄·가을무 솎아주기

거름주기

거름 총량(g/3.3㎡)
• 요소 : 117
• 용과린 : 200
• 염화가리 : 77
• 퇴비 : 6,700
• 고토석회 : 333
밑거름으로 복합비료를 주어도 상관없다

알타리무, 열무는 생육 기간이 짧기 때문에 전량 밑거름으로 넣는다. 무, 소형무는 솎아주기 할 때 웃거름을 준다. 본잎이 1장 나왔을 때 한 구덩이에서 2~3포기를 남기고 솎아내면서 주위에 복합비료를 한 수저씩 뿌리고 흙에 섞는다. 본잎이 6~7장 나면 한 포기만 남기고 마지막으로 솎아주는데 그때 두둑 한쪽에 포기당 비료를 큰 수저로 하나씩 흩뿌린 후 괭이로 흙과 섞으면서 북주기를 한다. 2차 웃거름을 주고 보름 후에 두둑에서 2차 때와는 반대쪽에 같은 양의 비료를 주고 역시 북을 돋우어준다.

무 관리 및 수확하기

20일무 상자 재배하기

무꽃

재배 포인트

처음 키우는 사람은 가을에 재배하는 것이 쉽다. 고온을 싫어하므로 여름에 일반 평지에서 재배하면 꽃대가 올라와 잎은 못 쓰게 되고 뿌리의 품질도 나빠진다. 뿌리는 깊이 뻗는 성질이므로 깊은 재배상자가 좋다. 산성토양을 싫어하므로 석회를 섞어 중화시킨 후 재배용토로 쓴다. 그리고 물 빠짐이 좋아야 한다. 무가 한창 자랄 때 흙이 바짝 말라 있다가 갑자기 물이 많아지면 표피가 갈라지는 열근이 생기므로 발아 후 20~25일 사이에 특히 물 관리에 주의한다.

수확

파종 후 90~100일, 소형 무는 50~60일 정도면 수확이 가능하다. 외관상으로는 위쪽을 향하여 뻗었던 잎이 벌어지고 바깥쪽 잎이 늘어지게 되면 수확기가 된 것이다. 수확이 늦어지면 뿌리에 바람이 들어 맛이 떨어질 수 있다.

병해충 방제

모자이크병 진딧물이 전염원이며, 망사를 씌워 재배한다.
검은썩음병, 검은무늬병 가을재배 시 발생하기 쉽다. 다이센엠-45를 살포한다.
배추흰나비 배추흰나비 등록약제를 살포한다.
진딧물 새잎과 새줄기에 많이 붙어 해를 끼치는데 진딧물약제로 방제 가능하다.

Tip 무의 영양소

에너지 18kcal(가식부 100g당)

수분 94.3%, 단백질 0.8g, 지질 0.1g, 당질 3.8g, 섬유소 0.6g, 회분 0.4g, 칼슘 26㎎, 인 23㎎, 철 0.7㎎, 나트륨 13㎎, 칼륨 213㎎, 비타민 A 8R.E, 베타카로틴 46㎕, 비타민 B1 0.03㎎, 비타민 B2 0.02㎎, 나이아신 0.4㎎, 비타민 C 15㎎.

(자료: 농촌진흥청 식품성분표)

21
배추

배추의 원산지는 서아시아로 추정된다. 이후 중국 남부에서 발달한 팍초이(현재의 청경채)와, 몽고와 중국 북부를 따라 전파되어 1세기경부터 재배하기 시작한 순무 계통 사이에서 잡종 형태인 결구배추로 발전한 것은 17세기로 알려져 있다. 잎들이 말려서 양배추와 같이 엽구(葉球)를 형성하는 현상을 결구라고 하는데, 배추의 품종은 결구성에 따라 불결구, 반결구, 결구의 3가지로 나뉜다. 결구종은 다시 결구 형태에 따라 포합형, 포피형, 권심형의 3가지로 나눌 수 있다. 우리나라 배추 품종은 포합형이 많으며, 13세

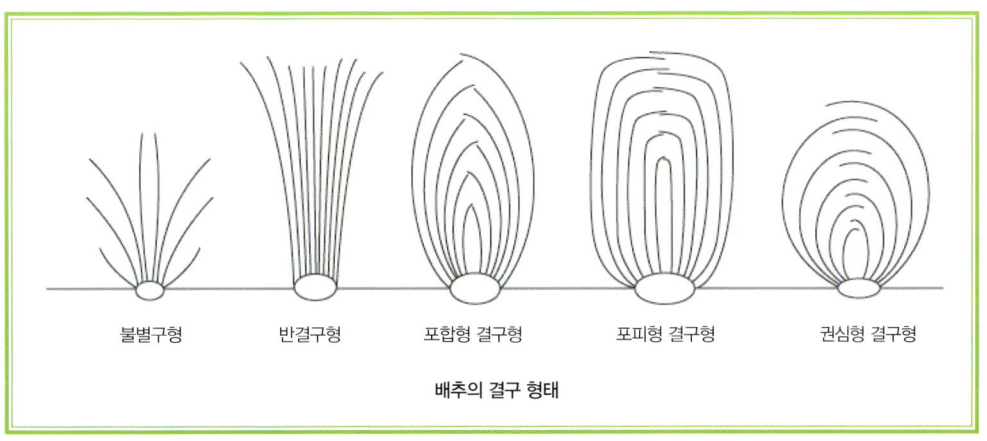

배추의 결구 형태

기 이전부터 불결구형 품종이 재배된 것으로 알려져 있다. 결구형 품종은 1900년대에 들어서야 재배되기 시작했고, 해방 이전에는 주로 반결구성인 개성배추와 경성(서울)배추가 재배되었다고 한다. 현재 종묘회사를 통해 보급되고 있는 품종들은 대부분 결구성이다.

봄배추 추대가 늦게 되는 성질이면서 병에 강하고, 석회와 붕소 결핍증에 강한 품종을 선택한다.

배추　　　　　　　　　　얼갈이배추

엇갈이배추 얼갈이배추라고도 한다. 고온에서 엽수 분화가 빠르고 탄력성이 있어 잘 부서지지 않으며, 더위와 습기, 병에 강한 품종을 선택한다. ① 봄배추 : 노랑봄배추, 여름대형가락배추, 햇봄배추, 명가봄배추, 매력배추, 청송봄배추, 동해봄배추. ② 가을배추 : 노랑김장배추, 가락신1호배추, 금빛배추, 맛나배추, 샛노랑배추, 귀공자배추, 청원1호배추, 황제배추, 계통배추.

일반적인 재배력

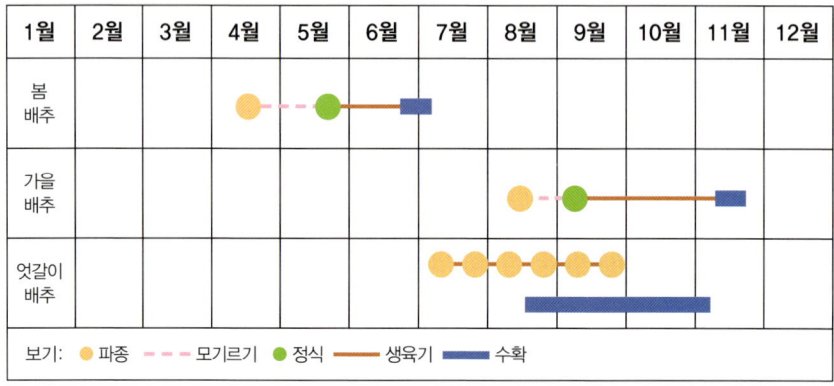

밭 만들기

보수력이 좋고 배수가 잘 되는 토양이 좋다. 비교적 햇볕이 약해도 잘 견딘다. 이랑을 만들기 전에 퇴비와 밑거름 비료를 넣는다. 아주 심기 전에 모종을 심을 구덩이를 파고 미리 물을 흠뻑 주면 초기 생육이 좋아진다. 가능한 한 배추를 심지 않았던 밭을 선택한다.

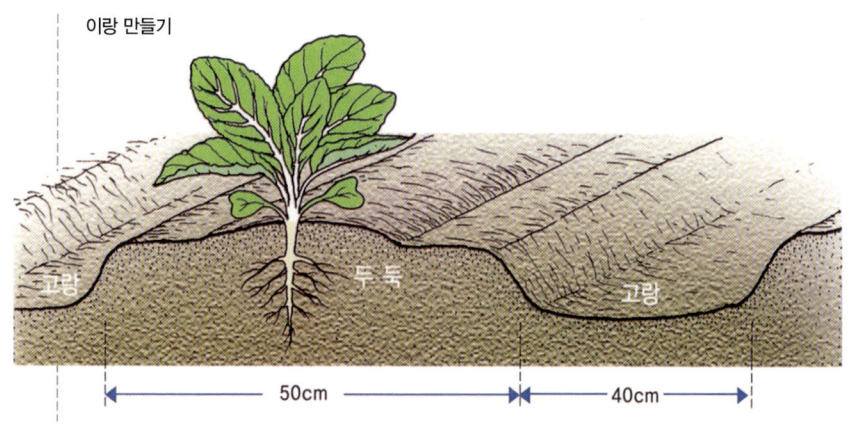

아주 심기

본잎이 5~6장인 것을 포기 간격 35cm 정도로 심는다. 더운 때이므로 흐린 날 오후에 심는 것이 좋으며, 9월 초까지는 심어야 한다. 심은 후에, 포기 밑동의 뿌리가 나온 부분은 흙을 잘 모아 덮어주고 위쪽의 잎이 붙은 부분만 지면 위로 나와 있는 상태가 되게 한다. 얕게 심으면 바람에 흔들려 부러지는 경우가 있다. 모종을 구입해 심는 것이 좋은데, 모종은 뿌리가 잘 발달해 잔뿌리가 많고 밀생되어 있는 것, 노화되지 않고 병해충 피해가 없는 것을 선택하면 된다.

거름주기

배추는 초기 생육이 왕성해야 후기 결구가 좋으므로 밑거름에 중점을 두어 퇴비, 닭똥 등의 유기질 비료를 충분히 사용해야 한다. 아주 심기 후에도 15일 간격으로 3~4회 웃거름을 주어야 잘 자란다.

거름 총량(g/3.3㎡)

- 요소 : 143~190
- 용과린 : 200~333
- 염화칼리 : 110~167
- 퇴비 : 6,700
- 고토석회 : 333
- 붕사 : 3.3

밑거름으로 복합비료를 주어도 상관없다

재배 포인트

배추는 90~95%가 수분으로 구성된 작물로 짧은 기간에 왕성하게 발육하므로 물을 충분히 주어야 정상적인 생육이 가능하다. 특히 결구가 시작되는 때에는 하루에 밭 10㎡ 당 2kg 이상 무게가 증가하므로 물도 2L 이상 소요된다. 토양이 건조하면 석회결핍증 등의 발생이 심해지고 크기가 작아지므로 건조하지 않도록 관리해야 하지만, 너무 습해도 연부병, 뿌리마름병 같은 병이 생기므로 주의해야 한다. 수확기 때 과습하면 밑동썩음병이 생기기도 한다. 배추는 봄에 재배할 경우 병이 많이 생기고 꽃대가 올라오기 쉬우므로 되도록 가을에 재배하는 것이 좋다. 비교적 비료를 많이 흡수하며 특히 질소, 칼륨과 석회를 많이 주어야 한다.

결구가 시작되는 때에는 하루에 밭 10㎡ 당 2kg 이상 무게가 증가하므로 물도 2L 이상 소요된다.

묶기와 수확

수확

봄재배는 파종 후 약 65일 정도, 가을재배는 파종 후 약 90~100일이면 수확이 가능하다. 결구된 위쪽을 눌렀을 때 단단해졌으면 적기이고, 가을배추는 늦게 수확할 경우 서리에 대비해 겉잎을 싸서 끈으로 묶어두는 것이 좋다. 단 얼갈이배추의 경우는 파종 후 60일(한여름에는 50일) 정도면 수확할 수 있다.

병해충 방제

모자이크병 진딧물에 의해 전염되므로 한랭사 등 망사를 쳐서 예방한다.
무름병 병에 강한 품종을 선택해 돌려짓기한다.
배추흰나비 배추흰나비 등록약제를 살포한다.
진딧물 새잎과 새줄기에 많이 붙어 해를 끼치는데 진딧물약제로 방제 가능하다.

> **Tip** 배추의 영양소
>
> **에너지 13kcal(가식부 100g당)**
> 수분 94.3%, 단백질 1.3g, 지질 0.2g, 당질 2.4g, 섬유소 0.7g, 회분 0.6g, 칼슘 51㎎, 인 29㎎, 철 0.3㎎, 나트륨 5㎎, 칼륨 230㎎, 비타민 A 9R.E, 베타카로틴 56㎕, 비타민 B1 0.05㎎, 비타민 B2 0.06㎎, 나이아신 0.3㎎, 비타민 C 46㎎.
>
> (자료: 농촌진흥청 식품성분표)

22 갓

갓은 배추과에 속한다. 옛날부터 재래종 갓을 많이 재배해왔으나 점차 재배 면적이 줄어들어 지방종은 거의 사라졌다. 잎의 색깔에 따라 청갓, 적갓, 중간색인 반청갓(얼청갓)으로 나뉜다. 전남지방에서 많이 재배하는 돌산갓은 대표적인 청색갓으로 도입종이다. 발아에 적당한 온도는 25℃ 정도이며, 대체로 추위에 약하다.

일반적인 재배력

1월	2월	3월	4월	5월	6월	7월	8월	9월	10월	11월	12월

노지재배: 4월 파종(직접파종)→5~6월 수확, 6월 파종(직접파종)→7~8월 수확, 9월 파종(직접파종)→10~11월 수확

보기: ● 파종 ─ 생육기 ■ 수확

밭 만들기

비교적 토질을 가리지 않으나 유기질이 풍부하고 보수력이 좋은 땅이 좋다. 토양 산도는 pH5.5~6.8 정도의 중성이 적합하며 산성에는 약하다. 이랑을 만들기 전에 퇴비와 밑거름 비료를 넣는다.

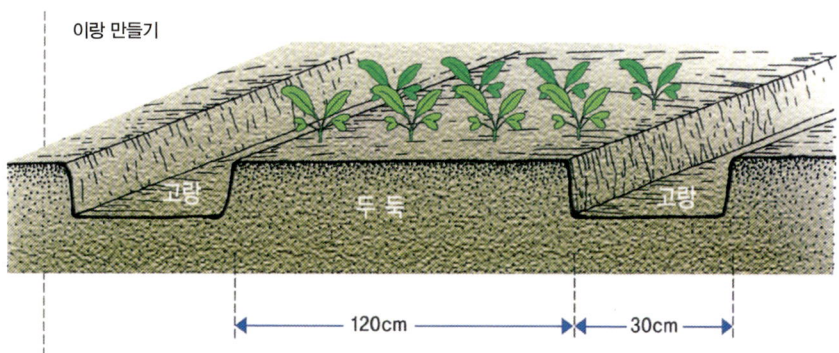

이랑 만들기 / 고랑 / 두둑 / 고랑 / 120cm / 30cm

씨뿌리기

갓 재배

종자의 양은 $3.3\,m^2$당 1.7~2mL 정도 든다. 120cm 너비의 두둑 위에 30cm 간격으로 네 개의 골을 만들어 씨앗을 줄뿌림한다. 갓은 씨가 매우 작아 너무 촘촘하게 뿌려질 염려가 있으므로 같은 굵기의 모래를 씨앗 양의

20배 정도 섞어 뿌리는 것이 좋다. 다소 촘촘하게 키워야 부드럽고 품질이 좋아진다. 본잎이 1장일 때, 2~3장일 때, 3~4장일 때, 6~7장일 때 각각 솎아주기를 한다. 마지막에는 포기 사이가 10㎝ 정도 되도록 솎아준다. 병충의 피해가 없고, 떡잎이 정상인 것을 남긴다.

거름 총량(g/3.3㎡)
• 요소 : 124 • 용과린 : 135 • 염화가리 : 67 • 퇴비 : 6,700 • 고토석회 : 500 밑거름으로 복합비료를 주어도 상관없다

거름주기

인산, 칼륨, 퇴비, 고토석회는 이랑을 만들기 전에 전량을 넣는다. 질소질 비료는 총량의 3/4~2/3에 해당하는 양을 이랑을 만들기 전에 넣고, 나머지는 씨를 뿌린 후 20일경에 웃거름으로 사용한다. 웃거름을 줄 때 땅이 지나치게 건조하면 비료를 물에 녹여서 주는 것이 좋다. 웃거름을 준 후에는 반드시 물을 주고, 평상시에는 3~4일 간격으로 3.3㎡당 10L 정도로 관수한다.

수확

파종 후 40~60일, 키가 20㎝ 정도 될 때부터 수확이 가능하다. 자라는 대로 계속 솎아내며 수확하면 부드러운 갓을 먹을 수 있다. 수확 10일 전쯤 흐린 날을 택해 피복했던 망사를 벗기고 굳히기를 한 다음 많이 자란 것부터 순차적으로 솎아서 수확한다.

병해충 방제

배추좀나방 씨를 뿌린 직후 망사를 씌워둔다. 발생 후에는 좀나방 등록약제를 살포한다.

바이러스병 망사를 피복하고 진딧물을 방제한다.

무름병 습해를 방지하고 망사를 피복한다. 염화석회 0.2%를 7일 간격으로 2~3회 살포해 예방할 수 있으며 발생 후에는 농용마이신 800배를 살포한다.

> **Tip** 갓의 영양소
>
> **에너지 33kcal(가식부 100g당)**
>
> 수분 89.3%, 단백질 3.1g, 지질 0.2g, 당질 4.7g, 섬유소 1.1g, 회분 1.6g, 칼슘 47㎎, 인 52㎎, 철 2.5㎎, 나트륨 23㎎, 칼륨 590㎎, 비타민 A 322R.E, 베타카로틴 1934㎕, 비타민 B1 0.17㎎, 비타민 B2 0.16㎎, 나이아신 0.3㎎, 비타민 C 137㎎.

(자료: 농촌진흥청 식품성분표)

23
순무

순무는 배추와 같은 속에 속하는 작물로 고려시대 이전부터 널리 재배되었으나, 최근에는 점차 줄어들어 강화, 김포 등의 일부지역에서만 재배되고 있다. 발아 및 생육에 적당한 온도는 15~22℃로 서늘한 기후를 좋아해서 남부 해안지역에서는 노지 월동 재배도 가능하다. 하지만 고온에 약해 봄이나 가을에 재배하는 것이 쉽다. 재배에 적당한 토양 산도는 pH5.5~7.5 정도로 산성토양에 강한 편이다. 지방마다, 크기에 따라, 색에 따라 다양한 품종이 있으므로 기호에 맞게 선택한다. 소순무, 황순무, 비탄홍순무, 나가

사끼적순무, 성호원, 만목, 진전, 일야채, 이여비, 강화순무, 금정, 천왕사, 개량박다, 근강, 애야홍 등이 있다.

순무밭

봄 재배 3월 중순~4월 중순에 파종해 4월 상순~4월 하순에 수확하는 작형으로, 기온이 적당하고 병충해도 그다지 많지 않아 비교적 안정적인 재배가 가능하다.

여름 재배 6월 하순~7월 상순에 파종해 8월 상순~8월 하순에 수확하는 작형으로, 장마기와 겹쳐서 건조하지 않고 무난한 재배가 가능하다. 하지만 장마가 끝난 후에는 잘 자라지 않는다.

가을 재배 8월 중순~9월 중순에 파종해 10월 하순~11월 중순에 수확하는 작형으로, 초기에 병충해 방제를 철저히 해야 한다.

밭 만들기

이랑을 만들기 전에 퇴비와 밑거름 비료를 넣는다. 흙이 너무 딱딱하면

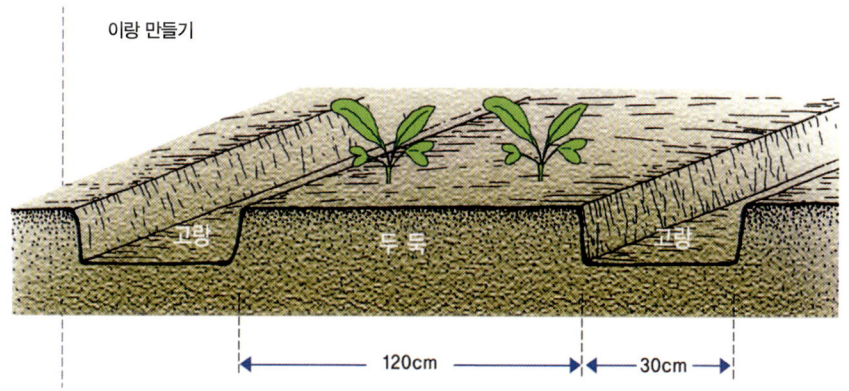
이랑 만들기

뿌리가 잘 굵지 않으므로 흙을 부드럽게 갈아주는 것이 좋다. 그러면 발아도 잘 되고 표면이 매끈한 순무를 수확할 수 있다.

씨뿌리기

네 개의 골을 길게 내어서 물을 흠뻑 준 다음 골 안에 흩어 뿌린다. 씨를 뿌린 후에는 흙을 얇게 덮어준다. 씨가 매우 작으므로 흙을 두텁게 덮지 않도록 주의한다.

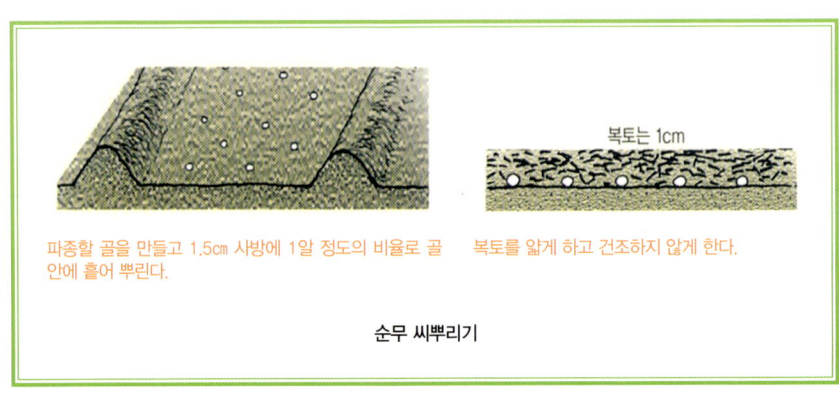

파종할 골을 만들고 1.5cm 사방에 1알 정도의 비율로 골 안에 흩어 뿌린다.

복토를 얇게 하고 건조하지 않게 한다.

순무 씨뿌리기

솎아내기

병충의 피해가 없고, 떡잎이 정상인 묘를 남긴다. 본잎 2~3장 때 2포기, 5~6장 때 1포기 남긴다. 마지막에는 포기와 포기 간격이 8~10cm가 되도록 한다. 솎을 때에는 남길 묘의 밑동을 손가락으로 누르면서 뽑아내면 뿌리가 상하지 않는다.

거름주기

파종 7~10일 전까지 완숙 퇴비, 석회 등을 밑거름으로 넣는다. 생장 중에 흙 속의 비료가 부족하면 뿌리가 갈라지기 쉽다. 1차, 2차 솎음 후에는

솎아내기 요령

일반 화학비료를 물 줄 때 함께 녹여서 웃거름으로 주면 좋다.

재배 포인트

순무는 건조하면 뿌리가 갈라지기 쉬우므로 건조하지 않도록 물을 자주 주어야 한다.

수확

뿌리가 직경 5cm 정도일 때, 봄, 여름 파종은 약 30일 후, 가을 파종은 약 60일 후면 수확이 가능하다. 과실에 상처가 생기면 갈색으로 변색되어 흉하다. 수확이 늦어지면 바람들이 현상이 나오기 쉽다.

거름 총량(g/3.3㎡)
- 요소 : 117
- 용과린 : 200
- 염화가리 : 77
- 퇴비 : 6,700
- 고토석회 : 333

밑거름으로 복합비료를 주어도 상관없다

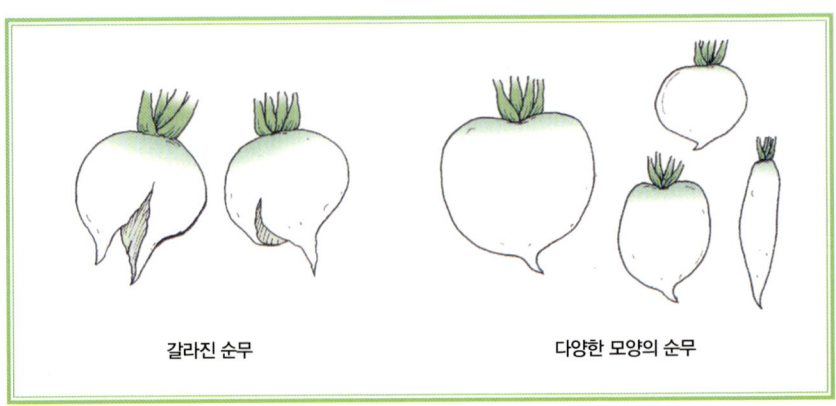

갈라진 순무   다양한 모양의 순무

병해충 방제

진딧물 새잎과 새줄기에 많이 붙어 해를 끼치는데 진딧물 약제로 방제 가능하다.

심식충 어린 싹의 속을 갉아먹는 벌레로 살충제를 사용해 방제한다.

> **Tip 순무의 영양소**
>
> **에너지 31kcal(가식부 100g당)**
> 수분 90.3%, 단백질 1.4g, 당질 7g, 섬유소 0.6g, 회분 0.7g, 칼슘 50㎎, 인 39㎎, 철 1.4㎎, 나트륨 46㎎, 칼륨 350㎎, 비타민 B1 0.06㎎, 비타민 B2 0.09㎎, 나이아신 0.8㎎, 비타민 C 17㎎.

(자료: 농촌진흥청 식품성분표)

24
양배추

우리나라에서 양배추를 본격적으로 재배하기 시작한 것은 1950년대부터다. 발아에는 15~30℃, 생육에는 15~20℃가 적당하고, 4℃ 이하, 35℃ 이상에서는 생육에 장애가 생긴다. 토양은 가리지 않는 편이나, 유기질이 풍부하고 보수력이 좋은 토양이 좋다. 품종은 크게 일반 양배추와 적색 양배추로 나눌 수 있으며, 품종에 따라 재배 시기가 다르므로 품종 선택 시 유의한다.

적색 양배추

일반 양배추 CM, 양춘, 하파2월확, 사계확, 대공, 히카리, 볼해트, 청공, 우치1호, 추덕, 조추, YR호월, 추강, 춘히카리, 춘풍2호, 추파중조생, 추파조생.

적색 양배추 루비볼, 중생 루비볼, 레드에카.

일반적인 재배력

1월	2월	3월	4월	5월	6월	7월	8월	9월	10월	11월	12월
			봄 재배								
						여름 재배					

보기: ● 파종 --- 모기르기 ● 정식 — 생육기 ■ 수확

밭 만들기

토양을 많이 가리지는 않지만 유기질이 풍부하고 보수력이 좋은 흙이 좋다. 이랑을 만들기 전에 퇴비와 밑거름 비료를 넣는다. 이랑은 재배 형태에

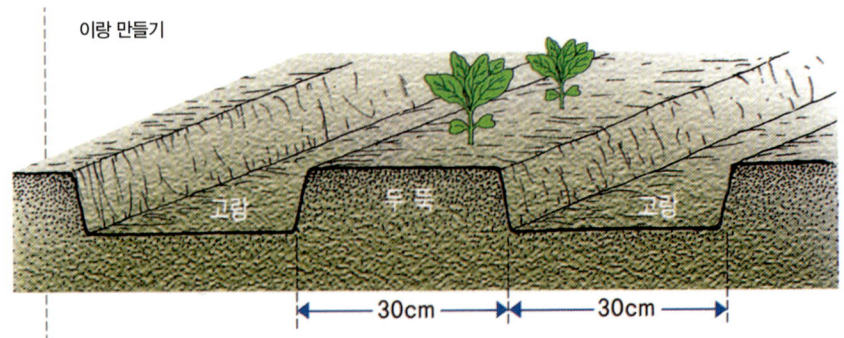

이랑 만들기 / 고랑 / 두둑 / 고랑 / 30cm / 30cm

따라서 두둑과 고랑 폭을 결정해 만들고, 아주 심기 전에 모종 심을 구덩이를 파고 미리 물을 흠뻑 주면 초기 생육이 좋아진다.

아주 심기

씨를 뿌린 후 35~40일, 본잎이 4~5장 되었을 때 뿌리가 끊어지지 않고 깊게 들어가도록 심는다. 활착 때까지 물을 주어 뿌리가 땅속 깊게 뻗도록 관리한다. 모종을 구입해 심을 때는 뿌리가 잘 발달해 잔뿌리가 많고 밀생되어 있는 것, 노화되지 않고 병해충 피해가 없는 것으로 선택한다.

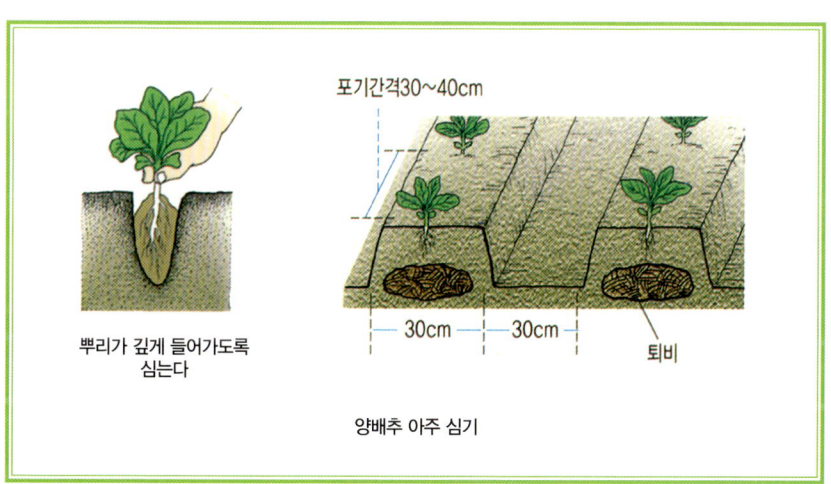

양배추 아주 심기

거름주기

만생종은 밑거름과 웃거름 비율을 1:1로 하고, 조생종은 2/3:1/3로 한다. 아주 심기 하고 1개월 후에 1차 웃거름을 주는데, 속효성 비료를 약간 주면서 흙을 돋아준다. 결구기 때는 비료의 흡수가 왕성하므로 한 번 더 웃거름을 준다.

거름 총량(g/3.3㎡)

- 요소 : 180
- 용과린 : 200
- 염화가리 : 83
- 퇴비 : 6,700
- 고토석회 : 333

밑거름으로 복합비료를 주어도 상관없다

양배추 북주기 요령

좋음   꽃대가 올라옴   결구하지 않음

양배추의 결구 상태 및 추대

재배 포인트

결구가 시작된 다음에는 바깥쪽 잎이 부러지기 쉽고 뿌리가 끊어져 생육이 나빠지므로, 제초 작업은 결구 전에 한다. 결구기 때는 수분에 민감하므로 지속적인 관수를 하도록 한다.

수확

손으로 포기를 눌렀을 때 단단한 것을 수확한다. 봄재배는 약 1~1.5kg, 가을재배는 약 0.8~1kg 정도 크기를 수확한다. 포기를 옆으로 약간 밀고 뿌리를 자른다.

병해충 방제

뿌리썩음병 생육 초기에는 잘록 증상으로 나타나며, 생육 중기 이후부터는 뿌리가 썩는 증상으로 나타난다. 배수를 철저히 하고, 돌려짓기해 방제한다.

무름병 땅에 닿는 부분 등에 수침상의 반점이 생기다가 포기 전체로 번져 썩고 심한 악취가 난다. 토양 살충제를 살포하고, 배수를 철저히 하며, 질소질 비료를 줄여 방제한다.

배추흰나비 배추흰나비 등록약제를 살포한다.

진딧물 새잎과 새줄기에 많이 붙어 해를 끼치는데 진딧물 약제로 방제 가능하다.

> **Tip 양배추의 영양소**
>
> **에너지 31kcal(가식부 100g당)**
> 수분 90.6%, 단백질 1.4g, 지질 0.2g, 당질 7.3g, 섬유소 0.8g, 회분 0.6g, 칼슘 38mg, 인 26mg, 철 0.4mg, 나트륨 5mg, 칼륨 222mg, 비타민 A 3R.E, 비타민 B1 0.04mg, 비타민 B2 0.04mg, 나이아신 0.3mg, 비타민 C 29mg.

(자료: 농촌진흥청 식품성분표)

25
케일

배추과에 속하는 케일은 양배추의 야생종에서 개량된 것으로 지중해가 원산지다. 작은 것은 키가 30~60㎝ 정도 되고 큰 것은 120㎝까지 큰다. 별 무리 없이 키우기 쉽다. 비교적 물을 많이 필요로 한다. 충분히 자랐을 때 아래쪽 잎부터 수시로 따서 쌈채소나 녹즙으로 이용한다. 베란다에서 재배한 것은 노지에서 재배한 것보다 향이 조금 떨어진다. 큰 화분이나 재배 상자에 한두 그루씩 심어 이용해도 된다. 발아에는 4~35℃가 적당하고, 생육에는 15~20℃가 적당하다. -10℃ 이하, 35℃ 이상 되면 생육에 장애가 생

| 일반케일 | 자색케일 |

긴다. 어느 토양에서든지 무난한 재배가 가능하다.

크기에 따라 키가 큰 계통과 작은 계통으로 나눌 수 있다. 소규모 재배에서는 키가 작은 계통을 선택하는 것이 좋고 지속적인 수확을 원할 경우에는 키가 큰 계통을 선택하는 것이 바람직하다. 품종에는 스코치와 시베리안이 있는데, 스코치는 잎이 많이 오글거리고 진한 회록색이며, 시베리안은 잎이 덜 오글거리고 청록색이다.

일반적인 재배력

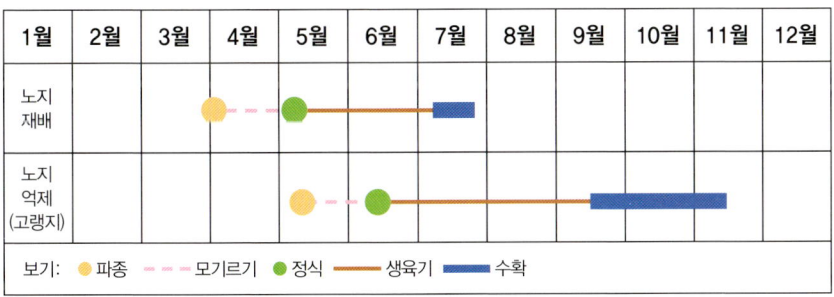

밭 만들기

이랑을 만들기 전에 퇴비와 밑거름 비료를 넣는다. 이랑은 재배 형태에

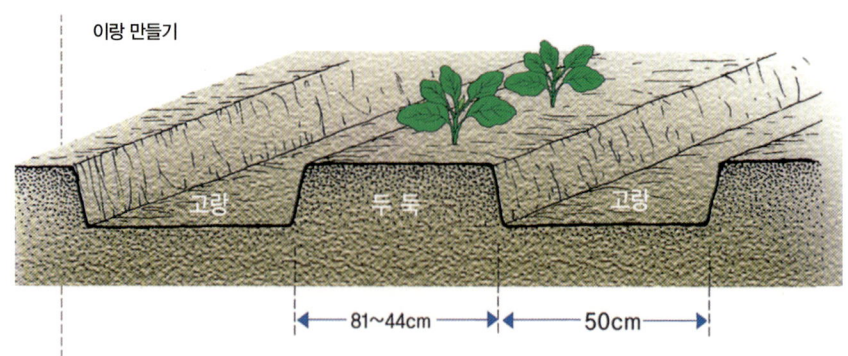

이랑 만들기

고랑　두둑　고랑

81~44cm　50cm

따라서 두둑과 고랑 폭을 결정해 만들고, 아주 심기 전에 모종 심을 구덩이를 파고 미리 물을 흠뻑 주면 초기 생육이 좋아진다.

아주 심기

케일 씨앗

온상 육묘는 씨앗 양을 $3.3m^2$당 100mg으로 하고, 2개월간 육묘해서 본잎이 4~5장 나면 아주 심기 한다. 이때 뿌리가 끊어지지 않고 깊게 들어가도록 심는다. 직파재배는 씨앗 양을 $3.3m^2$당 330mg 파종한 후, 50×10cm 간격이 되도록 조금씩 2~3회 나누어 솎아준다. 모종은 뿌리가 잘 발달해 잔뿌리가 많고 밀생되어 있는 것, 노화되지 않고 병해충 피해가 없는 것이 좋다.

거름 총량(g/3.3㎡)
- 요소 : 87
- 용과린 : 100
- 염화가리 : 100
- 퇴비 : 6,700
- 고토석회 : 333

거름주기

질소질과 칼륨질 비료는 밑거름과 웃거름을 반반으로 나누어주고, 나머지는 모두 밑거름으로 준다. 잎을 수확하면서 계속 웃거름을 조금씩 주도록 한다.

수확

온상 육묘 재배는 7~8월부터, 직파재배는 9월부터 수확이 가능하다. 서리가 내리면 맛과 당의 함량은 높아지지만 비타민 C는 파괴된다. 잎을 지속적으로 따내는 수확 방법도 가능하고 밑동을 잘라 줄기를 버리고 잎만 취하는 방법도 가능하다. 잎을 지속적으로 따내는 수확 방법의 경우 남겨두는 잎이 최소한 6~7매는 되어야 다음 수확이 가능하다.

병해충 방제

다른 채소류에 비해 배추흰나비와 진딧물에 의한 피해가 특히 심하다.

배추흰나비 배추흰나비 등록약제를 살포한다.

진딧물 새잎과 새줄기에 많이 붙어 해를 끼치는데 진딧물약제로 방제 가능하다.

> **Tip 케일의 영양소**
>
> **에너지 16kcal(가식부 100g당)**
> 수분 92.3%, 단백질 2.9g, 지질 0.4g, 당질 1.6g, 섬유소 1.2g, 회분 1.6g, 칼슘 320mg, 인 45mg, 철 1.2mg, 나트륨 45mg, 칼륨 324mg, 비타민 A 303R.E, 베타카로틴 1817㎍, 비타민 B1 0.14mg, 비타민 B2 0.25mg, 나이아신 1.3mg, 비타민 C 83mg.

(자료: 농촌진흥청 식품성분표)

26 파

　파는 백합과에 속하는 여러해살이 초본이지만 종자를 이용하는 재배 관리상 1~2년생으로 취급하며, 이용 부위에 따라 대파와 잎파로 나뉜다. 대파는 외대파, 줄기파라고도 하며, 재배할 때 북주기를 해 하얗게 된 잎줄기를 이용하는 것이고, 잎파는 잎과 잎줄기를 함께 이용하는 파로 실파와 엇파가 이에 속한다.

　형태상으로 어린 파(실파), 중간 파(엇파), 큰 파(대파)로 시장에 출하된다. 실파와 엇파는 뿌리 부위에서 잎줄기가 많이 갈라지며, 대파는 굵고 긴 줄기를 위주로 이용한다. 쪽파는 일반 파와는 달리 종자가 생기지 않기 때문에 마늘과 같이 쪽으로 심어야 하는 비늘줄기채소다. 시장에서 판매하는 파도 심어놓으면 무리 없이 잘 자란다. 화분에 심어두고 관리하면 수시로 싱싱한 파를 즐길 수 있다. 보통 3월말경 파종하고 6~7월경 아주 심어 11월경 수확한다.

수확한 파

여름파형 품종 외대파, 줄기파라고 하며 엽초 부분이 길고 굵게 자라는 품종이다. 석창, 사촌, 금장 등이 있으며 추위에 강하다.

겨울파형 품종 저온기가 되어도 휴면이 되지 않는 품종이다. 더위에 강하나 추위에는 약하므로 따뜻한 지방이 아니면 생육이 불가능하다. 구조파나 서울백파가 있다.

일반적인 재배력

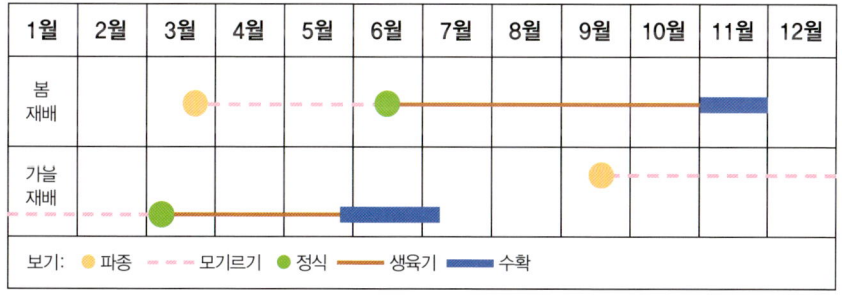

밭 만들기

이랑을 만들기 10~20일 전에 퇴비와 밑거름 비료를 넣는다. 물 빠짐이 좋은 땅에서 생육이 좋다. 산도 pH5.7~7.4 정도의 중성 내지 약알칼리성

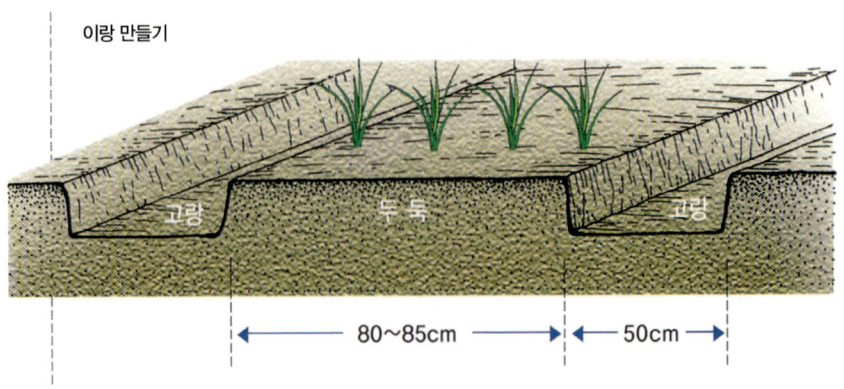

토양을 좋아한다. 건조에 비교적 강하지만 과습에는 약해 해를 입기 쉽다. 파의 뿌리는 연약해 비료에 직접 닿게 되면 말라죽으므로 흙과 골고루 잘 섞이도록 밭을 갈아준다.

씨뿌리기

본밭 10㎡당 소요되는 육묘상은 1.7㎡, 파종량은 10mL 정도다. 두둑 너비가 90~120cm 되게 파종상을 만들고 15cm 간격으로 줄뿌림하는 것이 제초 작업 등 육묘상 관리에 유리하다. 본잎이 2~3장 나면 솎음질하여 모종 간격이 1~2cm가 되도록 한다.

아주 심기

모종의 크기를 대중소로 구분해 아주 심기 한다. 분얼이 없는 외대파는 3~4cm, 분얼이 많은 쌍룡파나 구조파 등은 5~6cm 간격이 적당하며 복토는 얕게 해야 활착이 빠르다. 골의 깊이는 파의 연백부의 길이와 관계가 있는 것으로 30~35cm 정도면 충분하다. 골의 방향은 여름 오후의 강한 광선을 피하고 태풍 시 강풍에 쓰러지지 않도록 남북 방향으로 만들고 골의 서측에 심는 동향식이 좋다.

거름주기

파는 아주 심기 후 1~2개월까지 완만하게 자라고 3~4개월부터 왕성하게 자라 중량이 3~4배로 늘게 된다. 따라서 밑거름은 소량 공급하고 아주 심기 후 1~2개월부터 웃거름을 주기 시작해 비료 성분이 꾸준히 흡수되도록 하는 것이 바람직하다. 인산질 비료는 완효성이므로 밑거름과 첫 번째 웃거름으로 전량 사용하고, 질소질 비료는 3~4회 웃거름으로 주는 것이 일반적인데 생육에 따라 월 1회씩 준다.

거름 총량(g/3.3㎡)
• 요소 : 181
• 용과린 : 417
• 염화가리 : 166
• 퇴비 : 10,000
밑거름으로 복합비료를 주어도 상관없다

재배 포인트

25℃ 이상의 고온에서 다습하게 되면 바깥쪽 잎에서부터 안쪽으로 잎이 말라 들어가고 뿌리가 흑갈색으로 변해 고사하여 곧 전체가 말라 죽게 된

파꽃

파 뿌리

대파 북주기

다. 그러므로 과습하지 않도록 관리해야 한다. 북주기 작업은 파의 쓰러짐을 방지하고 연백부를 길게 해 품질을 좋게 하는 작업이다. 일반적으로 3~4회 정도가 적당한데 첫 번째는 아주 심기 후 30~40일경에 하고, 수확 전 30~40일경에 마지막 북주기를 한다. 북주기 깊이는 1~2회는 잎집부의 2/3가 덮일 정도로 가볍게 실시하고 3~4회는 잎이 갈라지는 부분까지 깊게 한다.

수확과 저장

생육 정도, 연백 상태 등을 보아 수확한다. 수확할 때 괭이로 북주기 한 흙을 제거하고 한 포기씩 뽑아 잘 털고 마른 잎을 제거한 다음 단을 묶는다. 2kg 정도의 작은 다발로 만들어 밭 한쪽에 줄지어 심는다. 흙을 잎집부가 묻힐 정도로 덮어주고 잎은 짚으로 덮어 추위로 인한 피해를 방지한다. 추위가 심한 북부 지방에서는 저장고에 넣어 동해를 막도록 한다.

병해충 방제

녹병 봄과 가을에 발생한다. 잎에 등황색의 약간 볼록하게 튀어나오는 작은 반점이 형성되고, 병반부에 다수의 등황색 가루 모양의 포자를 형성한다. 일단 병이 발생하면 약의 살포 효과가 나타나지 않으므로 예방약으로 다이센수화제, 지오판수화제를 뿌려주고 병든 잎이 보이면 조기에 제거하고 바이피단수화제나 누스타수화제를 혼용 살포한다.

파밤나방 갓 부화된 유충이 잎을 갉아 먹다가 잎 속으로 파고 들어가며 잎 겉에 흰 막을 남기고 속을 갉아 먹어 내려간다. 란네이트를 5~7일 간격으로 3회 처리해야 방제 가능하다.

파총채벌레 어른벌레의 크기가 1.5㎜가량 되고, 1년에 10회 정도 발생한다. 애벌레가 잎 표면에서 즙액을 빨아 먹어 백색 반점이 생기고, 생육이 불량해지며, 상품 가치를 크게 손상시킨다. 여름철 가뭄이 계속될 때 피해가 심하다. 파단 등을 살포한다.

> **Tip 파의 영양소**
>
> **에너지 25kcal(가식부 100g당)**
> 수분 90.3%, 단백질 2g, 지질 0.2g, 당질 4.7g, 섬유소 1g, 회분 0.8g, 칼슘 96㎎, 인 24㎎, 철 1.1㎎, 나트륨 2㎎, 칼륨 226㎎, 비타민 A 106R.E, 베타카로틴 638㎕, 비타민 B1 0.05㎎, 비타민 B2 0.09㎎, 나이아신 0.5㎎, 비타민 C 18㎎.
>
> (자료: 농촌진흥청 식품성분표)

27
쪽파

우리나라에서는 예로부터 쪽파를 배추, 무 등과 함께 중요한 김장채소로 이용했기 때문에 각 가정마다 재배했었다. 하지만 최근에는 쪽파 재배가 집단 산지로 발달해 가정에서의 재배는 그만큼 줄고 대부분 지방 재래종을 이용한다. 생육에 적당한 온도는 15~20℃이고, 사질 양토를 좋아하며, 유기질이 풍부한 토양에서 잘 자란다. 영양번식을 하므로 유전적 변이가 적으며 다른 작물처럼 품종이 다양하게 분화되어 있지 않다. 우리나라 쪽파는 대부분 중국 품종으로 추대와 개화를 안 하는 것이 정상이다. 수확 시기에 따라 조생종, 중생종, 만생종으로 분리되며 지방에 따라서 품종에 다소 차이가 있다.

일반적인 재배력

1월	2월	3월	4월	5월	6월	7월	8월	9월	10월	11월	12월
노지 재배							●	――	■■		
종자생산 재배	――	――	――	■				●	――	――	

보기: ● 파종 ―― 생육기 ■ 수확

밭 만들기

이랑을 만들기 전에 퇴비와 밑거름 비료를 넣는다. 물 빠짐이 좋은 땅은 이랑을 약간 넓게 만들고 물 빠짐이 안 좋은 땅은 이랑을 좁게 하여 재배한다. 두둑에 비닐을 씌우면 땅의 온도가 높아져서 생육이 빠르고 잡초 제거와 관수 노력을 절감할 수 있다.

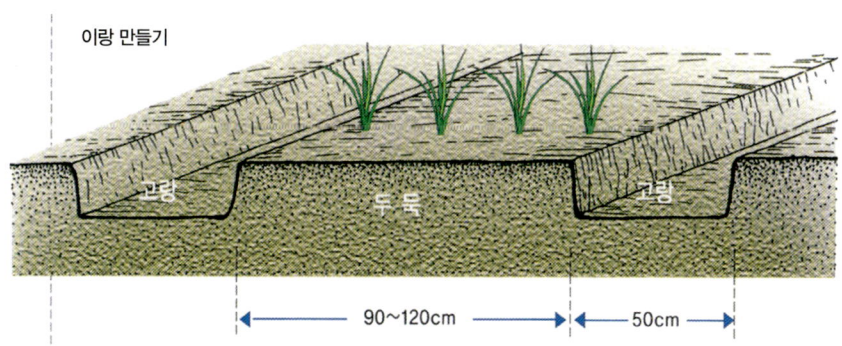

이랑 만들기

쪽파 종구

씨뿌리기

저장한 종구는 뿌리와 줄기를 절단하고 반나절 정도 햇볕을 쬐여 외피를 제거한다. 그중 단단하고 윤기가 나는 것을 골라 인경을 2~3구씩 쪼개어 심는 것이 뿌리내림이 빠르다. 종구의 크기는 5g 이상의 대구가 소구에 비해 수량이 많다. 종구는 10㎡당 1.8~2.4kg 정도 소요된다. 외피에서 광택이 나는 것, 종구가 단단하고 충실한 것, 병해충의 흔적이 없는 것을 고른다. 포기 거리는 15×15cm를 기준으로 조절해 1㎡당 40 포기 전후로 심는 것이 좋다. 5~10cm 정도의 골을 파 씨쪽파를 심고 그 위로 2.5cm 정도 흙을 덮어준다. 이때 씨쪽파가 넘어지지 않도록 주의한다.

거름 총량(g/3.3㎡)
• 요소 : 150 • 용과린 : 167 • 염화가리 : 83 • 퇴비 : 5,000 • 석회 : 330
밑거름으로 복합비료를 주어도 상관없다

거름주기

쪽파는 거름을 많이 필요로 하는 다비성 채소이다. 양념채소라는 측면에서 볼 때 향기가 좋고 잎이 부드러워야 하므로 질소질과 인산질 비료를 알맞게 주어야 한다. 재배 기간 중에는 비료분이 꾸준히 유지되어야 하는데, 만약 부족하면 잎이 굳어 상품 가치가 떨어진다. 토양 조건이나 수확 시기에 따라 거름 양이 달라진다.

재배 포인트

파종 후 잎이 3~4매 정도 나면 웃거름을 주고 잡초를 뽑아준 다음 쓰러지지 않도록 흙을 약간 덮어준다. 가을에 수확하려면 북주기를 충분히 해

흰 부분이 많게 가꾸고, 월동한 후에 수확하려면 북주기를 얕게 해 줄기가 단단하게 자라도록 관리한다. 건조하면 생육이 부진해 품질이 떨어지며, 과습하면 병해충 발생이 심하므로 수분 조절을 잘해야 한다. 월동을 할 경우에는 배수구를 정리해 습해를 받지 않도록 관리하고 서릿발의 피해도 줄이도록 해야 한다.

쪽파꽃

수확

새끼치기가 시작되고 잎이 무성해지기 시작하면 수확할 수 있다. 수확은 포기가 크고 초장이 긴 것부터 3~4회에 나누어서 수확하면 된다. 밀식되면 포기가 비대해지지 못하고 수확 시기가 늦어지면 초장이 계속 자라 비나 바람에 쓰러질 수 있으므로 일찍 솎으면서 수확한다. 종구용은 수확기가 지난 후 맑은 날을 택해 땅과 종구가 마르기 전에 수확한 후 그늘진 곳에 매달아 강제적으로 휴면시키는 것이 좋다.

병해충 방제

버짐병 3월 하순~4월 상순부터 발생하기 시작해 4월 중순경 가장 심해진다. 잎의 표면에 긴 타원형 또는 방추형의 황백색 병반이 생기는데 나중에 흰곰팡이가 생기면서 말라 죽는다. 저장 시 큰 피해를 나타내는 병으로 상처를 통해 식물에 침입한다. 이어짓기를 피하고 배수가 잘 되도록 관리하고 발생 초기에 타코닐이나 다이센엠45 수화제 등 살균제를 살포한다.

고자리파리 1년에 4회 정도 발생하며 알에서 깨어난 애벌레가 땅속에 내려가 뿌리에 해를 끼친다. 쪽파는 고자리파리의 피해가 심하므로 심기 전 밭을 갈아줄 때 토양살충제를 살포하고 산란기인 4월에 살충제를 한 번 더 준다.

총채벌레 쪽파의 줄기에 기생하면서 즙액을 빨아먹는 작은 해충이다. 고온 건조할 때 번식이 왕성하며 심하면 잎 전체가 회백색으로 변해 상품가치를 상실한다. 건조하면 물을 주고 살충제를 살포한다.

> **Tip 쪽파의 영양소**
>
> 에너지 24kcal(가식부 100g당)
> 수분 90.3%, 단백질 2g, 지질 0.2g, 당질 4.7g, 섬유소 1g, 회분 0.8g, 칼슘 96mg, 인 24mg, 나트륨 2mg, 칼륨 226mg, 비타민 A 106R.E, 베타카로틴 638㎍, 철 1.1mg, 비타민 B1 0.05mg, 비타민 B2 0.09mg, 나이아신 0.5mg, 비타민 C 18mg.

(자료: 농촌진흥청 식품성분표)

28 마늘

우리나라에 마늘이 들어온 것은 기원전으로 알려져 있다. 재배되는 품종은 크게 난지형과 한지형으로 나뉘는데, 남해연안과 섬 지방, 제주도 같이 겨울이 따뜻한 지역에 적응된 품종을 난지형이라고 하고, 내륙이나 중부지방의 한랭지에 적응된 품종을 한지형이라고 한다. 난지형은 쪽수가 8쪽 이상으로 많고 저장성이 안 좋은 반면, 한지형은 쪽수가 6~7쪽이고 만생이지만 저장성이 좋다.

난지형 마늘은 추위에 약해 중부지역에서는 하우스 재배만 가능하다. 토심이 깊고 물 빠짐이 좋은 중점토나 점질양토에서 저장력이 좋고 우수한 마늘이 생산된다. 석회나 퇴비의 사용 효과가 크고, 산성이 강하면 초장이 잘 자라지 않으며 뿌리 끝이 둥글게 굵어지고 구의 비대가 좋지 않게 된다.

난지형 마늘 제주종, 해남종, 남도마늘, 대서마늘, 자봉마늘. 마늘 쪽수는 10~12개 정도이며, 한지형에 비해 매운맛이 적고 저장성이 약하다.

한지형 마늘 서산종, 의성종, 단양종. 마늘 쪽수는 6~8개이고 매운맛이 강하며 저장성이 좋다.

일반적인 재배력

	1월	2월	3월	4월	5월	6월	7월	8월	9월	10월	11월	12월
노지 재배												

보기: ● 파종 ― 생육기 ■ 수확

밭 만들기

토심이 깊고 물 빠짐이 좋은 중점토나 점질양토가 적합하다. 토양 산도는

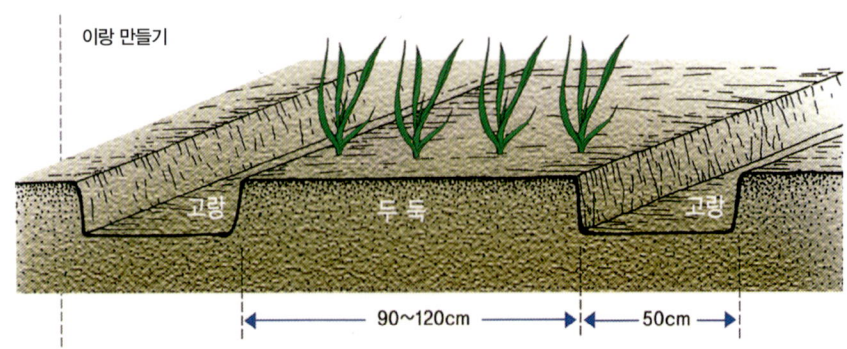

이랑 만들기 / 고랑 / 두둑 / 고랑 / 90~120cm / 50cm

pH5.5~6.0 정도의 중성으로 석회나 퇴비를 뿌리면 좋다. 이랑을 만들기 전에 퇴비와 밑거름 비료를 넣는다. 이랑은 재배 형태에 따라서 두둑과 고랑 폭을 결정하여 만드는데, 물 빠짐이 좋은 땅은 5줄 재배하고 물 빠짐이 안 좋은 땅은 4줄 재배한다. 두둑에 비닐을 덮으면 지온이 높아져서 생육이 빠르고 잡초 제거와 관수 횟수를 줄일 수 있다.

수확한 마늘

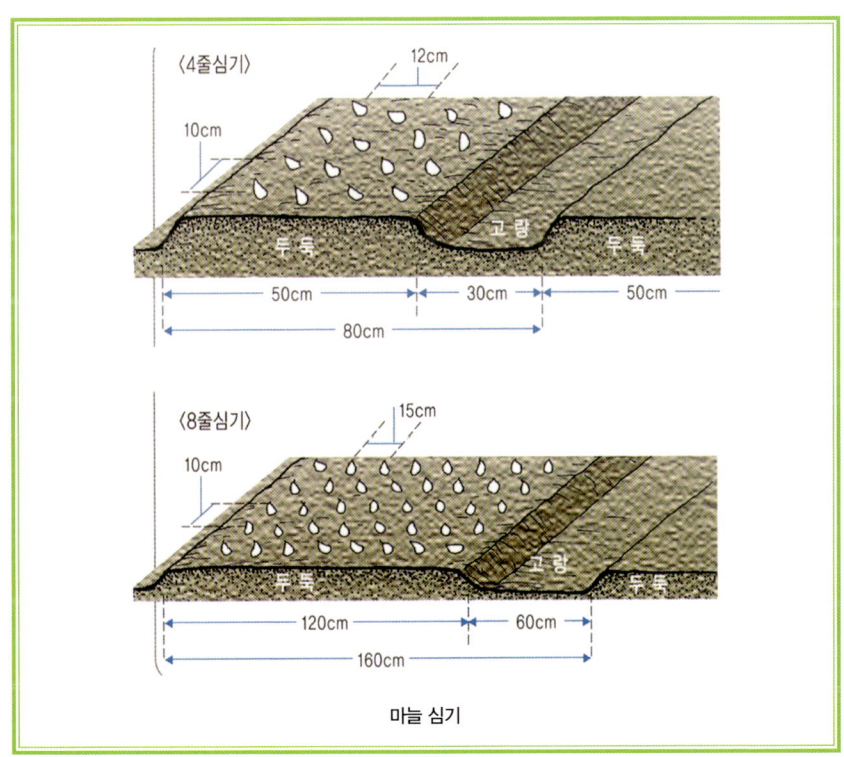

마늘 심기

씨뿌리기

종구(씨마늘)는 10㎡당 70~80개 정도 든다. 종구 소독을 위해 벤레이트티 400배액에 1시간 담갔다 꺼내 그늘에서 말린 후 파종한다. 한 두둑 안에 줄 사이 15~20cm, 포기 사이 10~12cm 간격으로 4~5줄로 심는다. 파종 후 흙을 덮은 다음에는 가볍게 흙을 다져 물이 잘 스며들게 해준다. 한랭 건조한 지방에서는 볏짚, 낙엽, 미숙 퇴비 등으로 덮어주는 것이 좋다.

마늘은 월동작물로 뿌리가 곧고 길게 자라므로 깊이 심어야 한다. 너무 조밀하게 심으면 웃자라고, 구의 비대가 좋지 않다. 인편의 뿌리가 난 쪽이 밑으로 가도록 심고, 심는 깊이는 인편 길이의 2배 정도인 4~5cm가량이며 그 위에 복토한다.

일반관리

토양이 건조하면 뿌리내림이 늦고 월동력이 약해지므로 가을 가뭄 때는 관수와 비닐, 짚 덮기를 해준다. 짚 덮기는 11월 중하순에 한다. 파종 후 땅이 얼기 전에 투명 비닐을 덮고 겨울을 난 다음, 본잎이 3장 내외가 될 때 비닐을 뚫어 싹을 밖으로 유인한다. 마늘이 자라면서 지온이 올라가는 것을 막기 위해 한두 차례 흙을 비닐 위에 얕게 덮어준다. 봄에 비가 자주 오면 배수구를 정비해 습해를 예방하고, 가물 때는 고자리파리가 잘 생기므로 물비료를 주고, 관수를 잘 하고 흙과 짚으로 덮어 건조해지지 않도록 관리한다. 마늘종(마늘 꽃대) 자람은 구의 비대기와 같이 진행되므로 나타나는 즉시 제거해준다. 구의 비대기에는 10일 간격으로 30mm 정도씩 땅속 깊이 스며

마늘 싹이 올라오고 있다.

들 정도로 충분히 관수한다. 장마철에는 배수구 정비와 무름병 방제에 신경 쓰고, 적기에 수확해 잘 건조시켜야 오래 저장할 수 있다.

거름 총량(g/3.3㎡)
• 요소 : 181 • 용과린 : 128 • 염화가리 : 71 • 퇴비 : 10,000 • 석회 : 500 밑거름으로 복합비료를 주어도 상관없다

재배 포인트

마늘쪽이 분화되기 위해서는 5℃ 이하에서 30일이 경과해야 한다. 발아에는 15~27℃, 생육에는 18~20℃가 적당하고, 25℃ 이상의 고온에서는 생육이 정지한다. 구의 비대는 일장과 온도의 영향을 많이 받는데 12시간의 장일에서 구 비대가 촉진되고 단일 조건에서 구 비대가 억제된다.

수확

잎과 줄기가 1/2~2/3가량 누렇게 변했을 때 수확한다. 수확기가 늦어지면 저장성이 떨어지고 열구와 부패과가 많이 발생한다.

수확 후 한 접씩 묶어놓은 모습

병해충 방제

잎마름병 4~5월에 나타나기 시작한다. 습한 조건에서 발생하므로 배수에 유의하고 살균제를 살포해 번지는 것을 막는다. 4월 중순경 이프로 수화제 또는 안트라콜 수화제에 전착제를 첨가해 10~15일 간격으로 살포한다.

뿌리응애 주로 마늘의 생장점 부근의 뿌리가 발생하는 부분에 모여 집단으로 해를 끼치는데 심할 경우 인편 내부까지 썩는다. 온도와 습도가 높은 조건에서 번식이 왕성하다. 토양살충제를 살포하는 것도 효과가 있지만 종구를 통한 감염을 방지하는 것이 중요하다.

> **Tip** 마늘의 영양소
>
> 에너지 19kcal(가식부 100g당)
> 수분 86.2%, 단백질 3.5g, 지질 0.5g, 당질 7.6g, 섬유소 1.4g, 회분 6.8g, 칼슘 32mg, 인 46mg, 철 1mg, 나트륨 10mg, 칼륨 339mg, 비타민 A 282R.E, 베타카로틴 1690㎕, 비타민 B1 0.13mg, 비타민 B2 0.12mg, 나이아신 0.8mg, 비타민 C 81mg.

(자료: 농촌진흥청 식품성분표)

29
부추

 부추는 백합과에 속하는 여러해살이식물로 지역에 따라 정구지, 솔 등으로 불린다. 중국 동북부가 원산지로 오래전부터 약용과 식용으로 이용되어왔다. 생육에 적당한 온도는 18~20℃로 저온과 고온에 모두 강한 편이지만 너무 강한 광선을 쬐면 품질이 떨어지게 된다. 부추는 다른 잎채소와는 달리 물을 그다지 좋아하지 않는다. 햇빛이 잘 드는 곳, 건조한 흙만 있다면 쉽게 키울 수 있다. 모종을 사서 이랑을 깊게 판 후 아주 심기 한다.
 부추는 솎는 작업 대신 지나치게 무성해지지 않도록 포기나누기 작업을 해준다. 부추 잎이 20cm가량 자라면 밑동에서부터 잘라 먹는다. 다년생이기 때문에 한 번 심으면 3~4년 동안 수확할 수 있다. 봄, 가을에는 20일 정도면 다시 자라 다음 번 수확이 가능하다. 부추는 일반적인 재래종 부추부터 잎의 폭, 잎의 두께, 향기 등을 개량한 다양한 품종들이 나와 있다. 비교적 재배가 용이하며 분얼력이 왕성하고 수량이 많은 우량종을 선택하는 것이 좋다.

그린벨트 생육이 왕성하고 연해 품질이 좋다. 노지 여름 생산에 적합하다.
소엽부추 잎이 좁은 편이나 분얼력이 왕성해 수량이 비교적 많다. 추위와 더위에 모두 강해 비교적 재배가 용이하다.
참피언그린벨트 잎이 매우 부드럽고 섬유질이 적으며 단맛이 많다.

일반적인 재배력

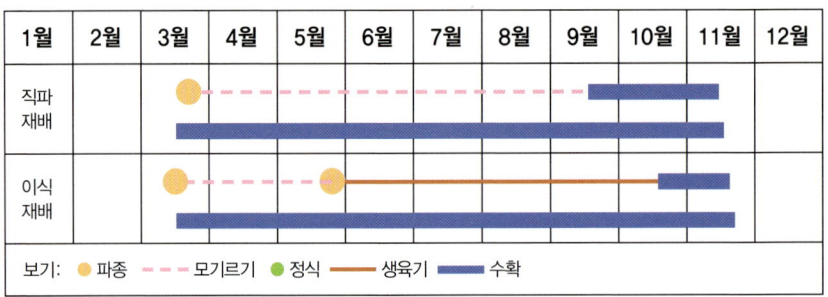

밭 만들기

토양 적응성이 넓고 토질을 가리지 않는 편으로 건조에 강하고 습기에 약하다. 토양 산도는 pH6.0~7.0 정도의 중성에서 잘 자란다. 파종 20일 전에 깊이갈이 하고, 10일 전에 퇴비와 밑거름 비료를 넣고 땅고르기 한다. 이랑은 재배 형태에 따라서 두둑과 고랑 폭을 결정해 만드는데, 물 빠짐이 좋은 땅은 5줄 재배하고 물 빠짐이 안 좋은 땅은 4줄 재배한다.

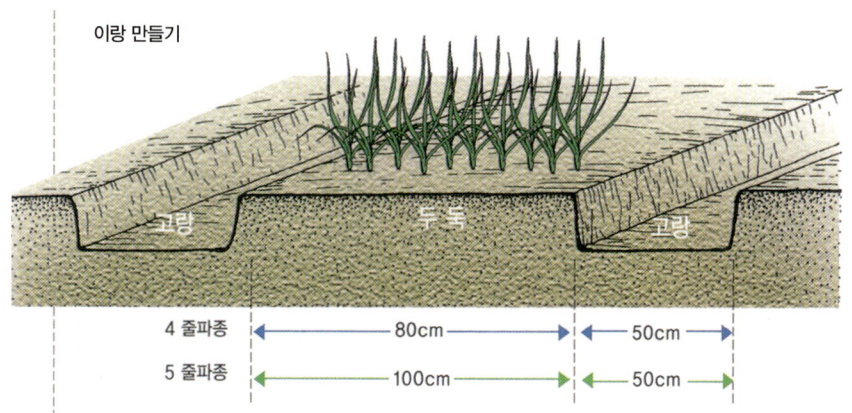

씨뿌리기

포기 사이를 20~30cm 간격으로 직파하고 다소 촘촘하게 파종한 후 고운 모래를 3~5mm 정도 균일하게 덮어준다. 건조해지지 않도록 짚을 1cm 두께로 깔아주고 3.3㎡당 5L 정도 물을 준 뒤 비닐로 덮는다. 발아 후 볏짚과 비닐은 제거한다. 종자는 수명이 아주 짧아 1~2년 정도이다. 종자의 껍질이 얇고 쭈글쭈글한 무늬가 있으며 단단하고 두터워 발아가 늦기 때문에 씨뿌리기 전에 20시간 정도 물에 담가두었다가 그늘에서 약간 말린 후 뿌리면 좋다. 영양번식과 종자번식 모두 용이하다.

부추밭

부추꽃

부추 씨앗

일반관리

부추는 뿌리줄기가 매년 위로 올라오므로 뿌리줄기가 지면에 드러나는 것을 방지하기 위해 2~3cm 정도 흙덮기를 해준다.

8월이 되면 꽃이 피는데, 한 번 수확한 뒤 늦게 나오는 포기도 많이 있으므로 전 포기 일제히 피지는 않는다. 따라서 7~10일 간격으로 꽃대를 따주면 된다.

일주일에 한 번 정도씩 땅속 깊이 스며들 정도로 충분히 물을 준다. 날씨가 추워지는 11월초부터 지상부의 잎은 말라 시들고 휴면기에 들어간다. 이때 땅이 얼기 전 충분히 물을 주면 뿌리줄기가 안전하게 월동해 이듬해 싹이 빨리 튼다. 봄이 되면 잡초를 제거해 지온을 높이고 표토를 부드럽게 해 새싹이 올라오도록 해야 한다.

연화 재배

하절기에는 50% 차광이 가장 좋으며, 지면에서 5cm 정도의 높이로 톱밥, 모래, 왕겨 등으로 북주기를 하여 햇빛을 차단하면 잎의 아래쪽이 희게 자라며 연화되어 부추의 질을 높일 수 있다.

거름주기

부추는 생육 기간이 길고 다비성 작물이므로 생육 중 비료가 부족하지 않게 완효성 퇴비를 많이 준다. 덧거름은 저온기를 제외하고 언제든지 줄 수 있지만, 1년에 2회 생육이 왕성한 봄과 가을에 주는 것이 좋다. 이랑에 덧거름을 준 뒤에는 반드시 김을 매 흙을 부드럽게 만들어주는 사이갈이를 해 비료가 직접 노출되지 않도록 하는 것이 중요하다.

거름 총량(g/3.3㎡)
- 요소 : 174
- 용과린 : 400
- 염화가리 : 111
- 퇴비 : 13,000
- 석회 : 330

밑거름으로 복합비료를 주어도 상관없다

수확

부추의 잎 끝이 둥글게 자라고 전체 잎 길이의 80% 정도가 23~25㎝ 정도 되면 수확한다. 수확 횟수는 봄에는 2~3회, 가을은 1~2회가 가장 좋다. 수확 시 부추를 자르는 높이는 첫 수확 시 3~4㎝, 그 후에는 첫 수확 절단 부위에서 1~1.5㎝ 이상 남기고 수확한다. 그래야 재생력이 왕성해져 다음 수확 시기가 빠르다.

병해충 방제

잿빛곰팡이병 잎에 발생하며 4~5월부터 생기기 시작해 6~8월 우기에 심해진다. 잎 주위는 홍갈색, 중앙은 회백색의 병반을 나타내며 후에는 잎 표면에 회색의 곰팡이가 밀생한다. 토양이 너무 과습하지 않도록 관리해주고, 스미렉스, 유파렌 600배액으로 방제한다.

뿌리응애 부추의 뿌리 부분에 기생해 포기를 고사시킨다. 다이아지논 입제, 모캡입제, 오트란입제 같은 토양 침투성 살충제를 처리한다.

파좀나방 여름에 발생해 주로 부추의 새잎을 갉아먹으므로 피해가 대단히 크다. 될 수 있으면 발생 즉시 방제하도록 하며 7~9월에 2회 정도 살충제를 살포해준다.

> **Tip 부추의 영양소**
>
> **에너지 23kcal(가식부 100g당)**
> 수분 92.5%, 단백질 2.9g, 지질 0.5g, 당질 2.8g, 섬유소 1.1g, 회분 1.3g, 칼슘 47㎎, 인 34㎎, 철 2.1㎎, 나트륨 5㎎, 칼륨 446㎎, 비타민 A 516R.E, 베타카로틴 3,094㎍, 비타민 B1 0.11㎎, 비타민 B2 0.18㎎, 나이아신 0.8㎎, 비타민 C 37㎎.
>
> (자료: 농촌진흥청 식품성분표)

30 생강

생강은 생강과에 속하는 아열대성 다년생 초본식물이지만 우리나라에서는 겨울 추위에 고사하기 때문에 1년생 초본식물로 자란다. 품종 육성이 미흡하여 거의 분화되어 있지 않고 괴경(덩이줄기)의 크기에 따라 소생강, 중생강, 대생강으로 나뉜다. 대생강은 열대지방에서만 재배되고 우리나라에서는 분얼이 많은 소생강과 중생강의 재래종이 재배되고 있다. 15℃ 이하에서는 생육이 어렵고, 이어짓기를 하면 뿌리썩음병이 심하게 나타날 수 있다. 4월 중하순에서 5월 상순까지 파종해 8~10월에 수확한다. 생육 초기에는 반양음지(하루 중 일조 시간이 한나절밖에 되지 않는 그늘진 곳)에서 발육이 좋으므로 보리밭 등의 이랑 사이에 파종하면 건조의 피해도 막을 수 있어 좋다.

생강밭

밭 만들기

토양 적응성이 좋아 전역에서 재배할 수 있지만 비옥하고 배수가 잘 되는 양토나 사양토가 알맞다. 토양 산도 pH6.0 정도의 약산성 토양에서 잘 자란다. 밭을 20㎝ 정도 깊이로 갈아준 다음 아주 심기 10일 전에 심는 골을 만들고 밑거름을 준 후 흙을 덮어 비료가 직접 생강의 뿌리에 닿지 않도록 한다. 두둑 너비는 130~150㎝로 하고, 포기 사이는 45㎝ 간격으로 해 두 줄로 심는다.

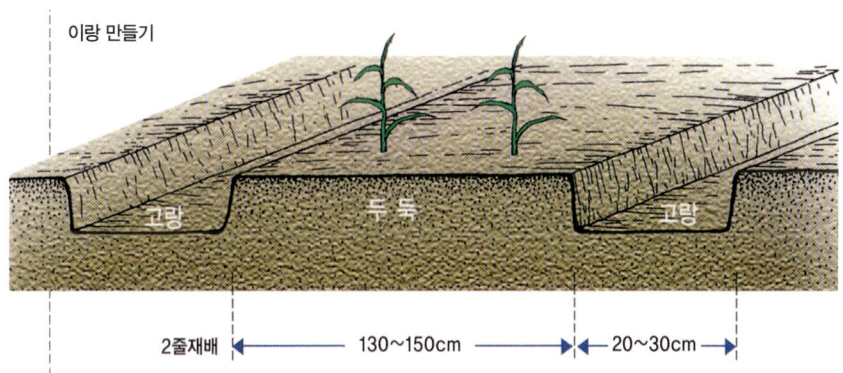

종묘생강 준비하기

외관이 싱싱하고 터짐이 없으며 육색이 선홍색인 것을 선택해야 한다. 20g 정도의 크기로 눈이 2~3개 정도 달리도록 잘라서 심는다. 싹을 틔우지 않고 심으면 발아까지 1개월 정도 걸리므로 따뜻한 온상에 종묘생강을 잘 펴놓고 물을 충분히 준 후 흙을 덮고 가마니나 비닐을 덮어두면 2주일 후에 싹이 나온다.

아주 심기

심기 전 3~4일 햇볕을 쬐면 발아 촉진 효과가 있다. 한 구덩이에 2~3편의 생강을 심고 얇게 흙덮기 한 다음 짚이나 왕겨로 덮어 건조를 막아준다.

마른 짚 덮어주기

일반관리

6~7월초에 김을 맬 때 웃거름을 주고 북을 준다. 이때 장마철에 토양이 과습하지 않도록 관리한다. 건조에 약하므로 7~8월 고온기에는 이랑 사이에 볏짚이나 풀 같은 것을 깔아주며 김매기를 중지하고 관수해준다. 생강은 줄기가 어느 정도 무성해지기까지 2개월 이상 소요되므로 그 사이에 잡초가 생기는 것을 방지하기 위해 파종 후에는 토지 전면에 볏짚을 깔아준다. 천근성(얕은 뿌리) 채소여서 뿌리가 약하므로 건조할 때는 저녁에 물을 준다.

거름 총량(g/3.3㎡)
• 요소 : 160~190
• 용과린 : 140~160
• 염화가리 : 35~45
• 퇴비 : 8,600
• 석회 : 800~900
밑거름으로 복합비료를 주어도 상관없다

거름주기

재배 기간이 길어 질소질 비료는 유실되기 쉽고, 일시에 비료를 많이 주면 생강의 생육에 해롭기 때문에 유기질 퇴비를 많이 사용하는 것이 좋다.

수확과 저장

보통 재배에서 8~9월에 수확하는 것은 잎생강이고 9~10월부터는 뿌리로 수확한다. 종자용 생강은 서리가 내리기 전에 수확해서 줄기 잎을 제거해 저장한다. 저장적온은 13~16℃이고, 18℃ 이상이 오랫동안 지속되면 싹이 나며, 10℃ 이하에서는 부패한다. 수확 시 상처는 부패의 원인이 되므로 수확 후에는 온도 30~33℃, 습도 90% 이상에서 7~8일간 상처가 아물도록 큐어링시킨 다음 저장한다.

생강을 수확한 모습

병해충 방제

뿌리썩음병 발병 우려가 있는 밭에서는 파종 전에 석회를 3.3㎡당 330~670㎏ 시용하고, 다조메분제로 토양을 소독한다.

백색병 퇴비를 충분히 주고 비료가 부족하지 않도록 관리한다. 발병하면 4-4식 석회보르도액에 전착제를 첨가해서 뿌려준다.

잎마름병 배수가 불량한 곳은 배수가 잘 되도록 해주고, 밭을 만들 때 퇴비를 충분히 주고 비료가 부족하지 않도록 추가로 관리해준다.

> **Tip 생강의 영양소**
>
> **에너지 53kcal(가식부 100g당)**
> 수분 83.3%, 단백질 1.5g, 지질 0.2g, 당질 12.3g, 섬유소 1.6g, 회분 1.1g, 칼슘 13㎎, 인 28㎎, 철 0.8㎎, 나트륨 3㎎, 칼륨 344㎎, 비타민 B1 0.03㎎, 비타민 B2 0.04㎎, 나이아신 1㎎, 비타민 C 5㎎.

(자료: 농촌진흥청 식품성분표)

31 아욱

아욱은 아욱과의 다년생 초본이나 우리나라에서는 매년 파종해 재배한다. 고려 중엽 이규보의 〈동국이상국집〉에 채소밭에 심은 아욱에 대한 시가 있는 것으로 보아 고려시대 이전에 전파된 것으로 보인다.

 아욱은 영양가를 고르게 갖춘 알칼리성 식품으로 특히 칼슘이 많아 발육기의 어린이에게 좋다. 연한 줄기와 잎을 식용하며 주로 된장을 풀어 끓인 아욱국을 많이 먹는다. 조직이 부드러운 섬유질이 많아 소화가 잘되고 장의 운동을 부드럽게 해줘 변비에도 좋다. 발아에는 20℃ 정도, 생육에는

16~25℃가 적당하다.

밭 만들기

물 빠짐이 좋고 부식질이 풍부한 참흙이 좋으며 토양 적응성이 넓어 토양을 거의 가리지 않는 편이다. 약한 광선을 좋아하여 햇볕 쪼임이 좋은 곳이 적지이다. 두둑 넓이는 100cm 정도로 하고, 포기 사이는 20cm, 줄 사이는 20~30cm로 심는다.

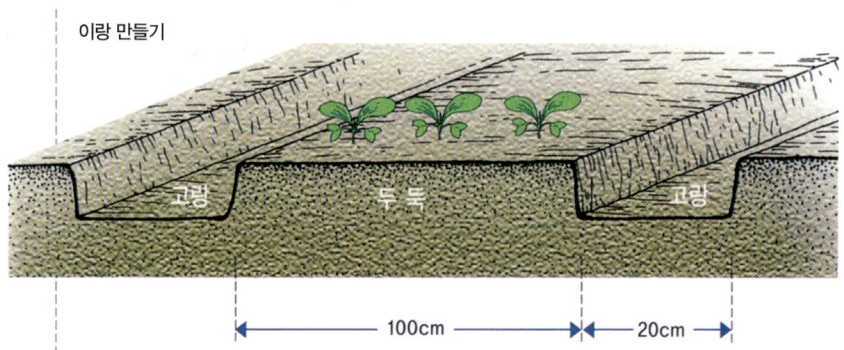

씨뿌리기

고온기를 제외하고는 어느 때나 씨뿌리기가 가능하나 여름철에는 일찍 추대되기 때문에 상품성이 떨어진다. 따라서 주로 4월경에 파종해 6월부터 7월까지 수확한다. 남부지방에서는 9월에 파종해 10월에 수확하는 것도 가능하다.

일반관리

모종을 길러 아주 심기 할 때를 제외하고는 솎는 작

아욱이 자라는 모습

아욱 줄기의 생김새

아욱 종자가 대에 달려 있는 모습

업을 해주는데, 발아 후 10~15cm 정도 자랐을 때 첫 번째 솎기, 20~30cm 정도 자랐을 때 두 번째 솎기를 한다. 점뿌림을 한 경우에는 3~4개를 남긴다. 잡초가 생기는 것을 막기 위해 검은 비닐로 멀칭하는 것이 좋다.

거름 총량(g/3.3㎡)
• 요소 : 90~110 • 용과린 : 170~190 • 염화가리 : 50~70 • 퇴비 : 3,000
밑거름으로 복합비료를 주어도 상관없다

거름주기

밑거름은 아주 심기 한 달 전에 비료를 골고루 주고 밭을 갈아준다. 웃거름은 아주 심기 후 15~25일경부터 수확한 후에 질소 2kg, 칼륨 1kg 정도를 물비료로 만들어 물을 줄 때 함께 준다.

수확

아욱이 20cm 정도 자랐을 때부터 수확이 가능하다. 모종을 길러 아주 심기 한 경우 아욱의 크기가 30㎝ 정도 되었을 때 지상부 3~4마디를 남기고 절단하면 곁가지가 많이 자라나 수확량이 늘어난다.

병해충 방제

자주 발생하는 병으로는 노균병 등이 있으며 충해로는 거세미나방이 있다. 병해충 발생이 적어 비교적 재배가 쉬우나 장마기에는 명주달팽이가 많이 발생하므로 밭을 건조하게 유지하는 게 좋다. 목화명나방의 어린 유충이 잎 뒷면의 엽맥을 따라 실을 분비하고 잎의 표피를 먹는데 공시약제가 없어 일반 잎말이나방 방제에 준해 약제를 살포한다.

Tip 아욱의 영양소

에너지 20kcal(가식부 100g당)

수분 91.6%, 단백질 3.6g, 지질 0.6g, 당질 1.1g, 섬유소 0.9g, 회분 1.6g, 칼슘 94㎎, 인 66㎎, 철 2㎎, 나트륨 35㎎, 칼륨 546㎎, 비타민 A 1143R.E, 베타카로틴 6859㎍, 비타민 B1 0.11㎎, 비타민 B2 0.19㎎, 나이아신 0.9㎎, 비타민 C 48㎎.

(자료: 농촌진흥청 식품성분표)

32
토란

토란은 천남성과로 고려시대에 식용으로 흔히 재배한 것으로 추정된다. 열대지방에서는 다년생이지만 우리나라에서는 1년생이다. 발아하려면 기온이 최저 18℃ 이상 되어야 하고, 생육에는 25~30℃가 적당하다. 재배 기간이 길지만 큰 어려움 없이 재배할 수 있다. 보통 3월에 싹을 틔워서 4월 초순에 파종하고 10월에서 11월 사이에 수확한다.

밭 만들기

건조에 약한 것을 빼고는 토양 적응성은 좋다. 토양 산도도 pH4.0~9.1에 걸쳐서 잘 자란다. 이랑을 만들기 전에 퇴비와 밑거름 비료를 넣는다. 재배 형태에 따라서 두둑과 고랑 폭을 결정하여 만든다. 새끼토란은 30cm 간격으로, 어미토란은 50cm 간격으로 심는 것이 좋다.

토란밭

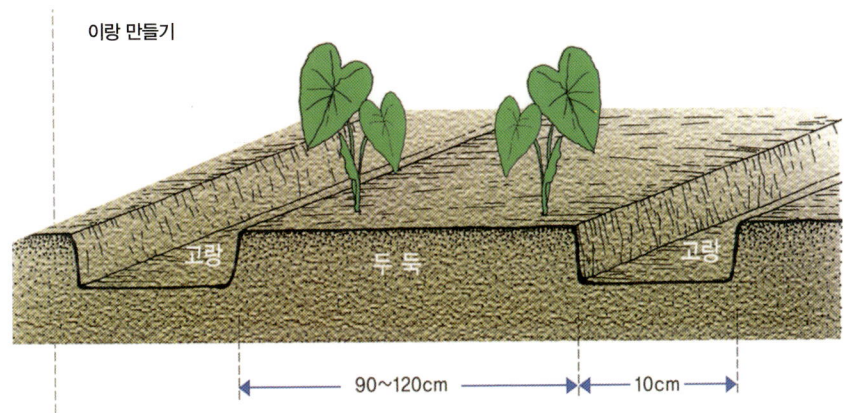

아주 심기

토란은 얕게 심을수록 새끼토란의 모양이 짧은 원형으로 올바르게 자라고 새끼토란의 수도 많아진다. 깊게 심으면 모양이 길쭉해지고 새끼토란의 수는 적지만 크게 자란다. 심은 후 고랑이 수평이 되도록 흙을 덮어야 하며, 직파나 멀칭 재배 시에는 5~10cm 정도 흙을 덮어주지만 싹을 틔운 것은 싹이 토양 위에 나오도록 해야 한다. 토란은 초장이 보통 1~1.5m 정도 된다. 심은 지 80일 정도 될 때까지는 주로 옆으로 퍼지고 그 후에는 밑으로 자란다. 어미토란의 곁눈이 자라 밑 부분이 아들토란이 되고, 아들토란에서 같은 방식으로 손자토란이 생긴다.

일반관리

일시에 많은 북주기를 하면 아들토란의 수가 적어지고 열쇠 모양의 둥글고 기다란 토란이 된다. 반대로 북주기가 적으면 아들토란 수는 많으나 가늘고 기다란 토란이 달려 수량이 떨어진다. 참흙에서는 깊이 5~10cm로 심어 북주기를 첫 번째는 5cm, 두 번째 10cm, 세 번째 10cm 정도로 높이를 만들어간다. 토란의 뿌리는 6월 중순까지는 수평으로 자라고 그 후에는 수직으로 자라므로 고온 건조기에 북주기를 하면 뿌리가 끊어진다. 가뭄 피해를 받게 되면 수량이 크게 줄고 토란 알이 갈라져서 썩기 쉬우므로 흙이 깊고 습도가 알맞은 곳에서 재배하거나 적당히 관수해주어야 한다. 건조하기 쉬운 곳은 짚을 깔아주면 효과적이며 재배 기간 동안 관수를 4~5회 해주면 수량이 50~60% 늘어난다.

거름 총량(g/3.3㎡)
- 요소 : 120~140
- 용과린 : 160~180
- 염화가리 : 70~90
- 퇴비 : 6,000~7,000

밑거름으로 복합비료를 주어도 상관없다

거름주기

밑거름은 거름 골을 파서 두엄과 잘 혼합해서 주고 가볍게 흙을 덮은 후 토란을 심는다. 웃거름은 5월 말부터 7월 말까지 4회에 걸쳐 요소와 염화칼륨을 나누어 준다.

수확과 저장

어미토란의 뿌리줄기를 지상으로부터 조금 윗부분을 베고,

당토란(토란 줄기를 먹는 품종)과 같이 토란대와 함께 모두 쓰이는 것은 토란대를 70㎝ 남겨서 벤다. 5℃ 이상에서 저장하면 썩지 않으므로 저장이 비교적 쉽다. 물 빠짐이 좋은 곳에 60㎝ 깊이로 구덩이를 파고 포기째 묻고 둥근 산 모양을 만들어 그 위에 짚을 20㎝ 씌우고 다시 흙을

말린 토란대

20㎝ 덮는다. 추운 지방에서는 흙을 30㎝ 정도 덮어준다.

병해충 방제

역병을 막기 위해 연작을 피하고 배수와 통기를 좋게 해야 한다. 갈색무늬병은 7~8월에 많이 발생하는데 칼륨질 비료를 충분히 주면 병 발생을 억제할 수 있다. 세줄박가시는 6~8월경에 잎에 알을 낳고 애벌레가 잎을 먹는데 애벌레를 손으로 잡아 제거하는 것이 좋다.

Tip 토란의 영양소

에너지 58kcal(가식부 100g당)

수분 83.2%, 단백질 2.5g, 지질 0.2g, 당질 12.3g, 섬유소 0.8g, 회분 1g, 칼슘 27mg, 인 45mg, 철 0.5mg, 나트륨 2mg, 칼륨 365mg, 비타민 B1 0.08mg, 비타민 B2 0.03mg, 나이아신 0.8mg, 비타민 C 7mg.

(자료: 농촌진흥청 식품성분표)

33 더덕

더덕은 초롱꽃과에 속하는 다년생 숙근초로 고사리, 취나물, 도라지, 두릅 등 산채류 중에서는 가장 재배 면적이 넓다. 일교차가 큰 양지에서 재배해야 뿌리가 크고 실하게 잘 자란다. 토심이 30~50cm로 깊고 부식질이 많고 수분이 충분한 모래참흙이 좋다. 덩굴성으로 1.2~1.5m 길이로 자라며, 줄기를 자르면 백색 유액이 나온다. 종 모양의 꽃이 7~9월에 핀다.

일반적인 재배력

1월	2월	3월	4월	5월	6월	7월	8월	9월	10월	11월	12월
봄 재배		●	●	─	─	─	─	─	▬	▬	

보기: ● 파종   --- 모기르기   ● 정식   ─ 생육기   ▬ 수확

밭 만들기

　일교차가 큰 양지에서 재배하는 것이 생육에 좋다. 섬이나 해안지대는 부적합하다. 토심이 30~50cm로 깊고 부식질이 많으면서 수분이 충분한 모래참흙이 적합하다. 30×15cm, 60×10cm 간격으로 아주 심기 하는데, 심기 전에 씨뿌리를 지베렐린 5ppm에 24시간 담갔다가 심으면 뿌리가 빨리 난다.

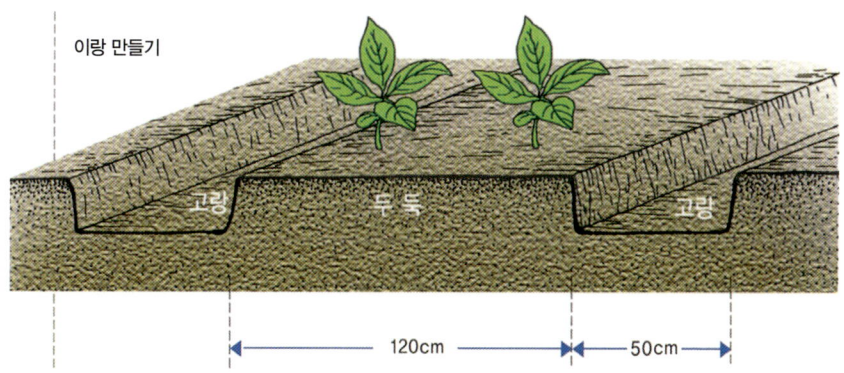

씨뿌리기

　종자는 채종 후 120일 정도 휴면한 후 2~5℃에서 7일 이상 저온 처리하거나 노지에 매장한다. 40㎡당 1.2~1.5L 정도의 종자가 필요하며, 흩어뿌리기보다는 10cm 간격으로 골을 만들어 파종하는 줄뿌림이 관리상 용이하다. 종자가 가벼우므로 씨를 모래와 1:4로 섞어서 뿌리면 고르게 파종할 수

싹이 막 올라오는 모습

더덕 꽃봉오리

더덕꽃

더덕 덩굴

있다. 파종 후에는 부드러운 흙을 0.5~1.0㎝가량 덮어준 다음 다시 짚 또는 건초로 덮어준다. 종자는 씨방이 큰 것, 전반적으로 감촉이 부드럽고 윤기가 나는 것, 씨앗이 고르고 크며 갈색 또는 검은 갈색이 나는 것, 씨앗의 무게가 1L에 가을파종 320g 이상, 봄파종 280g 이상 나가는 것이 좋다.

일반관리

더덕은 서로 친화성이 있어 붙어서 발육하는데 이 경우 상품 가치가 떨어지고 성장에도 지장을 주므로 4~5㎝ 정도 자라면 솎기 작업을 해야 한다. 꽃봉오리를 제거해 뿌리 발육을 촉진시키면 수량이 늘어난다. 물은 일주일에 한 번 정도씩 땅속 깊이 스며들 정도로 충분히 준다. 지주는 가능하면 발아 후 빨리 세워주는 것이 효율적이다. 지주 높이는 1.8~2m 정도로 하는데, 너무 높으면 잎줄기가 무성하게 자라서 뿌리의 성장에 나쁜 영향을 미친다.

거름주기

밑거름은 심기 일주일 전에 준다. 유기질 퇴비와 인산, 칼륨질 비료는 모두, 질소는 70%를 밑거름으로 주고, 꽃피기 전인 7월 중하순경 질소질 비료 30%를 덧거름으로 시용한다.

거름 총량(g/3.3㎡)
- 요소 : 43
- 용과린 : 100
- 염화가리 : 33
- 퇴비 : 5,000

밑거름으로 복합비료를 주어도 상관없다

수확

수확은 밭에 심은 후 2~3년째 되는 가을, 생육이 정지되는 10월 중하순에서 11월 상순에 한다. 2년생이면 개당 30~50g이 되어 식용이나 약용으로 적당한 크기가 된다.

병해충 방제

입고병 육묘 때 많이 발생하며, 종자 소독으로 다찌가렌 1000배액을 살포한다.

흰가루병 장마 후 8월 중순 이후에 많이 발생, 베노밀수화제, 포리옥신 또는 지오판수화제 1000배액을 살포한다.

갈반병 7월초부터 8월말까지 발생하며 잎이 황변 후 검은 반점이 생기면서 진다. 포리옥신, 포리동수화제 1000배액 또는 캡탄수화제 500배액을 살포한다.

Tip 더덕의 영양소

에너지 53kcal(가식부 100g당)

수분 82.9%, 단백질 3.8g, 지질 0.3g, 당질 0.8g, 섬유소 1.5g, 회분 0.7g, 칼슘 24mg, 인 102mg, 철 2mg, 나트륨 7mg, 칼륨 203mg, 비타민 B1 0.13mg, 비타민 B2 0.2mg, 나이아신 0.4mg.

(자료: 농촌진흥청 식품성분표)

34
도라지

　도라지는 초롱꽃과에 속하는 다년생 숙근초로 초세가 강한 식물이므로 우리나라 어디에서나 재배할 수 있다. 약용으로 백도라지 계통이 재배되고 있으나 품종은 명명된 것이 없다. 번식은 주로 종자로 하며 직파재배법, 육묘이식 재배법, 산지 재배법 등이 있는데 직파재배를 많이 한다.

일반적인 재배력

	1월	2월	3월	4월	5월	6월	7월	8월	9월	10월	11월	12월
1년째 재배			● ─	─	─	─	─	─	─	─ ● 가을파종 ─	─	─
2년째 재배	─	─	─	─	─	─	─	─	─	▬▬	▬▬	─
3년째 재배	─	─	─	─	─	─	─	─	─	▬▬	▬▬	─

보기: ● 파종 ─ 생육기 ▬ 수확

밭 만들기

햇빛이 잘 비치는 곳이 좋으며, 부식질이 많고 배수가 잘 되는 사질양토나 식질양토에서 생육이 양호하다. 물 빠짐이 좋지 않은 점질토양에서 키우거나 이어짓기하면 뿌리썩음병이 잘 생긴다. 두둑을 만들기 전에 퇴비와 밑거름 비료를 넣는다. 이랑은 재배 형태에 따라서 두둑과 고랑 폭을 결정해 만드는데, 물 빠짐을 고려해 너비와 높이를 조절한다.

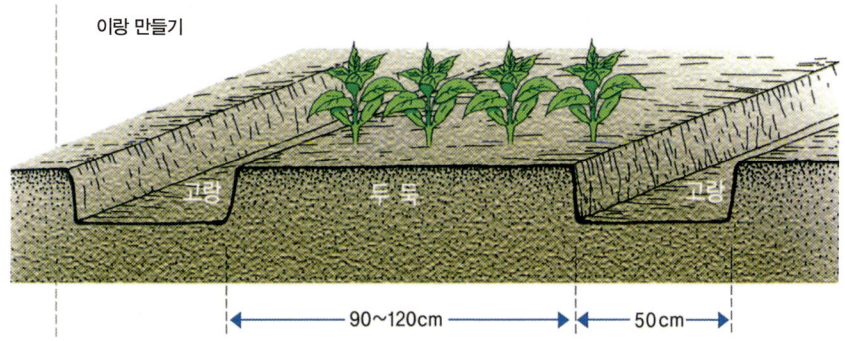

이랑 만들기

고랑 — 두둑 — 고랑
90~120cm   50cm

도라지밭

씨뿌리기

완숙 정선된 종자를 100m^2 당 0.3~0.4L 준비한다. 1년 이상 묵은 종자는 될 수 있으면 사용하지 않는다. 90~120cm 두둑에 6~9cm 간격으로 줄뿌리기 또는 흩어뿌리기 해준다. 도라지 종자는 미세 종자이기 때문에 파종 후 얇게 흙덮기 하고 다시 볏짚으로 덮어준다. 물을 충분히 주어 발아를 촉진한다.

일반관리

김매기는 6월 상순과 7월 중순 2회에 걸쳐서 한다. 본잎이 3~4장 나면 포기 사이가 5~6cm 정도 되게 솎아준다. 비가 온 후 땅에 수분이 충분할 때 솎아주면 뿌리가 끊어지지 않고 잘 뽑힌다. 3년차 수확할 해의 봄에는 15~20cm 간격으로 솎아준다. 채종을 하지 않을 경우에는 꽃망울이 들기

도라지 꽃이 핀 모습

꽃이 진 뒤 도라지 씨앗이 달린 모습

시작하는 6월 중하순경에 꽃대를 제거하는데, 가급적 꽃이 피기 전에 해야 뿌리 발육에 좋다. 장마 때 습해를 입지 않도록 배수구를 잘 정비하고 습해로 병이 생긴 포기는 빨리 제거한다.

거름주기

밑거름은 파종 15일 전에 주고 깊이 갈아준다. 덧거름은 6월 하순 꽃망울이 설 때, 7월 하순 꽃이 필 때 2회로 나누어준다.

거름 총량(g/3.3㎡)
• 요소 : 65
• 용과린 : 300
• 염화가리 : 83
• 퇴비 : 5,000
• 석회 : 500
밑거름으로 복합비료를 주어도 상관없다

수확

파종 후 2~3년생을 9월 하순~11월 하순에 수확한다. 채소용으로는 물에 담가 껍질을 불린 뒤 대칼로 벗긴다. 물에 씻어 햇볕에 말린 것을 '길경'이라 하여 약용으로 쓴다. 특히 기침에 좋으며 거담, 진해, 배농 작용을 한다.

수확기의 도라지

병해충 방제

순마름병 어린잎에서 엽맥을 따라 색이 변하는 증상이 나타나며, 생육이 나쁘고, 잎이 모여 난다. 병이 진행됨에 따라 흑색으로 변해서 말라죽는다. 이어짓기를 피하고, 토양 소독을 해주고, 여름철에는 밭의 물 빠짐을 좋게 한다.

진딧물 데시스, 베타싸이플루스린, 프로펜 등으로 방제한다.

담배나방 5~6월의 어린 싹과 7월의 새순에 해를 끼치므로 적용약제를 살포하여 방제한다.

담배거세미나방 8~9월에 어린 꽃봉오리를 갉아 먹으므로 잡아준다.

> **Tip** 도라지의 영양소
>
> **에너지 83kcal(가식부 100g당)**
>
> 수분 75.6%, 단백질 1.7g, 지질 0.4%, 섬유소 1.8g, 당질 19.6g, 회분 0.9g, 칼슘 460mg, 인 34mg, 철 2.2mg, 나트륨 10mg, 칼륨 460mg, 비타민 B1 0.08mg, 비타민 B2 0.13mg, 나이아신 0.4mg, 비타민 C 12mg.

(자료: 농촌진흥청 식품성분표)

35 고구마

메꽃과에 속하는 고구마의 원산지는 멕시코 쪽의 중앙아메리카나 열대 남아메리카로 알려져 있다. 우리나라에는 조선시대 영조 때 조엄이 대마도에서 씨고구마를 구해 와 심은 것이 시초가 되었으며 구황작물로 이용되다가, 1930년대부터 보조식품으로 일본 품종이 도입되고 우리나라에서도 많은 품종이 육성되었다.

밤고구마인 율미, 달코미, 날로 먹기에 좋은 생미, 식용 및 가공용인 연자미, 해피미 등이 있다. 최근에는 신황미, 주황미 등의 호박고구마가 인기다.

고구마는 모양이 방추형이나 구형으로 좋아야 하고, 크기가 100~200g 내외로 너무 크지 않은 것이 좋으며, 분질(가루의 성질) 육질에 당도가 높아야 한다. 껍질색은 홍자색, 육질색은 담황색인 계통이 기호도가 높다. 호박고구마를 많이 찾고 있으나, 재배 환경에 민감해 제대로 키우기 어려워 다른 품종보다 빽빽하게 심어야 한다.

일반적인 재배력

1월	2월	3월	4월	5월	6월	7월	8월	9월	10월	11월	12월
노지재배		● 파종	--- 모기르기	● 정식	●	─ 생육기		■ 수확			

밭 만들기

비교적 척박한 황적색 산 개간지나 물 빠짐이 좋고 통기성이 좋은 백마사토 등에서 품질 좋은 고구마가 생산된다. 토양 산도는 pH6.0~7.0 정도의 중성 내지 약알칼리성을 좋아한다. 이랑을 만들기 전에 퇴비와 밑거름

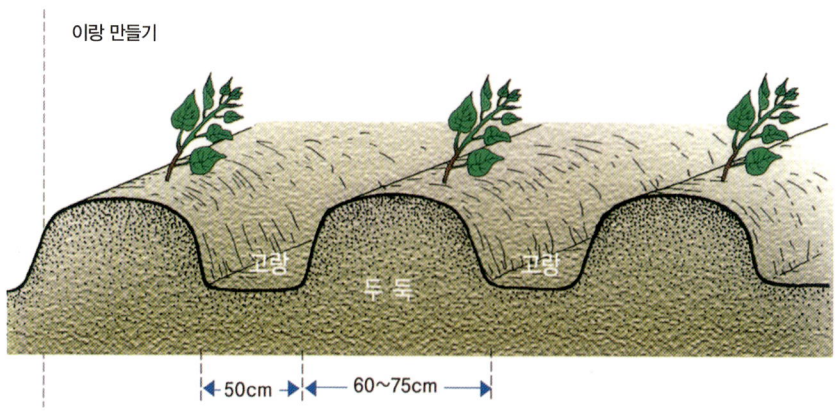

이랑 만들기

고랑 두둑 고랑

50cm 60~75cm

비료를 넣는다. 두둑을 폭 50~75㎝, 높이 30㎝ 정도로 만들고 밑거름 위주로 주되 너무 비옥하지 않도록 준비한다. 밭이 너무 기름지면 초기의 잎과 줄기가 무성하게 자라나 정작 고구마의 크기는 작아진다. 물 빠짐은 좋아야 한다.

좋은 모종 고르는 법

고구마가 싹트는 데는 30~35℃가 알맞고 모종(삽수)을 키우는 데 기간이 오래 걸리므로 시중에서 구입하는 것이 편하다. 모종은 25~30㎝ 정도 길이에 줄기는 굵고 마디 수가 7~8마디는 되어야 한다. 또 마디와 마디 사이가 짧은 것, 지나치게 연하지도 굳지도 않은 것, 잎이 크고 싱싱하며 두껍고 윤택이 있는 것, 겨드랑눈이 많은 것이 좋은 모종이다.

아주 심기

모종의 밑에서부터 4~5마디 정도는 고구마가 될 뿌리가 나오는 중요한 마디이므로 땅 속에 들어가도록 경사지게 심는다. 단 잎은 모두 땅 위로 나

고구마밭

고구마 싹이 올라오는 모습

오도록 심어야 한다. 두둑 위에 비스듬히 모종을 놓고 아랫부분을 손가락 끝으로 땅속에 깊이 박아 넣듯이 심고 위에서 눌러준다. 모종을 물에 담갔다가 심는 것이 뿌리 발육에 좋다. 4~5일간 그늘에 저장한 건강한 모종을 15~20㎝ 간격으로 가능한 눕혀서 심는다. 심는 시기가 늦었을 때는 싹이 크고 튼튼한 것을 좁은 간격으로 심고, 질소 비료는 적게 칼륨 비료는 많이 주어 덩이뿌리가 크고 실하게 자랄 수 있도록 한다. 또 심을 때 물을 주어 초기 생육을 왕성하게 하고, 검은 비닐을 씌우면 생산량을 늘릴 수 있다.

일반관리

모종을 심은 후에는 통기성을 좋게 하고 빗물이 잘 스며들 수 있도록 이랑의 딱딱한 흙을 부수어 부드럽게 만들어준다. 이렇게 하면 새 뿌리가 빨리 나고 양분을 잘 흡수하며 잡초가 생기는 것도 막을 수 있다. 또 한 번씩 김매기를 해주면 잡초 제거는 물론 통기성도 좋아진다. 비 온 뒤 이랑의 흙이 씻겨 내려갔을 때에는 김매기 할 때 흙을 긁어모아 북주기를 한다. 덩굴이 퍼지기 전에 짚을 깔아주면 잡초가 생기는 것도 막을 수 있고 수분도 적게 증발하며 지온이 높아지는 것도 방지할 수 있어 효과적이다. 모종이 잘 활착된 후에는 순지르기로 분지 발생을 촉진시키면 덩굴이 빨리 퍼진다. 하지만 촘촘하

밭은 두둑을 50~70cm 정도로 하여 밑거름 위주로 하되, 토양은 너무 비옥하지 않아야 하고 물 빠짐이 좋아야 한다.

모종이 짧거나 밭이 너무 건조할 때는 수평심기 한다.

보통은 경사심기 한다

고구마 순 심기

게 심었을 때 순지르기 하면 오히려 웃자라기 쉽고 생육이 빈약할 때는 되레 생육을 더디게 만들기도 한다.

거름 총량(g/3.3㎡)
• 요소 : 43 • 용과린 : 117 • 염화가리 : 107 • 퇴비 : 3,300 • 석회 : 330

재배 포인트

비료, 특히 질소 성분이 너무 많으면 덩굴만 무성해지고 알이 굵지 않아 고구마 맛이 없어진다. 인산 성분을 잘 빨아들이는 성질이 있어서 인산 비료가 없어도 잘 자랄 수 있지만, 인산 비료가 충분하면 단맛이 증가하고 저장력도 좋아진다. 고구마는 채소들 중 가장 고온성으로 강한 빛을 좋아하고 건조에도 잘 견디는 편이다. 비료를 잘 흡수하는 작물이므로 비료 성분이 남아 있는 밭에 심을 때는 더 이상 비료를 주지 않고 키워도 되며, 척박한 땅이라면 초기 생육을 돕기 위해 밑거름 위주로 적당히 준다.

수확과 저장

고구마는 아주 심기 후 130~150일이면 수확한다. 잎이 노랗게 변했거나 많이 떨어졌으면 수확기로 볼 수 있다. 저온에 약하므로 땅의 온도가 10℃

고구마꽃

수확한 고구마

고구마 관리 및 수확하기

이하로 떨어지기 전에 수확하는 것이 좋고, 특히 서리가 오기 전에는 해야 한다. 저장 온도는 12~15℃이며, 9℃ 이하에서는 냉해를 입을 우려가 있고, 18~20℃ 이상에서는 저장 중에 발아하기 쉽다. 저장 습도는 85~90%가 알맞다. 습도가 높아 고구마의 표면이 젖을 정도가 되면 부패하기 쉽고, 너무 마르면 저장 중에 중량이 많이 감소해 건부병이 발생하기도 한다.

병해충 방제

모잘록병 어린 묘 때, 특히 고온일 때 많이 생긴다. 뿌리의 일부가 갈색으로 변하고, 증상이 나타나면 아예 수확을 못 할 수 있으므로 심기 전 토양소독하거나, 병원균이 알칼리성을 좋아하므로 토양 산도가 pH6.0을 넘지 않도록 석회를 너무 많이 주지 말아야 한다.

응애 잎 뒷면에 기생하여 흡즙하는데 엽록소를 파괴하여 가해 부분을 하얗게 백화시킨다.

> **Tip 고구마의 영양소**
>
> **에너지 128kcal(가식부 100g당)**
>
> 수분 66.3%, 단백질 1.4g, 지질 0.2g, 당질 30.3g, 섬유소 0.9g, 회분 0.9g, 칼슘 24㎎, 인 54㎎, 철 0.5㎎, 나트륨 15㎎, 칼륨 429㎎, 비타민 A 19R.E, 베타카로틴 113㎍, 비타민 B1 0.06㎎, 비타민 B2 0.05㎎, 나이아신 0.7㎎, 비타민 C 25㎎.

(자료: 농촌진흥청 식품성분표)

36
옥수수

옥수수의 원산지는 멕시코를 비롯한 중앙아메리카로 아시아에는 16세기에 포르투갈로부터 전파된 것으로 추정된다. 우리나라에는 중국으로부터 조선시대에 들어왔으며, 단옥수수는 1960년대에야 국내에 전해졌다. 주로 미국에서 육성된 교잡종인 골든크로스 반탐 등이 재배되고 있다. 텃밭용으로는 세계적으로 쓰이는 단옥수수와 함께 우리나라에서 주요 식용 풋옥수수로 사용되고 있는 찰옥수수 품종이 애용되고 있으며, 우리나라의 텃밭용으로는 대학찰옥수수(연농1호)와 미백이 많이 재배되고 있다.

옥수수는 암꽃과 수꽃이 따로 피며 옥수수의 수염은 암술의 꽃가루 통로이다. 수정 후 20일 정도면 종자는 유숙기에 도달하고, 그 후 8~10일 더 지나면 일반 옥수수에서는 전분이 빠르게 축적되는 호숙기에 이른다. 그러나 단옥수수는 이 시기에 아직 전분이 생기지 않아서 식용으로 적합하다. 여기에서 10일이 더 지나면 단옥수수의 알갱이 표면에 주름이 생기면서 황숙기가 된다.

밭 만들기

옥수수는 따뜻한 기후와 양분, 수분이 풍부한 흙을 좋아한다. 부식이 많고 배수가 잘 되는 토양이 적합하지만 토양 산도 적응성이 높아 산성에서도 잘 자란다.

옥수수밭

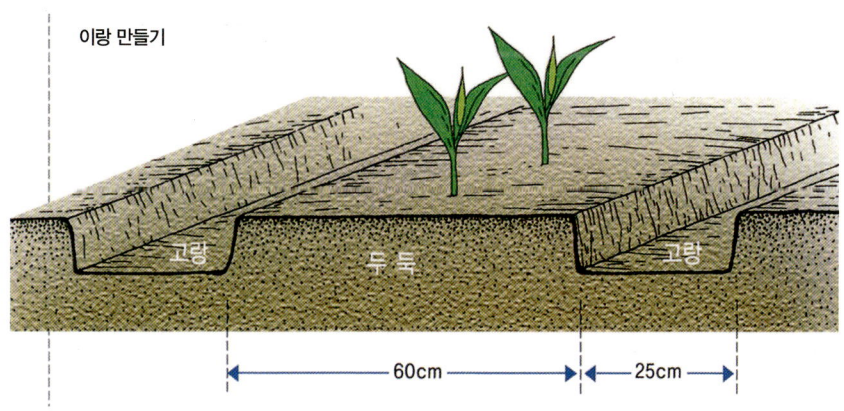

씨뿌리기

종자에 싹을 틔우기 위해서는 흙의 온도가 13℃ 이상 되어야 하며, 적정 발아 온도가 21~27℃로 높은 편이다. 육묘를 하여 재배할 경우에는 3월 중순에 파종하고 5월 중순에 아주 심기 하여 6월 말부터 수확이 가능하며, 직파할 경우에는 4월 말에 파종하고 7월 하순부터 수확이 가능하다. 이랑 사이는 80~90cm 간격으로 하고, 한곳에 3알씩 25~30cm 간격으로 점뿌림 한다. 흙을 3~4cm 두께로 덮는다.

키가 10~15cm 정도 자라면 한 포기만 남기고 솎아준다. 50cm 정도 자라면 곁눈이 생기는데 곁눈은 되도록 제거하는 것이 좋다. 70cm 정도 자라면 넘어지지 않도록 흙으로 북돋아주고 잡초도 제거해준다. 보통 아래쪽에 생기는 첫 번째와 두 번째 작은 이삭은 따서 샐러드로 이용하고, 가장 큰 이삭을 남겨 수정되게 한다.

이랑 사이를 80~90cm 간격으로 하고, 한곳에 3알씩 25~30cm 간격으로 점뿌림 한다. 흙을 3~4cm 두께로 덮는다. 두 줄로 심어야 꽃가루가 잘 붙어 열매를 잘 맺는다.

키가 10~15cm 정도 자라면 한 포기만 남기고 솎아준다. 손으로 뽑으면 뿌리가 상할 수 있으므로 가위로 자른다.

옥수수 파종 및 솎아주기

일반관리

옥수수는 자가수분되기 쉬운 작물이지만 다른 포기의 꽃가루를 받는 것이 결실이 잘 된다. 두 줄 정도 심으면 꽃가루가 옆으로 퍼지기 쉬워서 타가수분이 일어나 결실을 잘 맺는다. 몇 포기 심지 않았거나 장마철인 경우에는 인공수분을 시켜주는 것이 좋다. 일반적으로 곁가지를 제거할 필요는 없으나, '연농1호'와 같이 곁가지가 많은 품종은 제거할 수도 있으며 무릎 정도 자랐을 때 1~2회 없애주면 된다. 단, 곁가지를 너무 늦게 제거하면 잘 쓰러지고 상처를 입어 정상적인 이삭 수가 감소하므로 일찍 제거해야 한다. 수염이 나고 이삭이 발달할 때는 물이 충분해야 품질과 수량이 좋아진다.

거름 총량(g/3.3㎡)
• 요소 : 90~100
• 용과린 : 200~230
• 염화가리 : 70
• 퇴비 : 5,000
• 석회 : 800~850
밑거름으로 복합비료를 주어도 상관없다

거름주기

질소 비료는 3분의 2를 밑거름으로 주고(3.3㎡당 요소 60g), 나머지(요소 30~40g)는 잎이 6~7장 자랐을 때 웃거름으로 준다. 질소를 3.3㎡당 50g(요소는 100g) 이상 주면 바람에 쓰러지기 쉬

생육 초기에 2회 정도 웃거름을 주고 북주기를 해준다.

수술이 먼저 터지므로 가장 큰 이삭을 남겨 수정시킨다.

수정 후 3주 정도 되면 수염이 갈색으로 변한다.

옥수수 관리 및 수확하기

수염이 마르면서 갈색으로 변하는 직후 수확한다.

옥수수 수염은 말렸다가 차로 이용한다.

워 수량이 감소하고, 17g(요소는 35g) 정도로 줄이면 30% 이상의 수량이 감소하고 품질도 떨어진다.

수확과 저장

옥수수 알이 단단해지기 전에 수확한다. 수염의 상태를 보고 수확 시기를 판단할 수 있는데, 대개 수염이 나타나고 3주일쯤 지난 무렵으로 수염이 마르면서 갈색으로 변하는 직후다. 이때 껍질을 까서 손톱으로 눌러보면 자국이 약간 생긴다. 수확 후 5시간 정도 지나면 당분이 감소하기 시작해 24시간이 지나면 반으로 줄어들기 때문에 수확 후 바로 쪄 먹는 것이 맛있다. 고온에서 품질이 급격히 떨어지기 때문에 바로 먹지 않을 경우 저온 저장해야 한다. 수확 후 1시간 내에 0℃ 이하로 냉동 저장하면 장기간 저장할 수 있다.

병해충 방제

옥수수 재배지에 주로 발생하는 병으로는 흑조위축병, 깜부기병, 그을음 무늬병이 있고, 충해로는 멸강충과 조명나방의 피해가 나타난다. 적기에 파종해 충실하게 키우고 연작을 피하는 것으로 일차적인 방제를 할 수 있고, 밭을 잘 살펴 병해충이 발생하는 즉시 적정약제를 살포해 병이 진행되는 것을 막아야 한다.

> **Tip 옥수수의 영양소**
>
> **에너지 106kcal(가식부 100g당)**
> 수분 71.5%, 단백질 3.8g, 지질 0.5g, 당질 22.1g, 섬유소 0.7g, 회분 0.8g, 칼슘 21mg, 인 106mg, 철 1.8mg, 나트륨 1mg, 칼륨 314mg, 비타민 A 26R.E, 베타카로틴 156㎍, 비타민 B1 0.23mg, 비타민 B2 0.14mg, 나이아신 2.2mg.

(자료: 농촌진흥청 식품성분표)

37
콩

흔히 재배하는 콩(대두)의 원산지는 한국을 포함한 동아시아 지역으로 보고 있으며, 우리나라에서는 삼한시대 이전부터 널리 재배되었다. 전 세계적으로 많이 재배하는 중요한 작물이지만, 우리나라에서는 1970년대 이래로 계속해서 급격히 줄어 지금은 많은 양을 수입에 의존하고 있다.

콩과 식물의 공통적인 특성은 종자 내 단백질의 함량이 높고, 꽃의 구조상 주로 자가수분을 하므로 대부분의 품종이 고정종이다. 또 뿌리혹박테리아를 이용해 공기 중의 질소를 이용할 수 있으므로 지력 증진 효과가 뛰어나고 친환경 유기농 재배가 쉽다. 검정콩은 중북부 지역에서는 5월 중하순, 남부 2모작 지역에서는 6월 상순에 직접 파종하고 9월 말~10월 초에 수확한다. 풋콩과 올콩(조생종)은 4월 중하순에 파종해 8월 중하순경에 수확한다.

밭 만들기

콩은 토질에 대한 적응 폭이 넓지만, 습기에 약하므로 수분이 많은 밭일 경우 이랑의 높이를 10~30cm로 만든다. 풋콩은 보수력이 있는 토양에서 좋은 콩을 수확할 수 있으므로 건조하기 쉽고 척박한 땅에는 밑거름으로 완숙퇴비를 준다.

콩밭

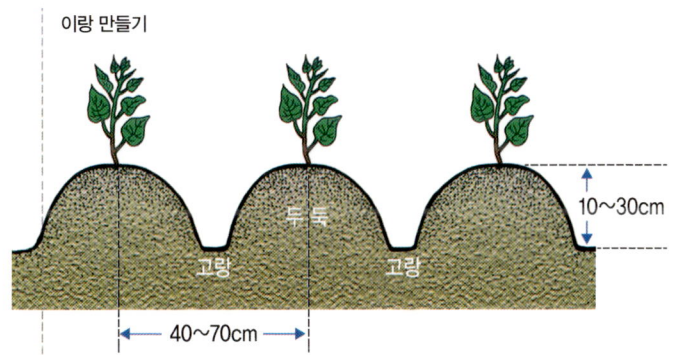

씨뿌리기

이랑 폭을 70cm 정도로 하고 퇴비를 넣은 후 흙을 덮어준 그 위에 포기 사이를 15~20cm 간격으로 한곳에 콩을 2~3개씩 파종한다. 습기에 약하므로 수분이 많은 밭일 경우 이랑의 높이를 10~30cm로 만들어서 파종하는 것이 좋다. 심는 깊이는 3cm 정도로 한다. 첫 번째 본잎이 펼쳐지기 전에 세 개 중 세력이 좋은 것 두 개를 남기고 솎아준다. 풋콩의 경우는 이랑 폭 40cm, 포기 사이 15cm로 하여 같은 방법으로 한다. 필요한 종자량은 10m^2당 60~70g이다.

순지르기

촘촘하게 심었거나, 거름을 많이 주었거나, 일찍 심고 비가 많이 와서 웃자라 쓰러질 우려가 있으면 잎이 5~7장 나왔을 때 생장점을 잘라주는 순지르기를 한다. 메주콩은 굳이 순지르기를 안 해도 되나, 검정콩은 보통 순지르기를 해서 재배한다.

북주기

김매기와 북주기 작업은 꽃 피기 이전에 마치는 것이 좋다. 북주기를 하면 물 빠짐이 좋아지고, 새 뿌리가 많이 생겨 콩 줄기가 쓰러지는 것을 막을 수 있다.

거름주기

콩 전용 복합비료(8-8-9)로 10m^2당 보통 밭은 400g, 개간한 밭은 600g을 밭을 갈기 전에 밭 전체에 골고루 뿌려준다. 콩은 산성토양에 약하고 석회 흡수량이 많으므로 반드시 3년에 한 번은 석회를 주어야 하며, 보통 10m^2당 석회는 2kg, 퇴비는 10~15kg 정도 주면 된다.

거름 총량(g/3.3m^2)
- 콩 전용 복합비료(8-8-9) : 130~200
- 퇴비 : 3,300~5,000
- 석회 : 300~670

수확기의 콩 꼬투리 모습

수확 후 며칠 더 말려서 보관한다.

수확과 저장

검정콩은 보통 꽃이 핀 후 60일 전후에 수확한다. 수확 시기가 늦으면 꼬투리가 터져 콩이 나오거나 미이라병, 자줏빛무늬병 등이 생길 수 있다. 수확 후에는 2~3일 말린 후 탈곡하고, 수분 함량이 13% 정도 되도록 며칠 더 말린 후 보관한다. 풋콩은 파종기가 같아도 품종에 따라 수확 시기가 다르지만 대체로 알맹이가 완전히 차고 꼬투리가 녹색에서 황색으로 변하기 직전이 적기이다.

병해충 방제

톱다리개미허리노린재와 같은 노린재류가 큰 피해를 주고 있으나 농약으로도 잘 죽지 않는다. 따라서 파종 직후에 친환경적으로 개발된 페로몬 트랩을 설치하여 대량으로 유인해 포획하는 것이 피해를 줄이는 방법이다.

> **Tip** 콩의 영양소

에너지 380kcal(가식부 100g당)

단백질 35g, 지질 18g, 당질 31g, 섬유소 17g, 칼슘 220mg, 인 576mg, 철 8mg, 나트륨 2mg, 비타민 B2 0.3mg.

(자료: 농촌진흥청 식품성분표)

38
완두

콩이 식량 작물로 분류되는데 비해 완두는 세계적으로 매우 중요한 채소 작물이다. 완두의 원산지는 지중해 연안으로 추정되며 우리나라와 일본에는 근대에서 현대로 넘어오는 시기에 소개된 것으로 알려져 있지만 정확하진 않다. 높이 1.5~3m까지 자라나는 한두해살이풀로 서늘한 기후를 좋아한다. 월동 중인 어린 식물은 상당한 저온에도 잘 견딘다. 적정 발아 온도는 25~30℃이나 비교적 저온에서도 발아가 진행된다. 생육적온은 10~25℃이며, 30℃ 이상에서는 생육이 억제된다. 보통 남부지방에서는 10월 초순경에 파종해 그 다음 해 4월경에 수확하고, 중부지방에서는 3월 하순경에 파종해 10월에 수확한다. 완두콩에는 단백질이, 꼬투리에는 비타민과 단백질이 풍부하다. 꽃의 색도 여러 가지로 아름답다.

밭 만들기

완두밭

배수가 잘 되고 부식이 풍부한 양토나 사양토가 가장 좋으며 건조하거나 척박한 토양에서는 잘 자라지 못한다. 토양 산도는 pH6.5~8.0이 적당하고 산성에는 약하다. 두둑이 100cm 정도 되도록 만드는데, 서쪽 또는 북쪽을 조금 높여 바람막이가 될 수 있도록 한다. 구덩이를 파 퇴비와 비료를 넣고 흙으로 덮는다.

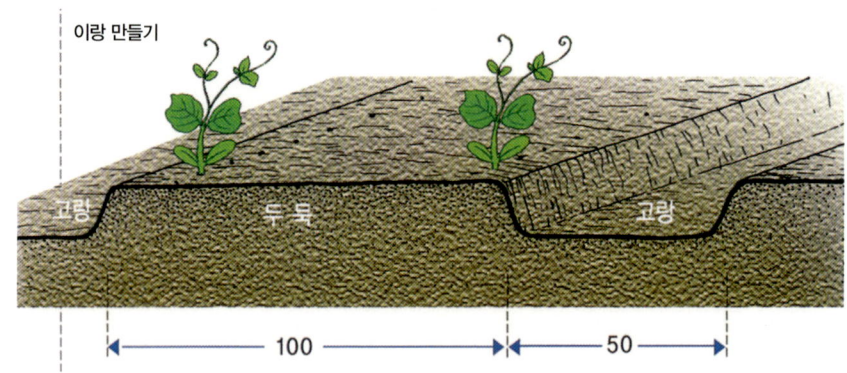

씨뿌리기

퇴비를 넣고 흙으로 덮은 그 위에 포기 사이 40cm 간격으로 콩을 3개씩 파종한다. 습기에 약하므로 수분이 많은 밭에서는 10~30cm의 높은 이랑을 만들어서 씨를 뿌리는 것이 좋다. 모종이 10㎝ 정도로 자라면 파종한 것 중 세력이 좋은 것 두 개만 남기고 솎아준다.

지주 세우기

덩굴이 뻗어나가기 전에 대나무 등을 이용해 지주를 세우고 바인더 끈 등으로 단단히 연결한다. 가능하면 그물을 이용하는 것이 더욱 좋다.

거름주기

요소 총량의 60~80%, 칼륨 총량의 70%는 밑거름으로, 나머지는 파종 1개월 후와 꽃이 피기 직전에 덧거름으로 속효성 복합비료를 1㎡당 20g씩 준다. 이때 질소 성분을 많이 주지 않도록 주의하고 용과린이나 초목회를 많이 주도록 한다.

완두 지주 세우기

거름 총량(g/3.3㎡)
- 요소 : 50~60
- 용과린 : 150~180
- 염화가리 : 30~40
- 퇴비 : 3,000
- 석회 : 650~670

밑거름으로 복합비료를 주어도 상관없다

수확과 저장

4월부터 수확할 수 있는데 꼬투리 완두는 꼬투리의 길이가 10~15㎝가 된 것을 순차적으로 수확하며, 경협종은 푸른색이 없어져서 속의 열매가 충분히 둥글게 되었을 때 수확한다. 종자가 성숙하기 전에 수확한 파란 것을 생두라고 하며 이것은 통조림을 만들어 먹거나 밥을 지을 때 넣어 먹는다. 씨앗으로 사용할 완두는 꼬투리 색깔이 거의 회백색으로 되고 꼬투리를 눌러 보아 씨알이 단단해졌을

완두꽃

때 따서 잘 보관해둔다. 꼬투리 상태에서 0℃, 상대습도 95%를 유지하면 약 20일간, 4.5℃에서는 약 13~15일간 저장할 수 있다. 보통 실온에서는 2~3일을 넘길 수 없으므로 꼬투리용은 매일 수확해 판매하거나 이용하는 것이 좋다. 랩으로 싸두면 건조해지는 것을 막을 수 있다.

병해충 방제

뿌리썩음병 토양을 통해 전염되므로 돌려짓기 하거나 토양을 소독해야 한다.

갈색무늬병 잎에 담갈색의 병반이 생긴다. 수확기에 피해가 많으며 톱신, 벤레이트수화제 등을 뿌려준다.

> **Tip 풋완두콩의 영양소**
>
> 에너지 93kcal(가식부 100g당)
>
> 수분 76.5%, 단백질 7.4g, 지질 0.4g, 당질 12g, 섬유소 2.7g, 회분 1g, 칼슘 26㎎, 인 100㎎, 철 2㎎, 나트륨 1㎎, 칼륨 690㎎, 비타민 A 57R.E, 베타카로틴 340㎕, 비타민 B1 0.26㎎, 비타민 B2 0.14㎎, 나이아신 2㎎, 비타민 C 24㎎.

(자료: 농촌진흥청 식품성분표)

39
새싹채소

새싹채소는 채소의 씨앗을 발아시켜 어린 싹을 먹는 것으로, 콩나물, 숙주나물을 비롯해 무, 브로콜리, 적양배추, 케일, 다채(비타민), 유채, 메밀, 알팔파 등 그 종류가 매우 다양하다. 식물은 새싹일 때 성장력이 가장 왕성하기 때문에 필요한 에너지를 내기 위해 다량의 영양소를 만들어낸다. 싹이 트기 전에는 주로 단백질, 지방, 그리고 소량의 무기질 등으로 구성되어 있지만, 일단 발아하면 단백질은 아미노산으로 지방은 필수 지방산으로 바뀐다. 발아한 후 일주일가량 된 새싹에는 다 자란 채소보다 비타민과 무기질

브로콜리 새싹

무순 새싹

이 10~20배 정도 더 들어 있고, 브로콜리 새싹의 경우에는 항산화 효소와 항암물질을 50배까지도 함유하고 있다고 한다.

가꾸기

요즘에는 새싹채소 재배 용기가 시판되고 있어 실내에서 재배해 솎아가면서 잘라 먹어도 된다. 재배 용기가 없다면 밑바닥이 평평한 그릇에 휴지나 솜을 깔고 씨앗을 뿌린 후 마르지 않도록 하루 2번 정도 분무기로 물을 뿌려주고 뚜껑을 살짝 덮어 그늘에 두면 쉽게 발아한다. 3~4일이 지나 싹이 트면 뚜껑을 열어 환한 곳으로 옮기고, 가장자리에 직접 물을 주어 키우면서 잘라 먹으면 된다. 씨앗은 종묘상에서 새싹채소용으로 구입해 사용하면 된다.

새싹채소의 영양소

새싹채소는 재배 기간이 짧아 화학비료 없이도 잘 자라는 무공해 식품이다. 새싹채소는 발아한 뒤 3~5일이면 수확할 수 있고, 본잎이 2~3장 될 때까지 키우면 베이비채소가 된다. 익히는 것보다는 생으로 먹거나 살짝 데쳐 먹는 것이 영양소의 파괴를 줄일 뿐 아니라 특유의 향이 입맛을 돋우는 효과가 있다.

콜레스테롤을 낮추는 메밀 싹 메밀에 싹을 틔워 콩나물이나 숙주나물처럼 재배한다. 아스파틴산 글루탐산, 라이신 등 항산화 물질이 다른 곡물이나 채소에 비해 월등히 많이 들어 있다. 풍부한 루틴이 콜레스테롤을 낮추는 작용을 해 각종 혈관 질환에 효과가 있으며 비만과 고혈압에도 좋다. 고기와 함께 먹으면 소화를 도우며, 나물 무침이나 샐러드용으로 알맞다.

항산화 물질이 풍부한 알팔파 싹 알팔파는 우리나라에서는 낯설 수 있지만 서양에서는 인기 있는 콩과의 여러해살이풀이다. 콜레스테롤을 낮추는 효과가 있어 육류와 같이 먹으면 좋다. 식이섬유가 많아 장 건강에 좋고 피부미용과 다이어트에도 효과가 있다. 아르기닌, 리신, 스레오닌 등의 항산화 물질과 비타민 A, K, U 등 몸에 좋지만 평소에 섭취하기 힘든 영양소가 풍부하며, 에스트로겐이 들어 있어 갱년기 여성들에게도 좋다.

제6장
가정에서 버섯 키우기

가정에서 버섯을 키우는 것은 사실상 너무나 어려운 일이다. 하지만 버섯에 대한 이해만 있다면 요즘에는 시중에서 판매하고 있는 버섯 배지를 구입해 가정에서도 쉽게 버섯을 키워 먹을 수 있다. 버섯은 식물과는 다른 생물체로 미생물, 즉 균계에 속한다. 따라서 식물과는 다른 생활 과정과 환경이 필요하다. 바로 이 점을 충분히 이해하면 집에서 버섯을 키우는 데 도움이 된다.

최근에는 다양한 버섯을 가정에서 키울 수 있도록 만들어놓은 제품이 판매되고 있어서 관심이 높아지고 있다. 가정에서 키울 수 있는 버섯에는 느타리버섯, 노루궁뎅이버섯, 표고버섯, 영지버섯, 상황버섯 등이 있다. 버섯마다 키우는 방법은 약간씩 다르지만 기본적인 내용들만 잘 이해한다면 가정에서도 싱싱하고 영양분이 가득한 다양한 버섯을 수확할 수 있다.

버섯의 구조와 성장

버섯은 영양기관인 균사가 모여 이루어진 균사체와 번식 기관인 자실체로 되어 있다. 식물에 비유하면 영양기관은 꽃 이외에 뿌리, 줄기, 잎 등과 같이 생식에 관련하지 않는 기관이고, 번식기관은 꽃처럼 생식에 관련하여 후대를 만드는 일을 하는 기관이라고 할 수 있다. 보통 우리가 먹는 버섯은 자실체이다.

자실체 식물의 꽃과 같은 기관으로, 며칠 만에 금세 자라나 주름살 안에 포자를 가득 만들어 멀리까지 퍼져나간다. 대는 포자를 더욱 멀리 보내기 위해 갓을 받쳐주는 역할을 한다.

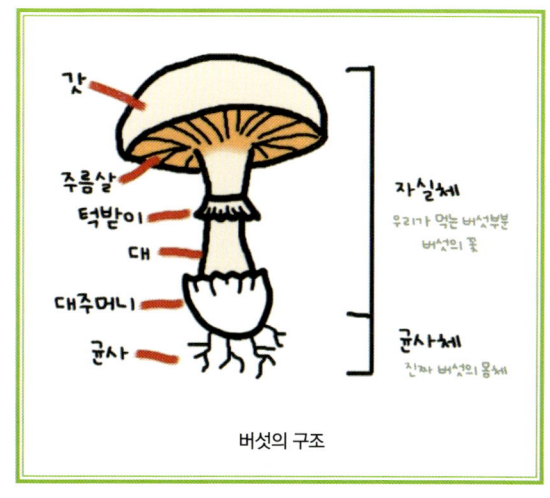

버섯의 구조

균사체 식물의 뿌리, 줄기, 잎과 같은 기관으로, 땅속 나무뿌리, 낙엽, 죽은 곤충에서 물이나 영양분을 빨아들여서 그것들을 썩게 하고 실처럼 자라 균사가 되며 1년 내지는 수십 년 동안 균사체로 생장해 적당한 환경이 되면 꽃(자실체)을 피운다.

균사에서 버섯으로 자라날 때 마치 알처럼 미성숙한 버섯의 겉을 감싸고 있다가 버섯의 대가 생장함에 따라 터져 남은 부분이 대주머니다. 대주머니에서 갓과 대가 자라 올라가면서 대를 둘러싸고 있던 얇은 막이 터져 대에 붙어 남는데 그것을 턱받이라고 부른다. 버섯에 따라 갓 윗면에 사마귀처럼 생긴 점이 있는 경우도 있다.

광대버섯의 경우 이런 모든 구조를 잘 갖추고 있는데, 버섯마다 생김새도 다 다르고 모든 구조를 다 갖추고 있지는 않다. 하지만 모든 버섯에 동일하게 중요한 것은 포자를 감추고 있는 주름살 부분이다. 버섯이 버섯으로 자라나는 목적은 오로지 한 가지, 포자

마귀광대버섯

를 날리는 일이기 때문이다.

 버섯을 식물에 비유하면 자신의 씨앗인 포자를 날리기 위해 피는 꽃과 같은 기관이다. 씨앗인 포자는 우리 눈에 안 보이는 아주 작은 알갱이다. 이 포자가 적당한 곳에 떨어져 실처럼 자라는 것을 균사라고 하는데, 1차 균사끼리 합쳐져 2차 균사가 되고 점점 더 긴 균사덩어리, 즉 균사체를 형성하고 적당한 때가 되면 다시 또 포자를 퍼뜨리기 위해 버섯으로 피어나는 것이다.

 식물은 햇빛으로 광합성을 해 양분을 스스로 만들어내지만, 버섯은 스스

버섯의 성장

로 양분을 만들지 못해 다른 개체로부터 양분을 빼앗아야만 한다. 그래서 기생하는 생명체, 즉 말라 죽은 나무나 낙엽, 혹은 살아 있는 나뭇가지, 뿌리, 곤충 등 다양한 먹이가 필요하고 양분을 빼앗기 쉽도록 소화효소를 분비한다. 이렇게 먹이를 분해하고 양분을 얻는 과정은, 쉽게 말해 먹이를 썩게 하는 과정이므로 흔히 버섯과 곰팡이를 지구 생태계의 청소부라고 부른다. 모든 것이 자연스럽게 썩고 흙으로 돌아가는 것이 아니라, 그러기 위해서는 우리 눈에 안 보이는 작은 생명체들의 활동이 필요하다.

버섯 배지를 만드는 과정

농장에서 버섯 배지가 만들어지는 과정을 알면 버섯을 이해하는 데 도움이 된다. 오른쪽 사진은 실험용 샬레에 균사를 키운 것이다. 영양분을 샬레에 올려두고 그 가운데에 버섯 조직을 약간 떼어놓은 뒤 26℃ 정도의 온도에서 일정 기간이 지나면 실이나 솜 같은 것이 보송보송 자라는 모습을 볼 수 있다. 이 균을 키우면 버섯이 되는 것이다.

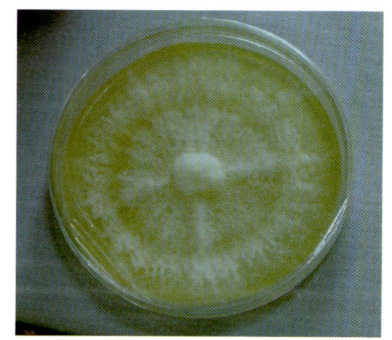

버섯 균사

배지 재료 준비 일단 버섯의 먹이를 준비한다. 먹이가 되는 재료는 톱밥과 쌀겨, 목화솜 찌꺼기, 사탕수수 부산물, 비지 찌꺼기, 폐면 등 다양하다. 버섯마다 선호하는 먹이가 다르고, 내용물을 섞는 비율이 다르며, 농장마다 배지 배합의 노하우도 다르다.

배지 쪄내기 먹이 재료들을 배합하여 비닐봉지나 플라스틱 병 등의 용기에 담고 다른 균으로부터 오염되지 않도록 121℃의 고온에서 약 90분간

농장에서 배지를 찌는 과정

쪄준다. 쉽게 이해하자면 압력밥솥과 같은 원리다. 보통 농장에서는 컨테이너 박스 크기의 큰 찜통에 배지를 넣고 쪄낸 후 천천히 하루 정도 식히는 과정을 거친다.

버섯균 접종 무균실에서 멸균 처리된 버섯의 먹이 재료에 버섯균을 접종한 후 배양실로 옮겨 균사가 배지의 재료를 먹고 잘 자라서 버섯이 자실체를 만들 수 있도록 준비한다.

아래 사진을 보면 버섯의 균사가 영양분을 잘 흡수하여 용기의 밑부분까지 완전히 배양되어 버섯의 자실체가 나올 준비가 된 것(왼쪽)과 배양이 덜 된 배지(오른쪽)가 보인다. 하얀 부분이 균사가 가득 자란 것이고, 아래쪽의 까만 부분은 아직 균사가 자라 내려오지 않아 톱밥 등의 먹이가 그대로 남아 있는 것이다. 균사를 배양하는 기간은 버섯에 따라 다르지만 보통 25~50일가량 걸린다.

버섯 배지가 우리 손에 오기까지는 이러한 과정들을 거친다. 배지를 만드는 초기 단계에 다른 균의 오염을 막기 위해 고온, 고압 살균 과정을 거치고 무균실에서 접종을 하는 등의 관리가 필요하므로 가정에서는 배지를 만들기 어렵다. 환경이 열악해 살균이 잘 안 되면 그만큼 곰팡이나 세균의 침범을 막지 못해 버섯이 썩어버리기 쉽고, 균사를 길러 완전한 버섯으로 키워내기까지는 오랜 시간이 소요되기 때문이다.

버섯 균사 배양

버섯의 재배 환경

습도 일반적으로 대량으로 버섯을 재배하는 농가에서는 재배사의 습도를 90% 정도까지 올리지만 보통의 가정은 대개 매우 건조한 편이다. 실내 공중 습도가 50%도 되지 않는다. 그렇다고 버섯만을 위해 습도 높은 환경을 조성하기는 어려운 일이며 소량의 버섯을 키우기 위해 그렇게까지 습도를 높여줄 필요도 없다. 다만 버섯 주변에 가습기를 켜 두거나, 젖은 수건을 걸어두거나, 물그릇에 거즈나 키친타월의 한쪽 끝을 담가두면 습도를 높이는 데 도움이 된다. 또 적당한 크기의 스티로폼 박스에 약간의 물을 붓고 그 안에 버섯 배지를 넣은 뒤 신문지나 부직포 등을 살짝 덮어 버섯 집을 만들어도 좋다.

버섯은 식물처럼 직접 물을 주어도 쭉쭉 빨아들일 수 없으므로 배지가 마르지 않게 봉지를 오므려두는 것이 좋다. 한편 물에 적신 신문지로 덮어두는 경우가 있는데 이때 주의해야 할 것은 너무 신문지를 무겁게 해서 덮으면 산소가 공급되지 않아 기형버섯이 나오거나 아예 버섯이 생기지 않을 수 있다는 점이다.

버섯을 잘 모르는 상태에서 제일 많이 하는 실수는 물을 많이 주는 것이다. 식물처럼 생각하고 스프레이로 물을 직접 뿌리면 버섯이 짓물러서 썩어버리거나 곰팡이가 생기기 십상이다. 따라서 앞서 설명한 방법들처럼 균사체 표면이 마르지 않도록 공기 중 습도를 높여주고 유지해주는 것이 가장 좋다.

온도 일반적으로 버섯은 따뜻한 곳에서 자랄 거라고 생각하는 경우가 많다. 하지만 보통은 약간 쌀쌀한 온도인 18℃ 전후, 15~20℃ 정도에서 잘 자란다. 균사가 약간 높은 26℃ 정도에서 가장 잘 자라는 것과는 대조적이다. 가을 산에서 버섯을 많이 볼 수 있는 것은 바로 이 때문이다. 여름 동안 썩은 나무나 낙엽, 땅속에서 균사가 자라다가 가을이 되어 온도가 떨어지면 겨울이 오기 전에 얼른 포자를 퍼뜨리기 위해 버섯이 피는 것이다. 까만느타리버섯, 노루궁뎅이버섯, 표고버섯 등이 이 온도에서 잘 자란다.

일반적으로 보통 가정의 거실 온도가 이 정도 되므로 버섯 배지를 거실에 갖다 두고 그 환경에 적응할 수 있도록 며칠 기다려주면 충분히 버섯을 키울 수 있다. 노란느타리버섯이나 영지버섯은 약간 더 높은 온도를 좋아하지만 그렇다고 자라지 않는 것은 아니다. 영지버섯이나 녹각영지버섯은 온도가 낮으면 천천히 자란다. 배지의 버섯균이 얼마나 활발한가에 따라서도 약간씩 차이가 있다.

환기 버섯은 자실체가 성장함에 따라 사람과 마찬가지로 이산화탄소를 내뿜기 때문에 원활한 산소 공급이 필요하다. 그러나 배양 시 습도를 높이기 위해 봉지로 덮어두거나 병뚜껑을 닫아 산소 공급을 차단시키면 곰팡이나 세균이 발생하기 좋은 환경이 된다.

버섯이 자라면서 이산화탄소를 내뿜는 것에 대해서 혹시 사람에게 나쁜 영향이 있지 않을까 생각할 수도 있지만, 가정에서 소량의 버섯을 키우는 정도는 걱정하지 않아도 되며, 농장 단위의 경우에도 문을 열어 환기시키면 된다.

빛 보통 버섯이 성장하는 데에는 빛이 필요하지 않다고 생각한다. 하지만 버섯이 자라려면 빛이 꼭 필요하다. 버섯이 자랄 때 빛이 너무 부족하면 고운 색깔이 나오지 않고 대가 길어질 수 있다. 반대로 너무 빛이 많으면 버섯 대가 짧아지고 버섯 색이 너무 진해져서 품질이 별로 좋지 않게 되므로 가정에서 키울 때에는 거실에서 켜는 형광등 불빛 정도면 충분하다.

버섯 발생에 필요한 빛의 양은 50~500lux 정도로 책이나 신문을 읽기에 다소 어두침침한 정도로 너무 밝아도 너무 어두워도 좋지 않다.

01
느타리버섯 봉지 재배

까만 느타리버섯과 노란 느타리버섯을 키우는 방법은 일반적으로 거의 같다. 다만 까만 느타리버섯은 15~20℃ 정도, 노란 느타리버섯은 20~25℃ 정도의 온도에서 잘 자라는 차이가 있을 뿐이다. 느타리버섯은 다른 버섯을 키우기 어려운 여름철에도 잘 자라므로 버섯 비수기에 키우기 적합하다.

필수 준비물 버섯 봉지 배지
선택 준비물 스프레이, 신문지 또는 키친타월, 냉장고

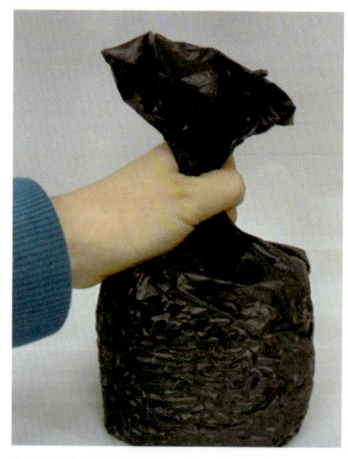

느타리버섯 봉지 배지

1차 재배

① 버섯 배지가 담긴 봉지를 꽉 잡았다 놓으면 봉지 입구가 활짝 벌어지지 않고 약간 오므려진 상태가 되는데, 이 상태로 3~5일 정도 그대로 둔다. 스프레이로 주변에 자주 물을 뿌려주어 습기를 만들어준다.

스프레이로 물을 뿌려줄 때 물이 굳이 배지 안쪽에 닿게 할 필요는 없다. 아침에 일어나서 한 번, 밖에 나가기 전에 한 번, 나갔다 와서 한 번, 심심할 때 한 번, 자기 전에 한 번, 이런 식으로 뿌려주면 된다. 중요한

것은 배지가 공기 중에 드러나 마르지 않도록 해주는 것이다. 또 버섯 배지에 물이 직접 닿아 고인다면 상하기 쉬우므로 주의한다. 배지에 손가락을 살짝 대보았을 때 촉촉한 느낌이 유지되는 정도가 가장 좋다.

② 3~5일이 지나면 봉지 안쪽 가장자리에 산호나 고슴도치처럼 올록볼록한 혹 같은 것이 자라 올라온다. 이것이 바로 원기(primodia) 버섯이다. 그리고 하루 정도 내버려둔다.

③ 아기버섯 혹 덩어리가 하루쯤 더 지나면 까맣게 점점이 머리가 보이기 시작한다. 이때부터는 산소가 많이 필요한 시기이므로 봉지 입구를 활짝 열어두고, 단계적으로 봉지 입구를 접어 내려주거나 세로로 잘라 터주어 산소가 충분히 공급될 수 있도록 한다. 이때 산소 공급이 원활하지 못하면 버섯 갓이 제대로 피지 못하고 줄기만 뚱뚱해지는 등 기형 버섯이 된다.

④ 비닐봉지 입구를 활짝 열어두고 하루나 이틀 정도가 지나면 버섯이 활짝 피어 올라온다. 갓이 500원 동전보다 커지면 수확 시기가 된 것이다. 큰 버섯을 수확하고 기다려도 작은 버섯이 더 자라지는 않는다.

느타리버섯이 자라는 과정

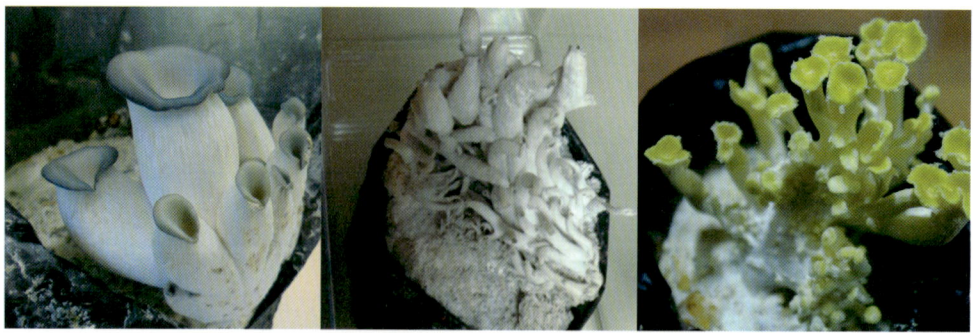

산소가 부족하면 버섯 갓이 제대로 피지 못하고 줄기만 뚱뚱해지는 등 기형 버섯이 된다.

수확기의 느타리버섯 모습

수확

　버섯은 무한정 자라지 않는다. 수확 시기가 되면 제때 수확을 해야 한다. 그렇지 않으면 어느 순간 버섯은 원래 자신의 목적인 밀가루처럼 하얀 가루인 포자를 날리며 시들어간다. 버섯을 키울 때 온도가 낮은 편이면 갓의 색이 진한 회색을 띈다.

　버섯이 잘 자라면 다발을 통째로 잡고 살짝 비틀어 따내면 된다. 수확할 때는 버섯 배지에 균이 옮지 않도록 손은 깨끗이 씻는 것이 좋다. 배지에 버섯으로 자란 조직이 남지 않도록 깨끗하게 수확하고, 이때 배지에 너무 흠집이 나지 않도록 주의한다.

2차 재배

　배지 표면에 물 스프레이를 두 번 정도 칙칙 뿌려준 다음 잘 감싸서 냉장고에 하룻밤 이상 넣어뒀다가 꺼내 다시 처음처럼 버섯을 키우면 된다. 이렇게 하는 것은 버섯에 저온 충격을 주는 방법으로, 버섯에 물리적 위협을 주어 다시 포자를 만들어 버섯이 피도록 유도하는 것이다. 모든 생물체는 위기의 순간에 꽃을 피우고 다음 세대를 이어가기 위해 노력하는 본능이 있다. 이런 식으로 2~3회 더 재배할 수 있다. 버섯은 균이므로 배지 내부에 있는 영양분만으로 자랄 수 있기 때문이다. 인위적으로 영양분을 보충해줄 수 없다.

   수확량은 버섯 배지의 크기에 따른 총량을 기준으로 보통 배지 크기의 3분의 1 정도 되는 양을 수확할 수 있다. 1차 재배 시에 수확량이 많았다면 2차 재배 시에는 양이 적어질 수밖에 없는 것이다. 숙련된 경험으로는 2~3회 이상 반복하여 수확할 수도 있지만, 보통 가정에서 2~3회 정도 반복하여 키웠다면 충분히 훌륭한 결과물을 얻은 것이다.

02
느타리버섯 병 재배

필수 준비물 버섯 병 배지, 깨끗한 포크(숟가락 가능)
선택 준비물 스프레이, 신문지 또는 키친타월, 냉장고

1차 재배

① 병뚜껑을 열고 윗부분, 즉 처음에 접종되어 노화된 균(병 입구 쪽에 하얀 스펀지 같은 버섯 조직이 두껍게 쌓여 있는 모양이다)을 포크를 이용하여 한 스푼 정도 약간만 긁어낸다. 하얗게 스펀지처럼 모여 있던 부분이 떨어져 나가고 톱밥이 드러나 보일 것이다. 노화된 균이 병의 상단에 두껍게 덮여 있지 않으면 긁어내는 과정은 하지 않아도 괜찮다. 종종 두꺼운 그 부분이 뚜껑에 강하게 붙어 있다가 뚜껑을 열면 자연스럽게 떨어지는 경우가 많다. 그렇

노화된 균이 병 상단에 덮여 있지 않으면 긁어내는 과정은 생략한다.

노화된 균을 제거한 뒤 수분 공급을 위해 종이컵 한 컵 정도의 물을 붓는다.

다면 두 번 긁어낼 필요는 없다. 그렇게 노화된 균을 제거한 뒤 수분 공급을 위해 병뚜껑을 열고 종이컵 한 컵 정도의 물(약 190mL)을 붓고 2시간가량 내버려둔 후 물을 버리면 된다.

② 큰 스티로폼 박스 안에 병을 넣고 물을 부어두거나 병 입구에 신문지나 키친타월을 한두 장 얹어두고 수시로 물을 뿌려준다. 단, 신문지나 키친타월이 너무 무거워서 숨을 못 쉴 정도가 되지 않도록 주의한다.

스티로폼 박스 안에 병을 넣어두면 습도 관리가 용이하다.

③ 3~5일쯤 지나 몽글몽글 버섯 돌기가 생기기 시작하면 덮어두었던 신문지를 바로 제거하고, 습도는 계속 충분히 공급해준다. 자주 스프레이해주는 것이 좋다.

수확

큰 버섯의 머리 부분이 500원짜리 동전보다 커지면 수확 시기가 된 것이

느타리버섯 원기 형성

느타리버섯 발이

느타리버섯 자실체

다. 손으로 다발을 잡고 비틀거나 칼로 잘라서 수확한다. 버섯이 자란 밑동 부분은 깨끗이 제거한다. 수확한 후 3~7일 정도 쉬도록 놔둔다. 하지만 습기는 계속 공급해주어야 하므로 신문지 등으로 덮어두는 것이 좋다. 그러면 버섯을 수확하고 톱밥만 남았던 자리에 다시 하얗게 실 같은 것이 몽실몽실 피어나는데, 이것이 바로 균사다.

2차 재배

버섯을 수확하고 며칠 간 쉬게 두었던 배지 병에 시원한 물을 가득 담아 12시간 정도 경과한 후 물을 따라버리거나(물 온도는 너무 뜨겁거나 얼음처럼 너무 차갑지만 않으면 된다), 엎어두고 한두 시간 정도 방치하는 것도 좋다. 그리고는 병 입구를 신문지나 키친타월로 잘 덮어주고 냉장고(약 4℃ 정도, 냉동은 절대 안 된다)에 약 24시간 정도 넣어두었다가 꺼내어 다시 처음처럼 반복한다. 반복 횟수는 봉지 재배와 같다.

03
느타리버섯 단목(원목) 재배

마당이 있다면 느타리버섯을 나무에 직접 키우는 방법도 충분히 가능하다. 이 경우 일반 배지에 키운 것보다 질 좋은 버섯을 수확할 수 있다. 하지만 1년 내내 재배하기는 어렵다.

필수 준비물 원목, 버섯 종균, 검은 비닐, 땅에 묻을 수 있는 공간(화분이나 나무 상자로 대체 가능), 움막 설치 재료

선택 준비물 짚 가마니

원목 준비

Best 포플러, 버드나무, 오리나무, 벚나무, 은사시나무, 뽕나무

OK 아카시, 자작나무, 떡갈나무, 서어나무, 감나무, 단풍나무, 느티나무, 플라타너스, 참나무

Bad 소나무, 낙엽송, 오동나무, 산초나무, 은행나무, 밤나무

원목은 직경 10㎝, 길이 15㎝ 정도가 적당하다. 이보다 작으면 수확은 빠르지만 수확량이 적을 수 있고, 수확 횟수가 줄어든다. 가는 원목은 약간 길게, 굵은 원목은 짧게 하여 원목 내의 총 영양분을 비슷하게 맞춘다고 생각하면 된다. 대략 직경이 30㎝ 정도면 길이 12㎝, 직경이 20~30㎝ 정도

면 길이 13~14cm, 직경이 10~20cm 정도면 길이 15cm가 적당하다. 원목 중에서도 가운데 심부가 두꺼운 것보다 껍질 안쪽과 심부 사이의 변재부(살부분)가 두꺼울수록 버섯의 먹이가 많아 좋다.

버섯을 접종할 원목은 10월 하순~2월 중순경 벌채하는 것이 적당하다. 벌채 후 1개월 정도 지나 버섯을 접종하는 것이 좋고, 접종 시기는 3~4월이 적당하다. 가을에 접종할 경우 버섯의 발생 횟수가 줄어들 수 있다. 원목은 40% 정도의 수분을 가진 것이 좋으므로 건조가 심한 원목은 1~2일간 물에 담가두었다가 사용한다. 원목은 벌채한 후 그늘에 두었다가 접종하기 직전에 자른다. 벌채한 후 2~3년 이상 지난 나무는 건조가 과도하게 되어 있고 또 잡균의 침입을 받았을 수 있으므로 사용하지 않는 것이 좋다.

1차 재배

① 약 500mL 종균 병 1개로 직경 15~20cm짜리 단목 3~5개 정도 접종할 수 있다. 구입한 종균을 깨끗한 대야에 쏟아놓고 덩어리를 손으로 조물조물 부순 후 물을 약간 부어 반죽을 만든다. 종균의 내용물은 거의 대부분 톱밥이므로 잘 부숴진다. 너무 완벽한 가루가 되게 부술 필요는 없다. 물의 양은 손으로 한줌 쥐고 꽉 짰을 때 물방울이 한 두 방울 똑똑 떨어지는 정도가 수분 65% 정도로 적당하다.

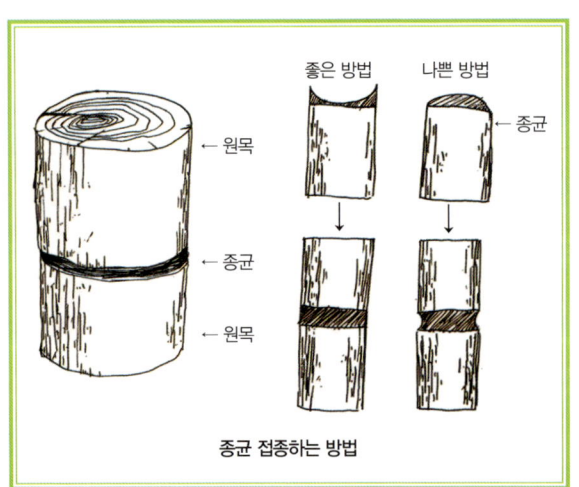

종균 접종하는 방법

② 바람이 없고 직사광선을 피할 수 있는 서늘한 실내에서 종균

접종을 하는 것이 좋다. 원목을 놓고 그 위에 종균을 1~3㎝ 정도 얹고, 그 위에 다시 원목을 얹는 식으로 해서 5단 내외로 쌓는다. 접종하여 쌓아둔 원목은 비닐로 싸 수분이 날아가지 않도록 한다. 가마니 같은 보온재를 구할 수 있다면 좋지만 구하기 어렵다면 비닐만으로도 충분하다. 계절에 따라 비닐 위를 이불 등으로 감싸 보온이 되도록 해주면 좋다.

접종한 원목은 비닐로 싸 수분이 날아가지 않도록 한다.

접종 초기에 온도를 15~20℃ 정도로 유지하면 다른 잡균의 번식을 줄일 수 있지만 사실상 균사가 잘 자라는 온도는 26℃로 약간 따뜻한 정도가 좋다. 온도가 그보다 높아지면, 특히 28℃ 이상으로 높아지면 균사가 잘 생장하지 못하고 곰팡이 등 다른 잡균이 자랄 수 있으므로 조심한다.

우선 바닥에 비닐을 깔고 그 위에 종균을 올려놓는다. 그리고 원목의 절단면이 종균과 맞닿게 한 후 비닐로 감싸면 된다. 혹은 나무의 절단면에 접종을 먼저 한 후 그 위에 비닐을 덮어주어도 괜찮다. 본인에게 편한 방식으로 만들면 된다.

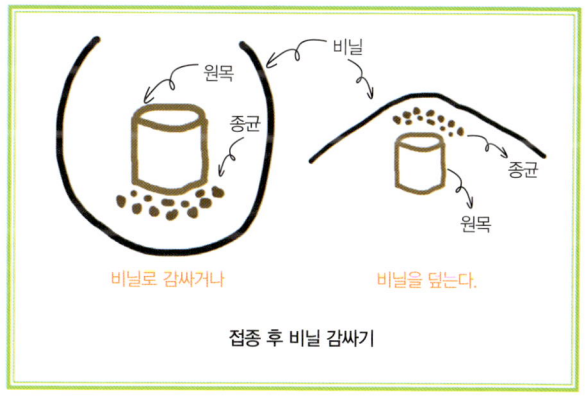

접종 후 비닐 감싸기

③ 버섯 종균을 접종한 후에는 지하실이나 창고 등 직사광선이 닿지 않는 곳에 세워둔다. 그리고 비닐로 덮을 때 윗부분에 약간의 공간이 생기도

접종한 후에는 직사광선이 닿지 않는 곳에 세워두고 윗부분에 약간의 공간이 생기도록 비닐을 덮는다.

록 우산형으로 덮어준다. 접종 1개월 후부터는 일주일에 1회 정도 물을 뿌려준다. 균사가 자라는 동안 물을 자주 줄 필요는 없다. 여름철에는 온도가 높아지므로 덮어놓은 비닐 하단이나 상단에 틈을 만들어 공기가 통하고 열기가 빠지게 해준다.

균사가 나무를 잘 먹어 들어가는(활착) 도중에 자리를 이동시키거나, 가운데 종균을 넣어둔 원목 토막들끼리 떨어질 경우 성장에 방해가 되어 활착이 늦어지므로 주의한다. 혹시 시간이 지나도 원목 주변에 하얗게 버섯 균이 자라는 모습이 안 보이면 즉시 재접종한다.

④ 3~4월경 접종한 원목을 8월 상순에서 중순 사이에 땅에 묻어준다. 묻는 시기가 늦으면 버섯 발생량이 적어지므로 적당한 시기에 해야 한다. 접종해둔 버섯나무 윗면까지 흰 균사가 가득 자라 있으면 묻을 준비가 된 것이다. 서로 밀착된 버섯나무는 떼어내야 하는데 균사가 너무 잘 자라 잘 떨어지지 않는 경우 도구를 이용하여 떼어낸다.

버섯나무를 묻는 곳은 배수가 양호하고 보수력이 좋은 양토가 알맞다. 모래땅에 묻는 경우 건조하기 쉽고, 수확할 때 모래가 버섯 주름 속으로 들어가므로 적절하지 않다. 배수가 좋지 않은 곳에서는 버섯의 발생이 떨어지고 접종한 나무가 썩기 쉽다.

⑤ 버섯나무의 윗부분 2~3㎝ 정도가 땅 위로 드러나게 묻어준다. 이때

버섯나무 간 거리는 3~4㎝ 정도로 하고, 버섯나무 3~4개를 연달아 묻어 전체 폭이 90~100㎝ 정도 되게 한다. 관리할 때 지나다닐 통로를 50㎝ 정도 남겨두고 다시 버섯나무 3~4개를 이와 같은 방법으로 묻는다.

⑥ 땅에 묻은 후 버섯나무를 가마니나 볏짚으로 얇게 덮어주면 좋다. 또 움막을 설치해 직사광선을 피할 수 있도록 해준다. 버섯나무를 땅에 묻은 후에는 종종 주변에 물을 준다. 물은 충분히 주되 배수가 잘 되어야 한다. 배수가 좋지 않은 곳은 상황에 따라 물의 양을 조절한다.

⑦ 9~10월경 버섯이 발생한다. 배양 후 버섯의 자실체가 형성되기 전, 수확 직전에 움막 문을 개방하는 등의 방법으로 저온 충격을 주면 버섯이 생장하는 데 좋은 자극이 된다. 즉, 온도의 차를 크게 만들어주는 것이다.

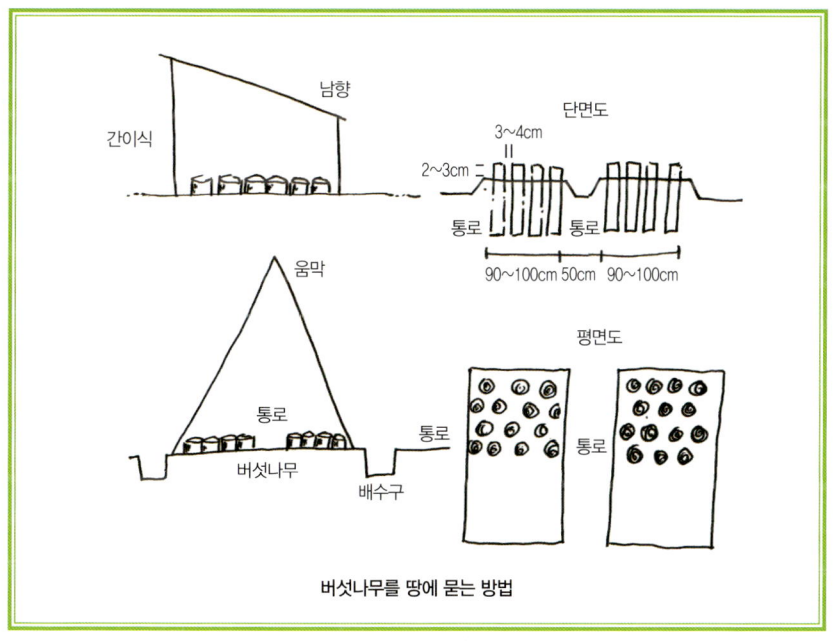

버섯나무를 땅에 묻는 방법

봉지나 병 재배 방법 같이 균 접종 후 균사가 자라는 기간에는 최적의 발생 환경(온도, 습도, 빛, 환기 등)을 만들어주어 균사가 잘 활착하도록 한다. 다만, 일시적으로 열악한 조건에 균사를 노출시켜 적당한 스트레스를 주면 양질의 버섯을 수확할 수 있다. 버섯 발생 초기에는 물을 좀 넉넉히 주는 것이 좋지만 버섯이 발생하기 시작하면 서서히 줄인다.

수확

버섯의 갓 직경이 5~7㎝ 정도일 때 수확하면 된다. 버섯을 수확하는 방법은 언제나 같다. 다발이나 밑동 부분을 손으로 감싸듯이 잡고 비틀면서 따내면 된다. 조직이 남지 않게 깨끗이 따내야 하지만 배지나 원목이 손상되지 않게 조심한다. 수확할 때 버섯나무의 껍질이 벗겨지지 않도록 조심한다. 버섯나무의 수명은 2~3년 정도다.

2차 재배

버섯 수확은 원목에 양분이 있는 한 계속할 수 있으며, 원목이 썩을 때까지 가능하다. 원목의 크기나 환경에 따라 수확 기간은 달라질 수 있지만 대략 2~3년간 수확할 수 있다. 1차 재배 후 원목에 물을 충분히 주고 2주가량의 휴지(休止) 기간을 가진 후 2차 재배를 시작한다. 그 이후는 1차 재배 때와 같은 방법으로 반복 재배하면 된다.

느타리버섯을 잘못 재배한 사례

까만느타리버섯 봉지 배지다. 표면은 약간 말랐지만 그 위에 가까이에서 물을 직접 분사하여 버섯 배지에 흡수는 되지 않고 표면에 고여 있다(왼쪽). 이런 경우에는 표면의 물을 거꾸로 들어 털어내고 봉지를 오므려두거나 키운 지 열흘 이상 된 것이라면 잘 감싸서 냉장고에 24시간 이상 넣어뒀다가 꺼내어 다시 처음처럼 키운다. 만약 한 달 이상 버섯이 자라지 않고 배지가 말라간다면(오른쪽) 봉지에 물을 한 컵 부어 6~12시간 정도 방치했다가 뒤집어 물을 뺀 뒤 방치하면 버섯이 나올 수도 있다.

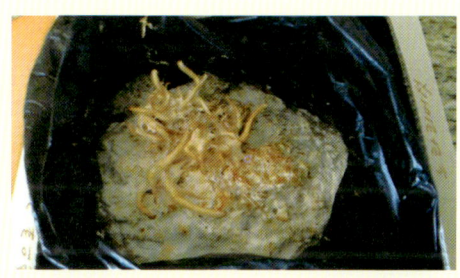

까만느타리버섯 봉지 배지다. 버섯이 자라 올라오다가 환경이 맞지 않아 썩어가고 있다. 이럴 때는 내부 배지는 아직 건강한 상태이므로 깨끗하게 뜯어내고 다시 키우면 된다. 봉지를 뜯어낸 후에 2차 재배를 하듯이 봉지를 잘 감싸 냉장고에 24시간 이상 넣었다가 꺼내어 봉지를 오므려둔다.

노란느타리 버섯 봉지 배지다. 물을 너무 직접적으로 많이 주어 표면은 상했지만 그래도 하얀 덩어리들이 동글동글 모여 있는 모양이 바로 버섯이 새로 올라오는 원기다(왼쪽). 노란색으로 보이는 것은 자연스럽게 맺힌 습기이므로 나쁜 것은 아니다(오른쪽). 더 이상 물을 뿌리지 말고 가만히 두면 곧 버섯이 올라올 것이다.

04
노루궁뎅이버섯 봉지·병 재배

노루궁뎅이버섯은 원래 나무 높은 곳에 매달려 자라므로 봉지 배지 재배 시에도 매달아서 아래로 늘어지는 모양으로 자랄 수 있도록 해주는 것이 좋다.

필수 준비물 배지, 깨끗한 칼이나 가위
선택 준비물 스프레이 또는 가습기

1차 재배

① 봉지 배지 상단부에 약 1.5㎝ 정도 길이로 십자 구멍을 내준다. 톱밥이 안 보일 정도로 균사가 하얗게 많이 몰려 있는 곳이 구멍을 내기 적당

노루궁뎅이버섯 봉지 배지

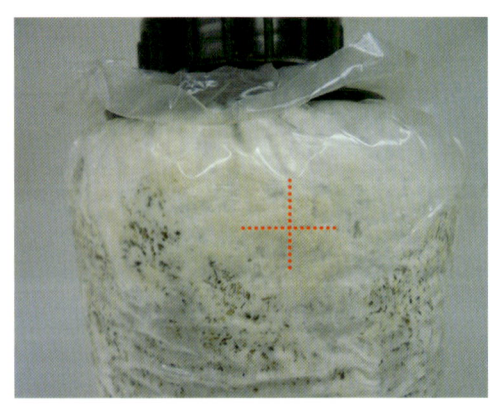

배지 상단 균사가 많이 몰려 있는 곳에 십자 구멍을 내준다.

한 위치다. 이때 칼이나 가위에 균이 없도록 깨끗이 닦고 칼날이 버섯 몸체에 닿지 않도록 조심해서 비닐만 살짝 잘라주어야 한다.

구멍이 작아도 버섯은 잘 자란다. 가끔 구멍이 작아서 버섯이 못 나올까봐, 혹은 숨을 못 쉬지 않을까 걱정하여 비닐을 더 많이 찢어주는 경우가 있는데 이렇게 되면 버섯 배지가 말라서 버섯이 자라지 않거나 모양이 예쁘지 않고 흐트러진다. 예쁜 공 모양의 버섯을 원한다면 구멍을 작게 만들어야 한다. 구멍을 여러 군데 낸다면 버섯도 여러 개가 자라나오겠지만 노루궁뎅이버섯은 느타리버섯처럼 다발성 버섯(꽃다발처럼 한꺼번에 여러 개가 붙어 자라는 형태)이 아니라 한 송이만 자란다. 그러므로 필요한 영양분을 나눠서 여러 개의 작은 버섯을 키우는 것보다 한 개의 버섯을 크게 키우는 것이 낫다.

② 칼집을 낸 주변에 하루에 서너 번 정도 스프레이를 뿌려 습기를 준다. 느타리버섯을 키울 때와 마찬가지로 다양한 방법으로 습기를 만들어준다. 칼집 낸 부분 가까이에 물을 뿌리면 그 자리가 상하거나 곰팡이가 생기고 썩어 새까맣게 되는 경우가 많다. 노루궁뎅이버섯 봉지 재배의 경우 전체에서 버섯 나올 자리만 조금 터주는 형식으로 내부의 습기가 많이 남아 있게 되므로 굳이 물을 주지 않아도 버섯은 충분히 잘 자랄 수 있다. 물을 주는 과정에서 잘못되는 경우가 많으므로 내부의 습기가 충분히 지켜질 수 있다면 인위적으로 물을 주려고 노력하지 않아도 된다.

③ 보통은 내부에서 균사가 많이 자라 15일 정도 이내에 버섯이 밖으로 자라서 나오기 시작하고 이때부터 눈에 띄게 쑥쑥 자란다. 경우에 따라 처음에는 주름이 많아지고 못생겨지기도 하지만 자라면서 점점 주름이 줄어든다. 또 어떤 경우에는 버섯이 분홍빛을 띠기도 하는데 이것은 습기

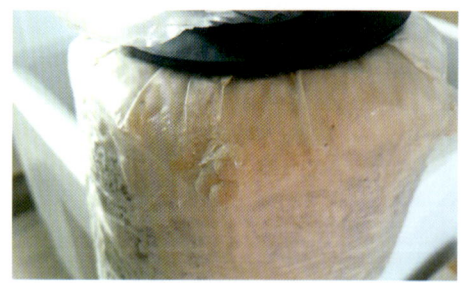

15일 정도 자란 노루궁뎅이버섯

가 부족하다는 표시이므로 주변에 습기를 더 많이 만들어주면 자라면서 뽀얀 빛깔이 나온다.

수확

습기가 적당한 환경을 만들어주면 어린아이 머리만큼 큰 버섯을 키울 수도 있다. 겉보기에 약간 노랗게 마르기 시작한다거나 털이 길어지거나 바닥에 하얀 먼지(포자)가 가라앉기 시작하면 수확한다. 손으로 잡고 살짝 비틀듯이 따내어 몸통에 붙어 있는 톱밥만 제거하면 된다.

2차 재배

버섯을 따낸 자리를 그대로 두고 습도를 맞춰주며 7~10일 정도 쉬게 그

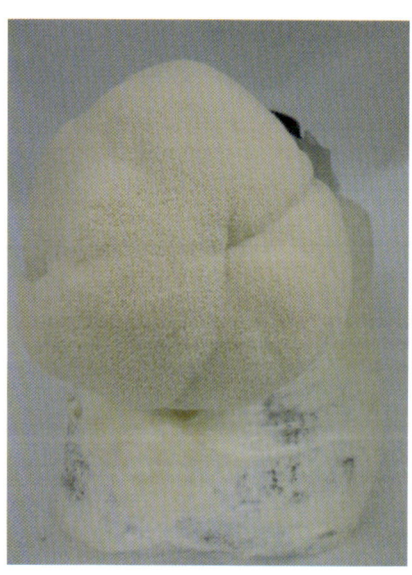

수확기의 노루궁뎅이버섯 모습. 겉보기에 약간 노랗게 마르기 시작한다거나 털이 길어지거나 바닥에 하얀 포자가 가라앉기 시작하면 수확한다.

대로 둔다. 그 자리에서 다시 균사가 나올 수 있다. 하지만 경우에 따라서 그 자리가 새까맣게 되거나 말라서 나오지 않을 수도 있다. 그럴 땐 원래 자리는 테이프로 막고 다른 쪽에 처음과 같은 방법으로 새로운 구멍을 만들어준다. 이런 방식으로 2~3회 더 재배할 수 있다.

노루궁뎅이버섯은 땅을 향해 자라는 특징인 향지성(向地性)이 있어 거꾸로 매달아서 재배하는 방법이 효과적이다. 그리고 다량의 포자 발생으로 인해 실내에 포자가 날릴 수 있으므로 주의해야 한다.

노루궁뎅이버섯 병 재배

느타리버섯을 병 재배 할 때와 1차 재배 과정이 같다. 병 배지의 뚜껑을 열어두고 세워두거나 눕혀두면 자라서 밖으로 나오기 시작한다. 봉지 재배와 마찬가지로 성장하는 동안 습기를 적당히 맞춰주면 잘 자란다.

1차 재배를 잘 하여 털이 길어지고 마르거나 포자가 날리기 시작하면 수확을 하는데, 이때 배지가 아닌 버섯으로 자란 부분은 깨끗하게 제거해야 한다. 조직이 남아 있으면 썩거나 곰팡이가 생기기 쉽다. 수확 후에 병 내부의 배지 표면을 깨끗한 포크를 이용해 서너 번 상처가 나도록 긁어주면 10일 정도 안에 다시 버섯이 자라 올라온다.

노루궁뎅이버섯은 다른 버섯과 달리 균사가 생장하는 양상이 매우 흐릿한 특성이 있다. 그리고 자실체가 발생할 때 비좁은 틈을 비집고 잘 자라는 특성이 있어 발생 유도 시 병뚜껑을 닫은 상태에서 작은 구멍을 뚫어 주어 그곳을 통해 버섯이 나올 수 있게 한다.

노루궁뎅이버섯 병 재배 시 원기 형성 과정

노루궁뎅이버섯을 잘못 재배한 사례

노루궁뎅이버섯 봉지 배지이다. 버섯이 자라다가 환경이 맞지 않아 멈추고 약간 상하려는 조짐이 보인다. 이런 경우 떼어내고 다시 키울 수도 있지만 그렇게 하면 버섯에 상처가 생겨 상처를 치유하느라 버섯 자실체가 나오는 것이 더딜 수 있으므로 차라리 이 자리는 테이프를 붙여 과감하게 막고 다른 곳을 터주어 새로 키우는 방법을 택하는 것이 낫다.

박스테이프를 붙여 막아주고 옆부분에 균사체가 하얗게 많이 몰린 곳을 택하여 깨끗한 칼이나 가위를 이용하여 1.5cm 정도 십자로 구멍을 만들어준다. 이때 칼이나 가위가 버섯의 몸체에 닿지 않도록 조심한다. 모양이 확실히 형성된 경우에는 떼어내고 그대로 그 자리에서 다시 나오기를 기다리거나 다른 자리를 뚫어준다.

노루궁뎅이버섯 봉지 배지로 봉지를 너무 많이 찢고 물을 너무 가까이에서 많이 줘서 까맣게 상한 상태다. 다행히 그 주변의 균사체는 하얗게 상태가 좋고 봉지가 찢어진 아랫부분에서는 버섯이 자라 나오고 있으므로 윗부분은 테이프를 붙여 막고 아랫부분의 버섯을 잘 키우거나 밑에서 튀어나온 아기버섯을 따버리고 다른 곳에 새로 구멍을 만들어 키울 수 있다.

봉지를 너무 많이 찢어서 버섯이 둥글게 형성이 되지 않거나(왼쪽) 표면이 말라서 안쪽 안 마른 쪽에서 버섯이 자라 올라오는 모습(오른쪽)이다.

노루궁뎅이버섯의 경우 산소가 부족하거나 온도가 약간 높으면서 산소가 과다한 경우 마치 국화꽃 송이 같은 모양이 된다. 분홍빛을 띠는 것은 수분이 부족하다는 것을 나타낸다. 모양은 아쉽지만 수확하여 식용하여도 괜찮다. 2차 재배에서는 같은 실수를 반복하지 않고 잘 키우면 공 모양으로 둥글고 예쁜 노루궁뎅이버섯을 수확할 수 있을 것이다.

05
표고버섯 봉지 재배

필수 준비물 종균, 톱밥 배지

선택 준비물 온도계, 습도계, 재배 용기(선반, 받침대 등), 대야(양동이)

1차 재배

① 표고버섯 배지를 감싸고 있는 봉지를 벗겨낸다. 경우에 따라서는 처음부터 다 벗겨내지 않고 윗부분만 잘라내어 뚜껑을 열어주듯이 하고 아랫부분의 봉지는 남겨두어도 괜찮다. 이렇게 하는 이유는 처음부터 배지 전체에서 버섯을 키우지 않고 2차, 3차 재배를 위해 배지를 덜 마르게 하고 아껴두는 것이다. 배지는 손가락으로 눌러봤을 때 살짝 폭신한 느낌이 들 정도로 최대한 촉촉하게 유지되면 좋지만 봉지를 열어두는 순간부터 건조해지기 시작한다.

표고버섯은 다른 버섯과 달리 배지의 표면이 갈색으로 변하는데 이때 얇은 나무껍질과 비슷한 외막이 배지의 전체를 뒤덮는다. 여름에서 초가을 사이에는 하얀 균사체가 갈변(褐變)되는 과정에서 표면에 갈색 물이 생기는데 그 주위에 녹색이나 흰색 곰팡이가 발생하기 쉽다. 곰팡이가 생기면 휴지로 닦아내거나 배지를 물로 씻으면 된다.

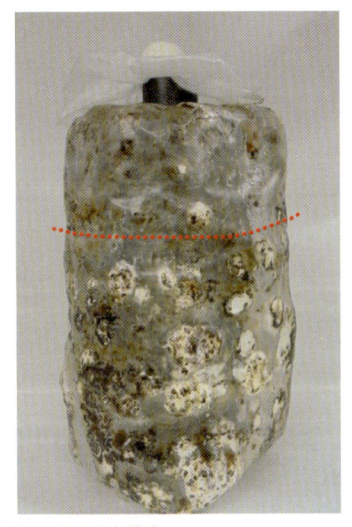

표고버섯 봉지 배지

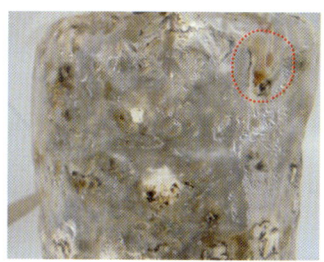

갈변한 표고버섯 배지 표면   표고버섯의 갈변수   표고버섯 배지가 곰팡이로 뒤덮여도 버섯은 자라난다.

② 배지 종류와 재배 환경에 따라 버섯의 수확량이 달라질 수 있다. 배지에서 자라는 버섯의 수가 5개 정도라면 상관없지만 그 이상 버섯이 자란다면 적은 숫자의 버섯을 크게 키울지 여러 개의 버섯을 약간 작게 키울지 선택해야 한다. 적은 수량만 키우고자 한다면 다른 버섯 눈은 약간 올라왔을 때 손으로 따서 제거해주거나 눌러버린다.

③ 버섯이 자라는 동안 적당한 습도를 맞춰준다. 표고버섯은 표면이 외부에 드러나는 형태로 자라므로 다른 버섯에 비해 건조가 심하다.

표고버섯이 올라오기 시작하는 모습   다 키울지 소수만 키울지 선택한다.

수확

표고버섯이 자라서 갓이 다 펴지기 전 버섯 대가 안쪽으로 말려 있는 상태에서 수확한다. 밑동 부분을 잡고 살살 흔들어서 떼어내면 된다. 표고버섯의 뒷면을 보면 수확하기 적당한 시기를 알 수 있다. 버섯을 다 수확한 후 15일 정도 가만히 두고 습기만 공급해주며 휴식하도록 두었다가 2차 재배를 시작한다.

아직 덜 자란 표고버섯

수확기의 표고버섯

수확기가 지난 표고버섯

수확하기 적당한 표고버섯

수확기가 지난 표고버섯

표고버섯을 수확한 후에 패이고
톱밥이 드러난 배지 표면

15일 정도의 휴식 기간 후 톱밥 자리에 균이
하얗게 다시 올라오고 있다.

2차 재배

① 큰 통에 약 15℃ 물(너무 차갑거나 뜨겁지 않은)을 담아 배지를 담근다. 배지가 가벼워 둥둥 떠오르므로 무거운 것을 이용하여 눌러준다. 혹은 큰 비닐봉지에 물과 배지를 넣어 배지가 물에 잠기도록 해주는 것도 좋다. 이렇게 24~72시간 정도 침수 처리를 한다.

표고버섯 배지 침수 처리

② 침수된 배지를 꺼내어 한 시간 정도 엎어두어 물을 빼면 침수 효과가 더욱 높아진다. 이후 수분 증발을 막기 위해 비닐봉지에 싸서 냉장고에 24시간 이상 넣어 냉장 처리를 한다.

③ 다시 처음처럼 버섯을 키우며 이 과정을 반복한다. 보통 농장에서는 한 개의 배지에서 7~10번까지 버섯 수확을 반복하지만, 가정에서는 4~5회 정도 수확할 수 있다. 하지만 버리지 않고 가만히 두면 돌처럼 딱딱하게 굳

은 배지에서도 버섯이 한두 개씩 자라 올라오는 경우가 있으니 배지를 쉽게 버리지 않기를 바란다.

> **Tip** 표고버섯 배지 재배 포인트

배지를 받자 마자 봉지의 안쪽을 보면 올록볼록한 버섯의 눈이 보인다. 만약 버섯의 눈이 보이지 않으면 봉지를 벗기지 말고 버섯의 눈이 형성 될 때까지 기다려야 한다. 이 경우 배지를 들고 손바닥으로 배지의 표면을 가볍게 몇 차례 때려 자극을 주면 버섯의 발생이 더욱 잘 된다.

배지의 종류에 따라 혹은 환경 조건에 따라 배지의 윗부분보다는 아랫부분에 버섯의 눈이 더 먼저 발생하는 경우가 있다. 봉지를 다 벗기지 않는 경우, 배지의 아랫부분에 버섯의 눈이 튀어나와 있으면 아래쪽의 버섯을 키울지 말지를 결정해야 한다. 즉, 경우에 따라 버섯의 눈의 발육이 상대적으로 좋은 쪽에 양분이 집중되도록 하는 것이 좋다. 이 경우 손가락으로 버섯의 눈을 눌러 찌그러뜨려 버섯이 자라지 못하게 하면 된다. 버섯의 눈이 배지의 아래나 위쪽 모두에 나와 있을 경우 양쪽의 버섯을 다 키우고 싶으면 봉지를 전부 벗기거나 버섯의 눈이 나오는 부분만 잘라서 틈을 내주면 된다.

버섯이 나오기 시작해서 자라는 데에는 약 일주일 정도 걸리지만, 버섯이 나오기까지는 이전에 배양 관리가 얼마나 잘 됐느냐에 따라서 다를 수 있다.

원기 형성 중인 표고버섯

06
표고버섯 원목 재배

일단 표고버섯을 원목으로 재배하기 위해서는 어느 정도 야외의 공간이 필요하다. 습기를 잘 만들어줄 수 있는 수돗가 가까운 곳이나 물을 얻기 쉬운 곳이 좋으며 동시에 통풍이 잘 되어야 한다. 자연 그늘이 있다면 좋겠지만 없다면 반드시 차광막을 설치한다. 또 직접 원목을 준비하여 종균을 접종하는 과정부터 하는 것도 좋지만 버섯을 잘 모르는 초보라면 이미 접종이 되어 6개월 정도 관리가 된 버섯나무를 구입하는 방법도 좋다.

필수 준비물 원목, 종균(손가락 한 마디 정도 크기의 성형 종균), 버섯 접종용 드릴 날, 전동 드릴

선택 준비물 온도계, 습도계, 재배 용기(선반, 받침대 등), 대형 대야

원목 준비
Best 상수리나무, 졸참나무, 서나무과
Good 굴참나무, 떡갈나무, 밤나무
Bad 소나무

원목 크기는 길이 1~1.2m, 직경 6~15cm 정도가 무난하다. 보통은 10cm 정도를 기준으로 한다. 직경이 작은 소경목은 첫 버섯이 빨리 나오지만 수

명이 3~5년으로 짧고, 직경이 큰 대경목은 첫 버섯이 늦게 나오지만 버섯 품질이 좋고 수명이 5~10년까지로 길지만 대경목의 경우 너무 무거워서 관리하기 힘든 단점이 있다. 원목의 벌채 시기는 11월 초순~2월 중순이 적당하다. 나무가 여름 동안 물 빨아올리기를 열심히 하다가 겨울이 되면서 물을 빨아올리는 게 더뎌지고 낙엽이 떨어져 생체 활동이 없어지는 시기에 하는 것이다. 벌채 후 가지를 자르지 않고 40~60일 정도 그늘에 그대로 두었다가 내부 수분이 적당할 때 자르는 것이 좋다. 표고버섯을 접종하기 전에 다른 잡균에 오염되고 곰팡이가 생기거나 다른 버섯 균이 먼저 자리 잡는 것을 방지하고자 큰 그대로 두었다가 봄 접종 전에 자르는 것이다.

나무의 수분은 45% 정도를 기준으로 하는데 단면에 동전을 꽂을 정도의 금이 가 있으면 좋다고 본다. 잘라둔 지 너무 오래된 나무는 건조가 많이 되었을 것이므로 며칠 동안 침수시켜야 하고 이미 오염되었을 가능성도 많다.

1차 재배

표고버섯 종균은 2월 말에서 5월 초까지 지역에 따라 약간씩 차이가 있지만 3~4월경에 접종을 완료한다. 대개 그 지역의 살구꽃이 필 무렵이 좋다. 요즘은 차후에 잡균에 오염되고 곰팡이가 잘 생기는 것을 미연에 방지하고자 2월경에 조기 접종하는 일도 많다. 미리 종균과 전용 드릴 날을 준비해두어야 한다.

① 오픈마켓에 버섯 전용 드릴 날, '버섯 기리'라고 검색하면 쉽게 검색되는 상품들이 있다. 이것을 구매하여 전동 드릴에 버섯 전용 드릴 날을 끼워 원목에 구멍을 뚫어준다. 구멍은 직경 1.2㎝, 깊이 2.5㎝(전용 드릴 날로 뚫

으면 사이즈가 맞다), 구멍 간격 5~10cm로 뚫는다. 줄 간 간격은 4~5cm로 서로 어긋나게 맞춘다. 마찬가지로 오픈마켓에 '표고버섯 성형종균'이라고 검색하면 약 1월말에서 2월이면 많은 상품이 판매된다. 이것을 적당히 구매하여 드릴날로 뚫은 구멍에 하나씩 쏙쏙 넣어주기만 하면 된다.

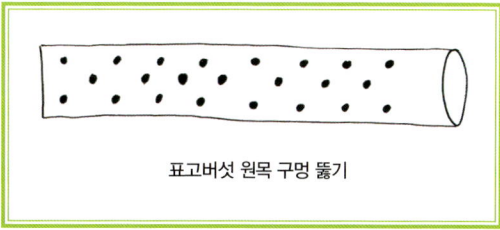

표고버섯 원목 구멍 뚫기

반드시 구멍을 뚫은 즉시 종균을 접종(구멍에 넣어줌, 심어줌) 해야 한다. 원목의 상처 부위나 벌레 먹은 부위, 가지가 뻗어나간 부위에는 종균을 추가로 접종한다.

② 접종된 종균이 원목에 잘 자리 잡고 뻗어나가기(활착) 위해서는 많은 양의 수분이 필요하다. 따라서 접종 후 7~10일부터는 3~10일에 한 번씩 2~3시간 정도 원목 내부까지 충분히 젖도록 물을 주어야 초기의 균사가 잘 성장할 수 있다. 직사광선을 받지 않도록 차광한다.

③ 접종이 끝난 버섯나무는 4월 하순에서 5월 상순까지(40~50일 정도) 임시눕혀두기를 한다. 임시눕혀두기의 목적은 처음 접종한 균이 잘 자리를 잡도록 잠시 내버려두는 과정이라고 이해하면 쉽다. 대략 5~7개 정도씩 가로, 세로, 가로, 세로, 井(정)자 쌓기로 층층이 5단 정도 쌓는다. 하지만 주변 환경이 건조하거나 나무에 수분이 없다면 장작 쌓기(보통 장작을 쌓아두는 방법, 줄만 맞춰서 전부 모아서 잔뜩 쌓아놓는 형태) 한다.

가능한 낮게 쌓고 차광과 보온을 할 수 있는 덮개를 덮어주고 낮에는 환기를 해준다. 한 달에 한 번 정도 위아래를 바꾸어 돌려준다.

④ 임시눕혀두기가 끝나면 5월 중순에서 하순까지는 본눕혀두기를 한다. 통풍도 잘 되면서 적당한 습도를 유지할 수 있는 곳이 좋다. 본눕혀두기는 나무를 기대놓을 수 있는 베갯목을 설치하고 나란히 기대놓고 관리하면 되는데 버섯나무를 둔 곳이 공기 중 습도가 높고 환기가 안 된다 싶으면 나무를 세우고, 습도가 낮아 건조할수록 각도를 낮춰 눕혀두면 된다. 너무 건조하면 계속 井(정)자 쌓기를 할 수도 있다.

⑤ 6월에서 9월 사이에 뒤집어쌓기를 3회 이상 실시하고 가을이 되면 버섯 발생 작업을 한다. 노지에서는 가을이 되어 기온이 떨어지면 자연스럽게 저온 충격을 받아 버섯이 나오기 시작하는데 그때 기댈 곳을 마련해서 세워주면 된다. 버섯의 수확은 접종을 한 바로 그해보다 그 다음 해 가을부터 본격적으로 할 수 있다. 버섯의 수확량은 2년, 3년이 되면서 많아지다가 점점 오래될수록 수확량이 줄어든다. 수확량이 줄어들면 버섯나무에 다양한 방법으로 충격을 주는데, 버섯나무를 물에 빠뜨리거나 망치로 여기저기 쾅쾅 쳐주거나 나무를 바닥으로 밀어 쿵쿵 쓰러뜨리는 등의 방법을 쓴다. 또 버섯나무 표면에 못, 손도끼 등으로 구멍이나 상처를 내 지면에 넘어뜨리면 수분 흡수량이 증가해 효과가 좋다. 수명이 오래될수록 강한 자극이 필요하다.

버섯나무에는 계속 물을 주고 수확 전에는 버섯나무 내부의 수분을 높여두었다가(물을 넉넉히 관수) 버섯이 나오기 전에는 물을 끊어주어야 물버섯이 나오지 않는다. 겨울철에는 8~18℃ 정도로 보온을 해주면 좋은데, 하우스나 실내라면 어느 정도 온도가 유지되겠지만 눈이나 비가 많은 노지는 비닐을 덮어주는 것이 도움이 된다.

수확

표고버섯이 자라면서 갓 안쪽의 막이 떨어지면 수확할 시기가 된 것이다. 시기를 조금만 놓쳐도 안쪽으로 오므려져 있던 갓이 쭉 펴져서 상품 가치가 떨어진다. 물론 판매용이 아니라면 상관없다. 수확은 대를 잡고 흔들어서 따주면 된다. 주름살 부분에 손이 닿지 않는 것이 좋고, 칼로 대를 자르면 균이 옮기 쉬우므로 좋지 않다.

버섯이 튀어나오기 시작(원기)하는 시기에 갑자기 춥거나 건조하면 나오다가 멈추는 경우도 있다. 그럴 때 버섯나무 전체를 비닐로 씌우거나 아기버섯에 봉투를 씌운다거나 하면 습도나 온도를 유지하는 데 도움이 된다.

2차 재배

1차 재배가 끝난 후 휴지기간을 20~40일 정도 둔다. 원목을 물에 충분히 침수시킨 후 타목(打木)이라고 하여 나무를 망치로 때리거나 혹은 버섯재배용 전기 충격기를 이용하여 나무에다 충격을 준다. 이 과정을 거치면 버섯 균사체가 생존의 위협을 받게 되어 생식 생장을 더욱 활발히 하게 된다. 원기가 형성되면 버섯의 일생 중 가장 높은 습도가 필요하다. 따라서 90% 정도의 높은 습도를 필히 유지해야 한다. 원기 형성이 된 직후에는 환기를 적당히 시켜 이산화탄소 함량을 낮추고 산소 함량을 높여 갓 형성을 유도한다. 단, 지나친 환기는 습도를 떨어뜨릴 수 있기에 주의해야 한다. 버섯의 갓이 형성 된 후에는 가습이 직접적으로 갓 부분에 닿지 않도록 해야 한다. 그렇지 않으면 버섯의 갓이 까맣게 변하여 품질이 떨어진다.

07
영지버섯 원목 재배

영지버섯 원목 재배의 경우 느타리버섯 단목 재배와 같은 방법으로 짧게 재단한 나무(단목) 재배가 가능하다. 하지만 여기에서는 표고버섯 원목 재배와 같은 성형종균을 이용해서 큰 나무(장목)를 그대로 이용하는 방법을 소개한다.

필수 준비물 원목, 영지버섯 성형 종균, 원목을 덮을 비닐, 땅에 묻을 수 있는 공간(긴 화분이나 나무 상자로 대체 가능), 전정용 가위

선택 준비물 온도계, 습도계, 재배 용기(선반, 받침대 등)

원목 준비

Best 상수리나무, 졸참나무, 갈참나무
OK 매화나무, 복숭아나무, 벚나무, 오리나무

원목 중에서도 가운데 심부가 두꺼운 것보다 껍질 안쪽과 심부 사이의 변재부(살부분)가 두꺼울수록 버섯의 먹이가 많아 좋다. 버섯을 접종할 원목은 10월 하순~2월 중순경 벌채하는 것이 적당하다. 120~150cm로 절단하여 井(정)자 모양으로 약 50일 동안 쌓아둔다. 원목은 40% 정도의 수분을 가진 것이 좋으므로 벌채한 후 그늘에 두어 직사광선이 직접 닿지 않도록

주의한다.

종균 접종

영지버섯 재배의 성공 여부는 균사 배양 과정을 잘 관리할 수 있느냐가 가장 중요한 일이다. 그러기 위해서는 종균 접종 시기가 중요하다. 3~4월에 접종하는 경우에는 곰팡이나 다른 잡균이 생길 수 있는 위험이 높으므로 기온이 높아지기 이전 1~2월에 접종하는 것이 안전하다.

① 전동 드릴에 버섯 전용 드릴 날을 끼워 성형 종균을 접종할 구멍을 뚫어준다. 이 과정은 표고버섯 원목 재배 방법과 같다. 바람이 없고 직사광선을 피할 수 있는 서늘한 실내에서 종균 접종을 하는 것이 좋다.

표고버섯은 직경 1.2cm, 깊이 2.5cm 정도의 크기로 전용 드릴의 날을 이용하여 쉽게 구멍을 뚫어 접종할 수 있지만 영지버섯의 경우 성형 종균을 구하기 어려울 수도 있다. 플라스틱 병으로 된 톱밥 종균을 구하여 그 병을 칼로 절개하여 톱밥 종균 내용물을 꺼낸다. 그리고 내용물을 콩알 크기로 부순다. 그 후 톱밥 종균을 접종하기 위해 나무에 뚫어 놓은 구멍에 콩알 크기로 부순 종균을 넣고 그 위에 얇은 스티로폼이나 밀랍으로 살짝 막아주면 된다. 표고버섯을 재배하기 위하여 만든 접종의 구멍보다는 조금 더 크게 만드는 것이 좋다. 톱밥 종균의 덩어리를 너무 작게 부수면 균사체의 활력이 떨어질 수 있기에 주의해야 한다.

성형종균을 구하기 어렵고 일일이 구멍에 넣어주는 작업이 어렵다면 느타리버섯 단목 재배와 같은 방법으로 단목 재배를 해도 된다.

② 접종 후 적당한 공간에 원목을 눕혀두고 균사가 잘 뻗을 수 있도록 초

기 관리를 해준다. 접종 후 일주일간은 주변 온도를 10~15℃ 정도, 습도는 85~93% 정도로 유지한다. 서늘하고 약간 습한 정도다. 다시 일주일이 지나면 주변 온도를 20~25℃ 정도로 높여서 50일가량 유지하며 균사가 잘 자라도록 관리한다. 비닐을 덮어주면 좋은데 하루에 한 번 정도 환기를 시켜 곰팡이가 생기지 않도록 조심한다.

1차 재배

① 5월초에서 8월초 사이에 배수가 잘 되는 모래 토양에 원목을 가로로 눕힌 채로 묻어준다. 땅에 묻기 전에 3~4일간 매일 하루에 7~8회씩 관수하여 그동안 건조된 수분을 보충해준다. 균사 생장이 잘 되어 있는 면을 위쪽으로 하여 표면만 살짝 드러나도록 거의 땅속에 들어가게 묻는다.

② 원목을 묻은 후 약 열흘 뒤부터 모래 표면의 마른 부분이 젖을 정도로 매일 1~2회 정도 물을 뿌려 습도를 높여주고 주변 온도는 26~30℃ 정도로 유지한다.

③ 버섯 대가 올라오다가 끝 부분 하얀 생장점이 대보다 굵어지기 시작하며 갓이 형성된다. 버섯 갓의 형성을 촉진시키는 요인은 환기다. 버섯 대가 3cm 정도 되면 환기에 신경을 써 갓 형성을 촉진시켜준다. 이때부터 습도는 70~80% 정도로 낮춰준다.

갓이 형성될 때 온도가 30℃ 이상 되면 생장이 중지될 수 있고, 이 온도가 반복되면 갓이 둥근 덩어리처럼 자랄 수 있다. 영지버섯은 높은 온도에서 자라는 고온성 버섯이다. 균사가 자라는 온도의 범위는 15~30℃이지만 가장 적당한 온도는 26℃ 정도고, 버섯 갓이 자라는 온도의 범위는

15~35℃로 가장 적당한 온도는 28℃ 정도다. 습도도 버섯이 자라는 초기에는 80% 정도로 높게 했다가 후기에는 50% 정도로 낮춰주면 버섯의 갓이 두껍고 색깔이 선명해진다.

④ 봄철에 접종하고 여름 동안 재배하여 가을에 수확하게 된다. 약 6개월 정도 재배한다. 버섯이 어느 정도 자라면 갓 끝 부분의 하얀 생장점이 점차 줄어들어 다른 부위처럼 영지버섯 고유의 갈색이 나타난다. 포자가 날리기 시작하며 버섯 두께는 계속 두꺼워진다. 이때부터는 물 주기를 멈추고 습도를 40~50% 정도로 낮춰 환경의 변화를 만들어주어야 갓이 더 두꺼워진다. 이렇게 성장을 멈추는 관리를 10~15일 정도 한 뒤 수확한다.

수확과 저장

버섯 뒷면의 색이 노란색일 때 수확하는 것이 가장 약효가 좋다. 나무를 전정하는 가위를 이용하여 갓 아래 2~3㎝ 부위를 자르는데 이렇게 해야 2차 재배를 할 수 있게 된다. 수확된 버섯은 손으로 최대한 적게 만지고 갓 뒷면의 포자가 닦이지 않게 조심한다.

건조할 때는 초기 온도를 40~45℃로 시작해 1시간에 약 1~2℃씩 상승시킨다. 버섯이 완전히 건조되면 마지막에 60℃ 정도에서 약 2시간 더 건조한다. 건조 후에 80~100℃ 스팀으로 찌면 버섯 내부의 왁스 성분이 올라와 반짝반짝 광택이 생긴다.

2차 재배

표고버섯 원목 2차 재배와 같다. 수확 후 수분 관리만 잘 해주면서 겨울이 지나고 다음 해부터 또 같은 방법으로 버섯이 자라나 수확할 수 있다. 그렇게 몇 년 수확하고 더 이상 버섯이 자라지 않으면 수명이 다 한 것이다.

　톱밥 재배의 경우에는 버섯 종류 간 재배 방법이 조금씩 다르지만 원목 재배에는 버섯 종류 간 재배 방법에 큰 차이가 없다. 원목은 10~2월 중에 자르고 겨울 동안 그늘에 두었다가 3, 4월(최근에는 2월 접종을 더 많이 하는 편)에 접종하고 여름 동안 원목 내부 수분이 너무 마르지 않게 수분 관리를 해주다가 가을에 버섯을 발생시키는 방식이다. 다만 영지버섯은 자라는 기간이 길고 다른 버섯에 비해 더운 온도일 때 잘 자라므로 봄에 작업해두면 여름부터 자라나 가을에 성장이 멈추면 수확을 한다.

08 녹각영지버섯 병 재배

필수 준비물 배지, 깨끗한 숟가락, 스티로폼 박스, 거치용 철사, 비닐
선택 준비물 흰색이나 검은색 덮개용 부직포 또는 천

1차 재배

① 준비한 병 배지 뚜껑을 한두 번 돌려보고 살짝 연다.

② 깨끗이 닦아 준비한 숟가락으로 윗부분에 자라 있는 균사(제일 처음 접종하여 노화된 균)를 안쪽 톱밥이 보일 때까지 약간 긁어내듯 한두 스푼 퍼낸다. 뚜껑을 열 때 윗부분 균이 뚜껑에 붙어서 자연스럽게 떨어져 나가는 경우가 있는데 이때는 긁어내는 과정을 생략하고 다음 순서로 넘어가면 된다.

깨끗이 닦아 준비한 숟가락으로 윗부분에 자라 있는 균사를 안쪽 톱밥이 보일 때까지 약간 긁어내듯 한두 스푼 퍼낸다.

스티로폼 박스에 병 배지 담고 비닐을 씌우면 수분 관리가 용이하다.

③ 스티로폼 박스에 거치용 철사를 설치하고 박스 내부에 물을 한 컵 정도 부은 후 배지 병을 세워놓고 비닐을 덮는다. 비닐 위에 부직포를 덮어주어 일정한 습도가 유지되도록 한다.

④ 하루에 몇 번, 혹은 며칠에 한 번씩 스프레이를 해 습도를 높게 유지한다. 횟수가 중요한 것이 아니라 비닐에 물방울이 맺힐 정도로 습도가 유지되는 것이 중

점점 버섯 형태로 자라나는 모습

요하다. 내부 습도가 높다면 스프레이를 해주지 않아도 된다. 노화된 균을 긁어낸 뒤 톱밥만 보이는 병 안쪽에 물이 떨어져 들어가면 곰팡이가 생기기 쉬우므로 조심한다. 병 안쪽에 다시 하얀 균사가 자라 올라오기 전까지는 스프레이하지 않아도 된다.

녹각영지버섯을 키우는 데는 높은 습도와 약간 높은 온도를 항상 일정하게 유지하는 것과 적당한 환기가 매우 중요하다. 녹각영지버섯은 20~30℃ 정도의 약간 높은 온도를 선호하는데, 25℃ 이상에서 성장이 좀 더 빠르고 그 이하의 온도라고 하더라도 균일하게 유지만 된다면 자라는 속도가 약간 늦을 뿐 잘 자란다. 또 환기가 적게 되어 공기 중 산소 농도가 낮을수록 모양이 날씬하게 자란다. 온도가 변하면 성장을 일찍 멈추게 되므로 환경을 균일하게 잘 유지시켜주어야 한다.

수확

겨울철에도 실내에서 재배가 가능하다. 생육 시 높은 온도와 습도가 필요해 보통 4~5월경 재배를 시작해 한여름 동안 키우고 9~10월경 버섯의 끝부분에 위치한 하얀 생장점이 사라지면 배지와 닿은 아래쪽을 잡고 부러뜨리듯이 수확한다.

녹각영지버섯은 나무처럼 딱딱한 목질화된 버섯이므로 일반 식용은 어

수확기의 녹각영지버섯

녹각영지버섯을 수확한 모습

렵고 차로 끓여 마신다. 쓴맛이 강하므로 끓일 때 감초나 대추를 곁들이면 좋다.

오랫동안 감상하기 위해서는 버섯을 80~100℃에서 스팀으로 찌면 버섯 속에서 왁스 성분이 올라와 마치 버섯에 기름칠을 한 듯이 반짝반짝 윤이 난다.

2차 재배

1차 재배 후 20~30일 정도의 휴지 기간이 필요하다. 이 기간에는 온도를 20~23℃로 맞추고 배지가 마르지 않게 적절한 습도를 유지해주는 것이 필요하다. 단 배지에 물을 뿌려줄 필요는 없다. 밀봉을 하여 산소 공급이 되지 않도록 하고 빛을 차단한다. 휴지 기간 후 다시 온도, 습도, 채광 등의 조건을 맞춰주면 배지의 윗부분에서 다시 버섯이 자라난다. 이렇게 1년에 2차례까지 수확이 가능하다.

09
상황버섯 원목 재배

필수 준비물 원목, 배지, 스티로폼 박스, 거치용 철사, 비닐
선택 준비물 온도계, 습도계, 재배 용기(선반, 받침대 등), 대형 대야

원목 준비

상황버섯의 경우 뽕나무를 선호하지만 구하기 쉽지 않고 재배했을 때 수량이 적은 편이다. 반면 상수리나무, 굴참나무, 졸참나무, 떡갈나무 등 참나무류가 구입하기 쉽고 재배에 편리하며 수확량도 많다. 나무는 낙엽이 떨어진 후 11~12월에 벌채하는 것이 좋다. 가정에서 키우기에는 10~20㎝ 정도의 굵기가 적당하며, 이 나무를 20~40㎝ 정도로 토막 내 사용한다. 나무를 내열성 비닐봉지에 넣은 후 이를 큰 압력밥솥에 넣어 90분간 고압, 고온 살균한다. 압력솥이 상온의 온도와 같아질 때까지 기다려야 한다. 가정에서 이렇게 고온 고압 살균이 가능하지만 편의와 안전을 위해 배양된 버섯나무를 농가에서 구입해 쓰는 게 좋다.

종균 접종과 배양

살균된 원목이 들어 있는 비닐봉지 안에 종균을 적당히 넣어 접종한다. 톱밥 종균의 경우 느타리버섯 단목 재배와 마찬가지로 윗면에 바르듯이 얹어준다고 생각하면 된다. 이때 중요한 것은 종균을 접종하는 공간이 무

균실처럼 깨끗해야 한다는 것이다.

접종한 원목을 적당한 공간에 두고 배양한다. 배양 기간은 보통 90~100일 정도이지만, 길게는 5~6개월 정도까지 배양하기도 한다. 배양에 적당한 온도는 28℃ 정도다.

1차 재배

① 배양된 버섯나무의 비닐을 벗긴 후 원목 겉을 껍데기처럼 뒤덮고 있는 균을 다 벗겨내고 약 일주일 정도 그늘에 표면을 말린다. 이렇게 하지 않으면 곰팡이나 해충의 피해 위험이 매우 높아진다.

바로 여기까지의 과정이 상황버섯을 재배하는 데 가장 중요한 부분이다. 하지만 살균이나 배양 직후의 관리 등은 일반 가정에서 하기 어렵고 까다로운 과정이다. 따라서 되도록 이 과정까지 관리가 되어 있는 버섯나무를 구입해 재배하기를 권한다.

상황버섯을 키울 때 가장 중요한 것은 높은 온도와 충분한 빛이다. 버섯이 자라기에 가장 좋은 온도는 30℃ 정도이며, 직사광선은 피하는 것이 좋다. 일반 가정에서는 거실에 두면 된다.

② 땅에 묻거나 공중에 매달아 키울 수가 있는데 공중에 매달아 키우는 경우 버섯 수확량이 훨씬 많고 관리도 편하다. 버섯나무를 매달기 위해서는 굵고 긴 못을 천장이나 기둥에 박은 후 못대가리를 구부려서 갈고리 형태로 만들어 걸 수 있게 한다. 땅에 묻을 경우 굵은 모래를 3~5㎝ 정도 깔고 3㎝ 정도 모래에 묻어서 세워둔다. 가정에서 나무를 묻기 힘들 경우 처음 살균할 때 씌워둔 비닐을 벗기지 않고 그대로 두고 나무의 윗부분의 비

닐을 벗겨 키우면 된다. 그 외에 행운목 화초를 기르듯 접시 위에 얹어 놓고도 키울 수 있다.

③ 재배 중에는 버섯나무에 물을 충분히 주어야 한다. 처음 3일 동안은 시원한 물을 밤낮으로 자주 뿌려주어 나무가 흠뻑 젖게 하고 주위 온도를 30℃로 유지한다. 그 이후에는 매일 2~3회씩 스프레이로 물을 듬뿍 뿌려주며 관리한다. 환기를 수시로 하여 충분한 산소가 공급 되도록 해야 한다. 재배 초반에는 습도를 80%로 높게 관리하지만, 수확기에 다다르면 점점 습도를 낮춰 60% 정도로 맞춰준다.

수확

균핵의 윗부분이 갈색으로 변하고 아랫부분이 진노란색으로 변하면 수확한다. 다만 균핵의 두께가 1㎝ 이상 되어야 한다. 나무껍질의 절단면을 넓적 칼이나 평삽으로 분리하여 수확한다. 수확한 상황버섯은 건조기로 말려 비닐봉지로 밀봉하여 냉암소에 보관한다.

상황버섯은 봄에 접종하고 고온 다습한 여름 환경을 이용하여 추석 때쯤 수확하는 게 일반적이다. 그러나 1년에 2회까지도 수확할 수 있다. 이 경우 온도를 높여주고 환기를 자주 시켜주며 일조량을 늘려주어야 하는데 이러면 8월말경 1차 수확을 하고 재접종 없이 11월경 다시 한 번 수확이 가능하다. 버섯나무가 곰팡이에 오염되지 않으면 2~3년 정도 사용할 수 있다.

2차 재배

버섯을 수확 후 바로 다시 버섯을 발생시키려면 원목을 물에 이틀 정도 푹 담가 놓았다가 꺼내어 위의 과정을 반복하면 된다.

용어해설

ㄱ

가식부(可食部) : 식품 중 식용에 알맞은 부분.

가지고르기 : 식물의 겉모양을 고르게 하고 웃자람을 막으며, 생산을 늘리기 위해 곁가지를 자르고 다듬는 일.

개화생리(開花生理) : 식물의 꽃이 피는 것과 관련된 여러 가지 생리적 현상.

건부병(乾腐病) : 말라죽는 병.

결각(缺刻) : 잎 가장자리가 가위로 오려놓은 듯 톱니처럼 생긴 모습.

결구(結球) : 배추 따위의 채소 잎이 여러 겹으로 겹쳐서 둥글게 속이 드는 현상.

경협종(莖莢種) : 어린 꼬투리에 섬유질이 많아 채소용으로 삶아서 먹기 힘든 콩 품종.

곁가지 : 곁눈이 싹터서 생장한 가지로서 끝눈으로부터 생장하는 원가지에 대응한 말.

곁눈 : 줄기 측방에 생기는 눈의 한 가지. 보통 한 개지만 한 개 이상일 때도 있는데, 이것을 덧눈이라고 한다. 겨드랑눈보다 범위가 넓다.

계분(鷄糞) : 닭의 똥. 질소와 인산(燒酸)이 많아 거름으로 쓴다. 비료 성분이 돈분보다 1.5배, 우분보다 3배 높다.

고사(枯死) : 어떤 요인에 의해 식물이 말라 죽는 증상.

골분(骨粉) : 뼛가루로 만든 비료. 완효성이므로 밑거름으로 쓴다.

광포화점(光飽和點) : 광합성의 속도를 결정하는 주요 요인으로는 빛의 세기, 이산화탄소의 양, 온도 등을 들 수 있다. 식물의 잎에 빛을 쪼이면 빛의 세기에 비례하여 광합성 속도는 증가한다. 그러나 빛의 세기가 어느 점에 이르면 더 이상 광합성 속도가 증가하지 않는데(광포화), 그때의 빛의 세기를 광포화점이라 한다.

광합성(光合成) : 녹색식물이 태양에너지를 이용하여 자신이 필요로 하는 에너지를 만드는 과정으로 초록색을 띤 엽록소가 태양에너지를 모아서 이산화탄소와 물을 원료로 탄수화물을 만들어낸다.

균사(菌絲) : 균류의 영양생장 기관으로 균류의 본체를 일컫는다. 우리가 먹는 버섯은 포자를 퍼뜨리기 위해 피는 꽃과 같은 기관으로, 사실은 균사가 버섯의 본체에 해당한다. 포자가 실처럼 자라나는 형태이므로 균사라고 한다.

균사체(菌絲體) : 균류는 균사 상태로 생장하는데, 균사덩이를 일컫는다. 균사가 많이 모인 덩어리.

균핵(菌核) : 좋지 않은 환경에 견디기 위해 특수한 균의 균사가 식물의 꽃, 열매, 뿌리 때로는 유기물에 조밀하게 접합하여 괴상(魂狀)으로 된 것. 이 상태로 인하여 오랫동안 휴면 상태를 유지할 수 있다.

기생(寄生) : 어떤 생물이 다른 생물의 체표(體表)나 체내(體內)에 부착하여 영양을 섭취하며 생활하는 일.

기주(寄主) : 어떤 종의 생물이 다른 생물로부터 양분을 섭취하면서 자라는 것을 기생이라고 하는데 이때 양분을 빼앗기는 쪽이 기주가 된다.

기지현상(忌地現像) : 한 밭에 같은 작물을 계속 재배하는 경우 현저한 생육 장해가 나타나는 현상. 그 원인으로는 ① 토양전염병의 해 ② 토양선충 번성 ③ 유독물질의 축척 ④ 염류의 집적 ⑤ 토양 비료분의 소모 ⑥ 토양의 물리적 성질 악화 ⑦ 잡초의 번성 등을 들 수 있다.

깊이갈이(深耕) : 땅을 깊이 가는 일.

ㄴ

냉해(冷害) : 냉기(冷氣)가 보통 때보다 일찍 와서 입는 농작물의 피해.

노지재배(露地栽培) : 채소를 특수한 가온이나 보온을 하지 않고 밭의 자연적인 조건에서 재배하는 방법.

ㄷ

다비(多肥) : 비료 시비량이 많음.

단일(短日) : 낮의 길이가 짧은 날을 단일이라고 한다. 보통 낮의 길이가 14시간 이상인 날을 장일(長日), 12시간 이하인 날을 단일이라고 한다.

대목(臺木) : 접목재배에서 영양분을 공급해 주는 바탕 나무가 되는 나무. 채소 재배에서는 주로 토양전염성 병해를 막기 위해 이용한다.

도장(徒長) : 지나치게 많은 비료를 주거나 이상 기온 등으로 인하여 식물의 줄기나 잎이 쓸데없이 길고 연약하게 자라는 것. 웃자람.

돈분(豚糞) : 돼지의 똥. 비료 성분이 우분과 계분의 중간이다.

돌려짓기 : 한 땅에 몇 가지 작물을 특정한 순서로 규칙적으로 반복하여 재배해나가는 것. 윤작(輪作)

땅고르기 : 관개에 대비하여 흙을 이동시켜 수평 또는 균일한 경사로 지표면을 조성하는 것. 정지(整地)

ㅁ

만추대(晩抽臺) : 추대가 늦게 되는 것.

멀칭(被覆) : 작물이 자라고 있는 땅을 짚이나 비닐 등으로 덮어주는 것. 땅의 온도를 유지시키고, 건조, 잡초, 병충해 피해를 막을 수 있다.
모종 : 옮겨 심기 위하여 가꾼 씨앗의 싹.
무차광재배(無遮光栽培) : 차광을 하지 않고 재배하는 방식.
밀식(密植) : 빽빽하게 심음.
밑거름(基肥) : 작물의 종자파종 또는 모종 아주 심기 전에 사용하는 비료.

ㅂ

바람들이 : 뿌리 비대가 왕성하거나 수확이 늦어지면 동화 양분이 부족해 뿌리 세포가 텅 비고 세포막이 찢어지거나 구멍이 생기는 현상.
발아(發芽) : 씨눈으로부터 싹이 트는 것. 씨앗이나 포자가 활동을 시작하여 새 식물체가 껍질을 찢고 나오는 현상.
방제(防除) : 작물에 피해를 주는 각종 병해충을 예방하고 구제하는 것.
배지(培地) : 버섯 균사체를 배양하여 자실체(버섯)를 피우기 위한 목적으로 만들어진 양분 덩어리. 내부에 톱밥 등의 여러 가지 재료를 적절한 비율로 배합하여 만든 버섯의 먹이에 종균으로 버섯 균을 접종하여 배양한 균사체 덩어리를 말한다. 병에 담으면 병 배지, 봉지에 담으면 봉지 배지 등 다양한 형태로 만들 수 있고 그에 따른 장단점이 있다.
병반(病斑) : 병으로 말미암아 생기는 무늬.
병자각(柄子殼) : 균사에서 암색 내지 흑갈색의 구형 혹은 편구형의 각방이 생기고 그 내부의 각벽에 분생자경이 발달하여 분생포자를 형성하는 일종의 번식기관. 가루홀씨기라고도 한다.
보수력(保水力) : 흙이 수분을 보존할 수 있는 힘. 흙 알갱이의 크기에 따라 달라진다.
복토(覆土) : 흙덮기. 파종 후 종자가 노출되지 않도록 묘상을 흙으로 덮어주면 파종상의 습도 유지와 토양 미생물의 피해를 줄이고 잡초 발생을 억제하는 효과가 있다.
본잎(本葉) : 초엽 또는 떡잎 뒤에 나오는 정상엽. 잎.
부식질(腐植質) : 식물질의 부패로 생기는 갈색 또는 암흑색의 물질.
북주기(培土) : 흙으로 작물의 뿌리나 줄기의 밑부분을 두둑하게 덮어주는 일. 주로 잡초를 제거할 때 함께 하게 되는데, 북주기를 하면 두둑이 높아지고, 작물이 비바람에 쓰러지거나 잡초가 자라는 것을 방지할 수 있으며, 뿌리를 보호하고 줄기의 연화를 촉진하는 등의 효과를 거둘 수 있다.
분얼(分蘖) : 줄기의 밑동에 있는 마디에서 곁눈이 자라 줄기와 잎을 형성하는 일.
분지(分枝) : 식물이 2개 이상의 가지로 분화되는 것.
분화(分化) : 살아 있는 한 계통이 두 개 이상의 질적으로 구분될 수 있는 부분계(部分系)로 나뉘는 현상. 발생해가고 있는 생태계에서 형태적, 기능적으로 특화가 진행되어 특이성을 확립

해가는 과정.
비대(肥大) : 세포 분열 없이 세포 용적의 증가에 의하여 크게 되는 것.

㉯

사양토(砂壤土) : 토성의 한 구분. 20% 이하의 점토, 모래 52% 이상, 미사 50% 이하, 점토 7% 이하 범위에 있는 토양.

사이갈이 : 작물이 자라는 도중에 작물 사이의 땅을 가볍게 긁어 흙을 부드럽게 하는 일. 땅 속으로 산소와 수분이 잘 공급되어 작물이 잘 자라게 된다.

사질토(砂質土) : 모래입자와 점토의 함유율이 많은 토양으로 보수성이 약하고 투수성이 크며 작물에 필요한 영양분이 적으나 통기성이 좋고 유기물의 분해가 빠름.

산성토양(酸性土壤) : pH7 미만의 산성반응을 나타내는 토양의 총칭으로, 대개는 pH5.5 이하에서 작물의 생육이 현저하게 불량하고 생산성이 낮은 토양을 이른다.

삽수(揷穗) : 삽목을 하기 위하여 모체로부터 분리한 어린 가지나 뿌리를 말하며 삽수를 삽목하여 완전한 식물체로 만든다.

생식생장(生殖生長) : 유성생식을 하는 식물의 생식기관이 분화, 발달하는 것.

솎아 내기 : 떡잎이나 본잎의 모양이 비정상적인 것이나 병든 것 또는 생육이 뒤처진 것을 제거하는 일.

수과(瘦果) : 식물의 열매가 익어도 껍질이 벌어지지 않고 씨를 싼 채로 떨어지는 것. 민들레, 해바라기 등의 열매가 있으며, 딸기의 경우 곰보같이 파인 곳에 수과가 들어 있다.

순지르기 : 식물에 꽃이나 열매가 너무 많으면 영양분이 부족해 잘 자라지 못하는데, 이때 곁가지, 꽃, 열매의 수를 줄이기 위해 생장점이 있는 새순을 잘라내는 일. 순지르기를 통해 식물이 웃자라는 것도 방지하고 꽃이나 열매의 품질도 높일 수 있다.

시비(施肥) : 식물 생육을 위하여 토양에 비료를 사용하는 것.

식양토(埴壤土) : 점토함량이 27~40%이고 모래 함량이 20~45%인 토성을 지닌 흙.

㉰

아주 심기 : → 정식(定植)

양토(壤土) : 점토 함량이 25~37.5% 범위인 토양을 일반적으로 양토 또는 참흙이라 한다. 양토는 토양 통기나 양분 및 수분 보유력 등으로 볼 때 작물 생육에 적합한 토양에 속한다.

어박(魚粕) : 수산물을 찌고, 압착하여 수분과 유지분을 제거하고, 다시 건조하여 대부분의 수분을 제거한 것. 이것을 분쇄한 것이 어분(漁粉)이다.

어분(魚粉) : 생선을 삶아 수분과 기름을 없애고 말린 가루. 속효성 비료로 밑거름과 덧거름으로 쓴다.

연백부(軟白部) : 식물의 일부분을 흙이나 짚 등으로 덮어서 조직을 부드럽고 연하게 하여 먹기 좋게 하는 부위.

연화재배(軟化栽培) : 작물의 전체 또는 필요한 부분에 빛을 차단시켜 줄기나 잎 등이 희고 연하게 되도록 재배하는 방법.

엽맥(葉脈) : 엽육 안에 뻗친 관다발의 한 부분. 엽육을 지지하고 수분, 양분의 통로가 된다.

엽면살포(葉面撒布) : 식물의 영양분을 용액으로 만들어 잎 표면에 직접 살포하여 주는 일. 엽면시비

엽육(葉肉) : 잎의 위, 아래 표피 사이의 조직. 주로 유세포로 되어 있으며 엽록체를 갖는 동화조직의 일종.

엽초(葉梢) : 잎의 하단부에서 줄기를 둘러싸고 있는 부분. 벼, 보리, 옥수수와 같은 벼과(禾本科) 식물에 많다.

영양번식(營養繁殖) : 영양생식과 비슷한 말로서 식물의 모체로부터 영양기관의 일부가 분리되어 독립적인 새로운 개체가 탄생되는 과정. ↔ 종자번식

영양생장(營養生長) : 생식생장에 대응하는 말로 식물이 발아하여 잎과 줄기가 크는 생육 단계.

완효성(緩效性) : 효과가 느리게 나타나는 것.

우분(牛糞) : 쇠똥. 돈분과 계분보다 비료 성분이 적고 효과도 천천히 나타난다.

웃거름(追肥) : 씨앗을 뿌린 뒤나 또는 옮겨 심은 뒤에 농작물이 자라고 있는 중에 주는 거름. 추비(追肥)

웃자람 : → 도장(徒長)

월동(越冬) : 저온에서 꽃눈 분화하는 식물은 겨울이 되면 외부 온도가 씨눈 발육에 적당한 온도보다 낮기 때문에 발육이 억제된 상태로 겨울을 난다. 이렇게 식물이 겨울을 나는 것을 월동이라고 한다.

유박(油粕) : 참깨, 들깨 등의 기름작물에서 기름을 짜고 난 찌꺼기. 깻묵.

유숙기(乳熟期) : 벼, 보리, 옥수수 등의 작물이 자라는 초기의 시기.

유조직(柔組織) : 식물체의 대부분을 차지하는 유세포로 이루어진 조직. 세포막은 얇으며 원형질을 포함하고 있다. 동화나 저장 등의 여러 생리작용을 행한다.

유주자(遊走子) : 이끼류나 하등균류에서 볼 수 있는 섬모 또는 편모를 가지고 있으며 수중을 헤엄치는 동포자로서 무성생식을 하는 포자의 일종. 녹조류나 갈조류에서 볼 수 있다.

육묘(育苗) : 일정 기간 동안 밭에 심기에 가장 적합한 양질의 모종을 키우는 제반 작업 과정을 말한다.

육아재배(育芽栽培) : 눈(芽)을 길러 재배하는 것.

이어짓기 : 한 땅에 같은 작물을 해마다 계속해서 재배함. 연작(連作)

인경(鱗莖) : 짧아진 줄기 주위에 양분을 저장해 두껍게 된 잎이 많이 겹쳐 구형, 타원형, 달걀꼴

을 이룬 땅속줄기(파, 마늘, 나리 등의 지하 부위 따위). 비늘줄기

인공수분(人工受粉) : 인공적으로 꽃가루를 암술의 머리에 뿌려 수분시키는 방법. 과수와 일부 채소는 자기 꽃가루를 거부하는 성질이 있어서 친화성이 있는 다른 나무, 즉 수분수를 섞어 심고 방화곤충에 의한 수분 작용이 있어야 결실되는데 수분수가 부족하거나 개화기에 기상이 불량하여 방화곤충이 활동하지 못하면 결실이 불량해지므로 이러한 경우 인력으로 과수의 꽃에 꽃가루를 묻혀주어 결실이 잘 되도록 한다.

인편(鱗片) : 겨울눈의 바깥쪽에 붙어 있는 견고하고 두터운 비늘털 모양의 보호기관(scale 또는 bud scale도 이에 속함)

일장(日長) : 1일 24시간 중의 낮의 길이를 일장이라고 하며, 보통 14시간 이상이 장일(長日), 12시간 이하가 단일(短日)이다.

ㅈ

자가수분(自家受粉) : 같은 개체 속의 암술과 수술 사이에서 이루어지는 수분. 좁은 의미로 같은 꽃 속에서 이루어지는 수분, 넓은 의미로 동주이화향(同株異花向)의 수분, 즉 이웃꽃가루받이(隣花受粉)도 포함된다.

자실체(子實體) : 버섯의 대, 갓, 주름살, 관공 등 전체를 일컫는다. 우리가 먹는 버섯이 자실체이다. 오로지 포자를 퍼뜨리기 위한 기관으로, 식물에 비유하면 꽃과 같은 기관이다.

장일(長日) : 낮이 긴 날을 장일이라고 한다. 보통 낮의 길이가 14시간 이상인 날을 장일, 12시간 이하인 날을 단일(短日)이라고 한다.

전착제(展着劑) : 농약 살포액을 식물 또는 병해충의 표면에 넓게 퍼지게 하기 위하여 사용하는 보조제의 일종.

접목재배(椄木栽培) : 눈 또는 눈이 붙은 줄기(접수)를, 뿌리가 있는 줄기 또는 뿌리(대목)에 접착시켜 접붙이 묘를 생산하는 방법을 접목이라고 하고, 접목에 의하여 과실나무나 과실채소 따위를 번식하게 하거나 재배하는 일을 접목재배라고 한다.

정식(定植) : 온상에서 기른 모종을 밭에 내어다 옮겨 심는 일. 아주 심기.

조생종(早生種) : 같은 식물 중에서 특별히 일찍 성숙되는 종류.

조숙재배(早熟栽培) : 채소 씨를 온상에 뿌려서 늦서리의 위험이 없어진 시기에 본밭에 옮겨 심어 보통 재배보다 일찍 수확하는 방법.

종구(種球) : 구근으로 번식하는 작물의 영양기관. 씨마늘, 씨쪽파 같은 것.

종균(種菌) : 다량의 배지를 생산하기 위한 씨앗이 되는, 균사체 배양을 목적으로 하여 만든 균사 덩어리. 식물의 씨앗을 종자라고 하는 것과 같은 개념이다. 톱밥을 주 재료로 해서 병에 담은 병종균이 있고, 경우에 따라 밀 등의 곡물을 이용해서 만든 곡립종균도 있다. 표고버섯의 경우 원목에 접종하기 쉽도록 손가락 한 마디 정도의 작은 크기로 만든 종균을 성형종균이라

고 한다.

종실(種實) : 식물의 열매나 과실, 열매 속에 있는 새로운 개체로 자라날 물질.

종자번식(種子繁殖) : 종자에 의해서 다음 세대를 계승할 새로운 개체를 만들고 이를 통하여 자손을 증가시키는 현상.

줄뿌림 : 밭에 고랑을 내어 줄이 지게 씨를 뿌리는 일.

중경(中耕) : 작물을 키우는 동안 김을 매어 흙을 부드럽게 하는 일.

중생종(中生種) : 자라는 데 걸리는 시간이 중간 정도에 속하는 작물 또는 그 씨앗.

중점토(重粘土) : 점토분을 약 60% 이상 포함하고 있어 점성이 대단히 높고 부식이 적어 생산력이 낮은 토양.

지력(地力) : 토지의 생산력. 어떤 땅에서 농작물을 길러낼 수 있는 힘

직파재배(直播栽培) : 모종을 옮겨 심는 것이 아니라 밭에 씨를 직접 뿌리는 재배 방법.

질소동화작용(窒素同化作用) : 식물이 대기 중의 기체 질소 또는 토양이나 물속의 무기(無機) 질소 화합물을 사용하여 각종 유기(有機) 질소 화합물을 만드는 작용.

ㅊ

채종(採種) : 씨앗을 골라서 따는 것.

천근성(淺根性) : 식물의 뿌리가 지표면에 가까운 토양에 분포하는 성질. 얕은 뿌리.

초세(草勢) : 식물의 생육이 왕성한 정도.

초장(草長) : 풀 길이.

촉성재배(促成栽培) : 자연의 상태에서는 자라지 못하는 시기에 온실이나 온상 안에 태양열이나 인공 열을 가하여 채소나 화초 따위를 재배하여 보통 재배에 의한 것보다 속히 거두어들이는 재배법. 작형을 세분할 경우 촉성재배는 온도를 높여 보다 빨리 재배, 수확하는 방법. 노지, 억제, 촉성, 반촉성, 조숙재배로 나뉜다.

추대(抽薹) : 화아 분화가 진행되어 이삭이나 꽃대가 올라오는 현상.

충적토양(沖積土壤) : 운적토(運積土)의 일종으로 하천이 범람해 상류에서 운반해온 토사를 퇴적하여 이루어진다. 하천이 운반해서 생긴 충적토를 특히 하적토(河積土)라고 한다. 충적토는 자갈, 모래, 진흙, 점토 등으로 되어 충적 평야를 형성하며, 농경지로 이용되는 곳이 많다.

ㅋ

큐어링(curing) : 수확물의 저장 중 부패를 막기 위한 조치. 고구마의 표피는 목질·코르크질로 된 몇 층의 조직으로 되어 있는데, 캐거나 운반할 때 상처가 나기 쉽다. 따라서 그 상처로 병원균이 침입하므로 저장 중에 부패하는 경우가 많다. 상처가 생긴 고구마를 온도 29~30℃, 습도 85%에서 10~14일 동안 처리하면, 상처 바로 밑에 유상조직이라고 하는 코르크의 보호

층(保護層)이 생겨 병원균의 침입을 방지할 수 있으므로 저장 중의 부패를 막을 수가 있다.

ㅌ

타가수분(他家受粉) : 서로 다른 식물 개체 사이의 암술과 꽃가루 간의 교잡 또는 인위적으로 다른 꽃 수분을 하게 하는 것.

탄소동화작용(炭素同化作用) : 에너지원으로 체외에서 취한 물질에 화학변화를 가한 다음 생물의 생활에 필요한 화학 구조물로 바꾸는 일을 동화작용이라고 하고, 생물체가 이산화탄소를 환원하여 유기화합물인 당을 합성하는 일을 탄소동화작용이라고 한다.

토마토톤 : 식물의 생장을 촉진하는 호르몬제. 대표적인 착과제. 4-시피에이(4-CPA)라고도 알려져 있다.

토양개량제(土壤改良劑) : 작물 재배에 알맞게 흙을 개량하는 데 쓰는 약제 또는 재료.

통기(通氣) : 액체나 다공질 고체 속으로 자연적으로 또는 강제로 공기가 들어가서 공기가 교환되는 현상.

ㅍ

포기나누기 : 뿌리에서 난 여러 개의 움을 뿌리와 함께 인위적으로 나누어 옮겨 심는 재배법. 포기 수를 늘리고, 통풍과 볕 쪼임을 좋게 하며, 병충해를 예방하는 등의 효과가 있다.

포자(胞子) : 적절한 조건하에서 생명체로 발전할 수 있는 무성 또는 유성생식의 산물. 박테리아의 포자는 번식을 위한 것보다 열처리 등 좋지 않은 조건에 대한 저항적 형태이다. 버섯의 포자는 버섯의 갓 뒷면 주름에서 날리는 버섯의 씨앗으로 사람의 눈에는 고운 밀가루처럼 보이는 가루 같은 알갱이이다.

표토(表土) : 지표면을 이루는 토층. 풍화가 진행되어 부식이 풍부하여 흑색 또는 암색을 띰. 유기물이 풍부하여 토양미생물이 많고 식물의 양분, 수분의 공급원이 된다.

피복(被覆) : 지온 상승, 증발억제, 잡초방제 등을 목적으로 토양 표면을 인위적으로 덮는 것.

피침형(披針型) : 침과 같은 잎의 모양.

ㅎ

하배축(下胚軸) : 하자엽부(下子葉部)라고도 하며, 고등식물에서 배의 부분에서 자엽(떡잎)이 부착된 부분 이하에서 생기는 최초의 줄기 부분

호숙기(糊熟期) : 벼, 옥수수 등의 작물이 채 여물지 않아 내용물이 아직 된풀 모양인 시기.

화아분화(花芽分化) : 식물이 생장할 때 영양, 기간, 기온, 일조 시간 등의 필요조건이 다 차서 꽃눈을 형성하는 일. 꽃눈분화.

활착(活着) : 삽목, 접목, 이식 등을 한 식물이 서로 붙거나 뿌리를 내려 살아가는 것.

황숙기(黃熟期) : 곡식이나 열매가 누렇게 익는 시기.
훈연제(燻煙劑) : 농약의 유효성분을 가열하여 연기화 상태로 살포하며 살충, 살균하는 제형. 제제 중에는 발연제, 방염제, 점열제 등이 함유되어 있다.
훈증소독(薰蒸消毒) : 밀폐된 곳 또는 손이 미치지 않는 장소의 곤충, 선충, 거미류, 설치류, 잡초, 곰팡이 따위를 죽이기 위해 화학 혼합물을 가스 상태로 분무하여 소독하는 일.
흡즙(吸汁) : 즙액을 빨아먹음.

종균 생산업체

업체명	대표자	주소	연락처
치악버섯	권상욱	강원도 원주시 귀래면 귀래리 241-34	033-764-7429
화천종균	박종육	강원도 화천군 간동면 간척3리 212-1	033-442-0140
농민버섯	김경수	경기도 안성시 원곡면 성은리 320-1	031-653-0384
삼구농원	조익현	경기도 여주군 여주읍 점봉1리 81	031-884-3771
부평종균	김창록	경기도 파주시 교하읍 오도리 237-4	031-941-8188
한국원균	한용식	경기도 화성시 장안면 장안리 632-1	031-358-2257
안동버섯	김창수	경상북도 안동시 길안면 천리2리 814-162	054-822-7602
논공농산	권득수	대구광역시 달성군 논공읍 노이리 1288-2	053-615-2612
흥림종균	이상호	대구광역시 달성군 논공읍 삼리리 265-73	053-615-2300
반산종균	최석풍	전라남도 장성군 장성읍 성산리 704-1	061-394-0463
삼광농산	차준돈	전라남도 장흥군 관산읍 삼산리 87-2	061-867-4425
농업개발	유수기	전라북도 김제시 백구면 영상리 604-1	063-542-9126
중도버섯	이희구	충청남도 공주시 반포면 송곡리 281-2	041-857-2287
대전종균	이진우	충청남도 금산군 추부면 성당리 592-1	041-752-5943
국제미생물	임희철	충청남도 논산시 광석면 광리 156-1	041-732-5173
부여종균	강성룡	충청남도 부여군 석성면 현내리 277-3	041-836-1413
온양버섯	황인수	충청남도 아산시 음봉면 원남리 138-3	041-543-3197
중부미생물	주문수	충청북도 옥천군 이원면 이원리 691-1	043-733-8838